会计与财务专业"十四五"精品教材

会计信息化
高级实训

（用友U8 V13.0）

主　编◎宋伟钢　李晓霞　韩美芳
副主编◎康潇月　赵伶俐　杨梅梅
　　　　钟国强　李少猛　杨竞艳
　　　　姚婷婷

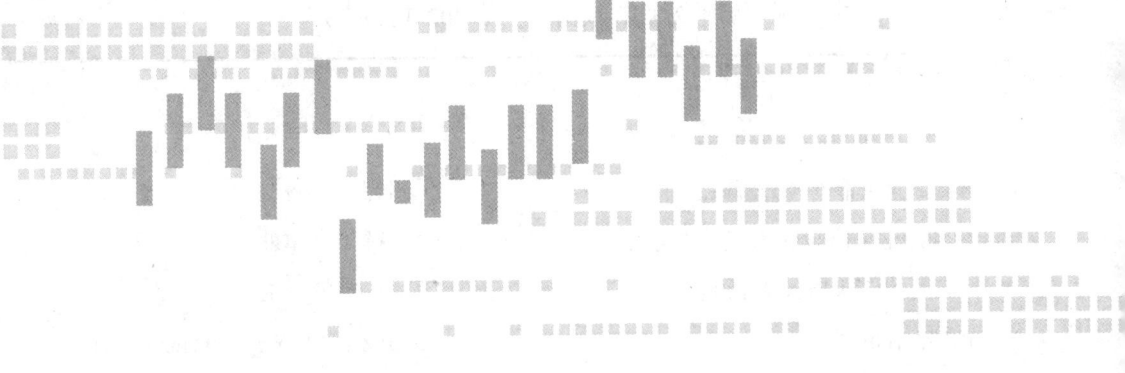

北京希望电子出版社
Beijing Hope Electronic Press
www.bhp.com.cn

内 容 简 介

本书是针对用友 U8 软件的会计专业教材，通过理论和实践相结合的方式帮助读者掌握用友 U8 软件在会计信息化中的应用。本书内容涵盖系统管理、企业应用平台、总账初始化设置、总账日常业务处理、薪资管理、固定资产、应收款管理和应付款管理等方面，为读者提供全面的会计信息化实训指导。

本书共 8 章，第 1 章系统管理，介绍系统管理的主要功能和应用；第 2 章企业应用平台，包括系统服务、基础设置和业务工作等方面的技能解析；第 3 章总账初始化设置，讲述总账系统的基本功能和初始化的意义；第 4 章总账日常业务处理，讲解填制凭证、出纳签字、审核凭证等工作流程和主要内容；第 5 章薪资管理，涵盖薪资管理基本功能、系统应用流程等内容；第 6 章固定资产管理，介绍了固定资产系统的基本功能、产品接口、应用流程、初始化和日常业务处理等方面；第 7 章应收款管理，包括应收款管理系统的核算方案、基本功能、初始化和日常业务处理等内容；第 8 章应付款管理，涉及应付款管理系统的核算方案、基本功能、应用流程、初始化和日常业务处理等方面。

本书配套资源包含案例解析和强化实训的操作素材。本书既可作为应用型本科、职业院校会计与财务专业的教材使用，也可作为会计信息化培训教材使用。

图书在版编目（CIP）数据

会计信息化高级实训 / 宋伟钢，李晓霞，韩美芳主编. -- 北京：北京希望电子出版社，2024.9.
　　ISBN 978-7-83002-903-6

Ⅰ. F232
中国国家版本馆 CIP 数据核字第 2024LA9453 号

出版：北京希望电子出版社	封面：赵俊红
地址：北京市海淀区中关村大街 22 号 中科大厦 A 座 10 层	编辑：周卓琳
	校对：全　卫
邮编：100190	开本：787 mm×1092 mm　1/16
网址：www.bhp.com.cn	印张：17.5
电话：010-82620818（总机）转发行部	字数：448 千字
010-82626237（邮购）	印刷：三河市中晟雅豪印务有限公司
经销：各地新华书店	版次：2025 年 1 月 1 版 1 次印刷

定价：59.80 元

前 言 PREFACE

　　在数字化、信息化飞速发展的时代背景下，会计行业也在经历着前所未有的变革。传统的手工会计作业方式已逐步被电子化、自动化的信息系统所替代，这一过程不仅极大地提高了会计工作的效率，也对会计从业人员的技能提出了新的要求。本书紧密结合实际工作需求，系统地介绍了会计信息系统的管理、日常操作、维护及相关的业务流程处理，帮助读者掌握现代会计信息系统的管理和应用，以适应新时代会计工作的需要。

　　本书以用友 U8 V13.0 软件平台为依托，总共 8 章，内容涵盖了系统管理、企业应用平台、总账初始化设置、总账日常业务处理、薪资管理、固定资产、应收款管理和应付款管理等关键模块。每一章都从基本认知入手，从技能解析和案例解析两个维度，深入讲解了相关的理论知识和实务操作，最后通过强化实训巩固所学内容，使理论与实践紧密结合。

　　第 1 章"系统管理"是全书的基础，介绍系统管理的基本概念、功能以及系统管理在日常应用中的重要性。通过本章的学习，读者可以了解如何引入账套、进行角色管理、增加用户以及设置用户权限等关键操作。

　　第 2 章"企业应用平台"聚焦于企业的系统服务、基础设置以及业务工作，这些都是确保企业信息系统正常运作的前提，尤其是启用系统、设置会计科目、项目目录等操作，它们是后续所有会计处理活动的基础。

　　第 3 章"总账初始化设置"，开始接触到具体的会计核心业务。总账系统作为会计信息系统的心脏，其初始化设置对于整个会计周期的顺利运行至关重要。录入期初数据、设置总账选项等操作将决定总账日常业务处理的效率和准确性。

　　第 4 章"总账日常业务处理"是对总账系统运用的深化，包括填制凭证、出纳签字、审核凭证等一系列关键业务流程。这些日常操作的掌握程度是评估一个会计人员是否熟练掌握会计业务的重要标准。

第 5~8 章分别聚焦于"薪资管理""固定资产""应收款管理""应付款管理"。这些章节各自对应会计工作中的不同方面，如工资发放、资产折旧、客户应收账款和供应商应付款项等，它们都是现代会计工作中不可或缺的组成部分。在这些章节中，读者将学习如何通过信息系统高效地处理这些业务，并生成相应的财务报告。

我们深知理论知识的重要性，但更注重实际操作能力的培养，力求使读者在理解会计信息化基本原理的同时，能够通过实际操作来加深认知。为此，每章的案例解析和强化实训部分都提供了丰富的实操细节，目的是培养读者理论与实践相结合的能力，帮助大家在快速变化的会计环境中保持竞争力。

本书由宋伟钢（甘肃财贸职业学院）、李晓霞（清新区职业技术学校）、韩美芳（烟台文化旅游职业学院）担任主编，由康潇月、赵伶俐（四川希望汽车职业学院），杨梅梅、钟国强（南充文化旅游职业学院），李少猛（福建省石狮鹏山工贸学校），杨竞艳（广东茂名农林科技职业学院），姚婷婷（兰州科技职业学院）担任副主编。

由于知识水平、社会阅历和理解等方面的差异，不足之处在所难免，在此恳请广大读者批评指正。

编　者

2024 年 9 月

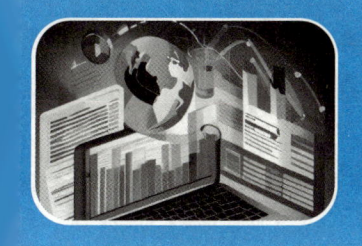

目录 CONTENTS

第1章 系统管理
1.1 基本认知 …………………………… 002
    1.1.1 系统管理的主要功能 …… 002
    1.1.2 系统管理的应用重点 …… 004
1.2 技能解析 …………………………… 006
    1.2.1 引入账套 ………………… 006
    1.2.2 角色管理 ………………… 007
    1.2.3 增加用户 ………………… 008
    1.2.4 设置用户权限 …………… 008
    1.2.5 账套输出 ………………… 009
1.3 案例解析 …………………………… 009
1.4 强化训练 …………………………… 017
本章小结 ………………………………… 020
课后习题 ………………………………… 020

第2章 企业应用平台
2.1 基本认知 …………………………… 022
    2.1.1 系统服务 ………………… 023
    2.1.2 基础设置 ………………… 024
    2.1.3 业务工作 ………………… 025
2.2 技能解析 …………………………… 025
    2.2.1 启用系统 ………………… 025
    2.2.2 设置会计科目 …………… 026
    2.2.3 设置项目目录 …………… 029
    2.2.4 设置本单位开户银行 …… 031
2.3 案例解析 …………………………… 032
2.4 强化训练 …………………………… 041
本章小结 ………………………………… 045
课后习题 ………………………………… 045

第3章 总账初始化设置
3.1 基本认知 …………………………… 047
    3.1.1 总账系统的基本功能 …… 047
    3.1.2 总账初始化的意义 ……… 049
3.2 技能解析 …………………………… 049
    3.2.1 设置总账选项 …………… 049
    3.2.2 录入期初数据 …………… 055
3.3 案例解析 …………………………… 056
3.4 强化训练 …………………………… 062
本章小结 ………………………………… 066
课后习题 ………………………………… 067

第4章 总账日常业务处理
4.1 基本认知 …………………………… 069
    4.1.1 总账日常业务处理的
          工作流程 ………………… 069
    4.1.2 总账日常业务处理的
          主要内容 ………………… 070
4.2 技能解析 …………………………… 076
    4.2.1 填制凭证 ………………… 076
    4.2.2 出纳签字 ………………… 078
    4.2.3 审核凭证 ………………… 079
    4.2.4 记账 ……………………… 079
    4.2.5 冲销凭证 ………………… 080
    4.2.6 删除凭证 ………………… 080
    4.2.7 定义转账凭证 …………… 080
    4.2.8 生成转账凭证 …………… 083
4.3 案例解析 …………………………… 084
4.4 强化训练 …………………………… 101

本章小结 ·················· 106
课后习题 ·················· 107

第5章 薪资管理

5.1 基本认知 ················ 109
 5.1.1 薪资管理基本功能 ······ 109
 5.1.2 薪资管理系统的
    应用流程 ·········· 110
 5.1.3 薪资管理系统初始化 ····· 110
 5.1.4 薪资管理日常
    业务处理 ·········· 112
5.2 技能解析 ················ 113
 5.2.1 建立工资账套 ········ 113
 5.2.2 设置工资项目 ········ 114
 5.2.3 工资类别管理 ········ 115
 5.2.4 建立人员档案 ········ 115
 5.2.5 选择工资项目并设置
    计算公式 ·········· 115
 5.2.6 工资数据录入 ········ 116
 5.2.7 工资数据计算与汇总 ····· 116
 5.2.8 工资费用分摊 ········ 116
5.3 案例解析 ················ 117
5.4 强化训练 ················ 131
本章小结 ·················· 138
课后习题 ·················· 139

第6章 固定资产

6.1 基本认知 ················ 141
 6.1.1 固定资产系统
    基本功能 ·········· 141
 6.1.2 固定资产的产品接口 ····· 142
 6.1.3 固定资产系统的
    应用流程 ·········· 143
 6.1.4 固定资产系统初始化 ····· 144
 6.1.5 固定资产日常
    业务处理 ·········· 148
6.2 技能解析 ················ 152
 6.2.1 建立固定资产账套 ······ 152
 6.2.2 设置选项 ·········· 154
 6.2.3 设置资产类别 ········ 154
 6.2.4 设置部门及对应
    折旧科目 ·········· 155
 6.2.5 设置增减方式
    对应科目 ·········· 155
 6.2.6 录入原始卡片 ········ 156
 6.2.7 对账 ············ 157
 6.2.8 资产增减、变动处理
    并生成凭证 ········· 157
 6.2.9 折旧处理并生成凭证 ····· 159
6.3 案例解析 ················ 160
6.4 强化训练 ················ 177
本章小结 ·················· 184
课后习题 ·················· 185

第7章 应收款管理

7.1 基本认知 ················ 187
 7.1.1 应收款管理系统
    核算方案 ·········· 187
 7.1.2 应收款管理系统
    基本功能 ·········· 188
 7.1.3 应收款管理系统的
    特点 ············ 189
 7.1.4 应收款管理系统的
    应用流程 ·········· 189
 7.1.5 应收款管理系统
    初始化 ··········· 190
 7.1.6 应收款管理系统
    日常业务处理 ········ 196
7.2 技能解析 ················ 200
 7.2.1 处理应收业务 ········ 200
 7.2.2 处理红字应收业务 ······ 212
 7.2.3 凭证处理与查询 ······· 213
 7.2.4 账表查询 ·········· 215
 7.2.5 与总账对账 ········· 216
7.3 案例解析 ················ 217
7.4 强化训练 ················ 225
本章小结 ·················· 229

课后习题 ································ 229

第8章 应付款管理

8.1 基本认知 ······························ 231
   8.1.1 应付款管理系统
       核算方案 ················ 231
   8.1.2 应付款管理系统
       基本功能 ················ 232
   8.1.3 应付款管理系统的
       应用流程 ················ 232
   8.1.4 应付款管理系统
       初始化 ··················· 233
   8.1.5 应付款管理系统日常
       业务处理 ················ 238

8.2 技能解析 ······························ 241
   8.2.1 处理应付业务 ············ 241
   8.2.2 处理红字应付业务 ········ 254
   8.2.3 处理与查询凭证 ·········· 255

8.3 案例解析 ······························ 258
8.4 强化训练 ······························ 265
本章小结 ···································· 269
课后习题 ···································· 269

参考答案 ································ 270
参考文献 ································ 272

第1章 系统管理

本章导读

本书以用友U8 V13.0作为蓝本，介绍了企业会计信息化的基本应用，包括系统管理、企业应用平台、总账、UFO报表、薪资管理、固定资产管理、应收款管理和应付款管理等几个部分。

系统管理是企业会计信息化的起点。它涉及建立和维护企业信息化系统的基础设置和权限管理。通过系统管理，企业可以灵活地配置和管理自己的信息化系统，满足不同部门和岗位的需求。系统管理是用友U8的核心组成部分，它提供了企业各个业务流程所需要的功能模块和操作界面。通过用友U8平台，用户可以方便地进行数据录入、查询、分析和报表生成等操作，实现企业内部各个环节的无缝连接。这些功能模块的有机结合，使会计核算工作更加高效，同时也提高了财务管理水平，为企业的发展决策提供了有力支持。

学习目标

- 理解系统管理的作用
- 角色与用户
- 权限管理
- 企业建账
- 账套输出及引入

数字资源

【本章案例素材】："素材文件\第1章"目录下
【本章强化训练素材】："强化训练素材\第1章"目录下

素质要求

> 坚持依法治理。坚持强化会计法治建设，按照科学立法、民主立法原则，持续推动会计立法、普法、执法工作，建立健全会计法律制度体系，加强会计监督、加大违法惩处力度、加快推进职业道德建设，有效发挥法治固根本、强根基、利长远的保障作用。
>
> ——《会计改革与发展"十四五"规划纲要》

1.1 基本认知

在用友U8软件架构中，系统管理模块（图1-1所示）占据核心地位，其作用堪比建筑结构的基石，对整体稳定性具有决定性影响。该模块主要负责对用友U8系统内部各项通用功能的集成管理与协调控制，从而保障系统能够连续稳定运行。在用友U8软件体系中，所有其他功能模块的顺利运行均建立在此基础模块的稳固支持之上。

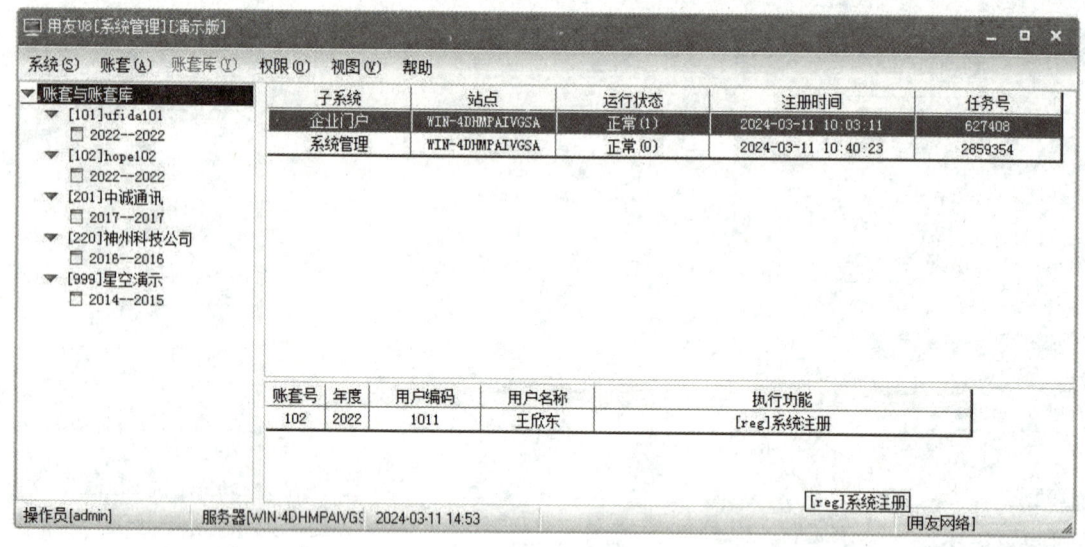

图1-1 系统管理

1.1.1 系统管理的主要功能

系统管理的主要功能包括以下4个方面。

1. 账套管理

账套是一组相互关联的数据，用于记录和管理企业的财务信息。每个独立核算的企业都需要建立一个完整的账簿体系，而将这个账簿体系建立在计算机系统中就形成了一个账套。此外，每个企业还可以为其下属的独立核算部门建立相应的核算账套。在用友U8中，可以为多个企业或企业内的不同核算部门分别创建、管理和操作独立的账套。

账套管理功能在用友U8中起着重要的作用，它通过提供建立账套、修改账套、删除账套、导入/导出账套等功能，协助用户对账套进行灵活的管理和操作。

通过建立账套功能，用户可以创建新的账套并根据实际需要设置相关参数和配置。每个账套可以独立记账，并拥有独立的财务数据和凭证信息。账套管理还提供了修改账套的功能，可以根据业务的变化和需求的调整，灵活地修改账套的参数，以确保账套能够适应企业的实际情况。此外，删除账套功能允许用户删除不再需要的账套，以释放系统资源并优化账套管理。账套管理还支持账套的导入和导出功能，用户可以将一个账套的数据导入到另一个账套中，或者将账套数据导入其他系统或工具进行分析和处理。

通过账套管理功能，用友U8能够有效管理企业的多个账套，确保各账套之间数据相互独立、互不干扰，同时能够充分利用企业资源，为企业的财务管理提供便利和支持。

2. 账套库管理

在用友U8中，账套库和账套是两个不同的概念。账套是账套库的上一级，一个账套可以由一个或多个账套库组成。

账套是用来记录一个经营实体或核算单位的财务信息的。每个账套库对应着这个经营实体在某个特定年度区间内的业务数据。以中诚通讯为例，该公司建立了"201账套"并在2017年启用。随后，在2018年初，公司为2018年的业务数据新建了一个账套库。因此，在"201中诚通讯"账套中，有两个账套库："201中诚通讯2017年"和"201中诚通讯2018年"。如果公司选择连续使用同一账套库，不新建库而是直接录入2018年的数据，则"201中诚通讯"账套就只包含一个账套库："201中诚通讯2017~2018年"。通过设置账套和账套库的两层结构，可以带来多个好处。首先，这种结构方便企业进行管理，例如进行账套的上报、跨年度区间的数据管理结构调整等。其次，该结构便于进行数据备份、输出和引入的操作。最后，这种结构可以减轻数据的负担，提高应用效率。

账套库管理功能涵盖了账套库的建立、引入、输出、账套库的初始化和清空账套库数据等操作。通过这些功能，用户可以方便地管理和操作不同账套库之间的数据，实现数据的灵活管理和流动。

3. 用户及权限管理

在确保系统与数据安全的架构中，权限管理功能扮演着核心角色。通过严格限制用户权限，不仅能够有效预防无关人员接触系统资源，还能对U8系统中的众多模块进行不同的授权，确保责任分明且工作流程高效顺畅。

用户及权限管理包括设置角色、设置用户及为用户分配功能权限等。

4. 系统安全管理

对于企业而言，确保系统的稳定运行和数据的安全存储至关重要。为此，U8系统管理提供了三重安全保障机制以强化这一要求。

一是通过系统管理界面，企业能够实时监控整个系统的运行状况，及时发现并清除任何异常任务或单据锁定，确保业务处理的连续性和效率。二是系统允许用户设定自动化的数据备份计划，以保障关键数据的完整性和可恢复性。此外，在账套管理和账套库管理模块中，用户也可以根据需要手动备份数据，进一步增强数据安全。三是上机日志功能为系统操作提供了全面的记录，能详细追踪每一项操作，这为迅速定位和解决可能出现的问题提供了重要线索。

U8系统管理的这三种安全保障机制共同构成了一个全面、严密的安全防护体系，为企业提供了一个稳定可靠的信息技术环境。

1.1.2 系统管理的应用重点

初次使用系统管理的企业，必须完成一系列的初始化工作，这包括创建新的用户账户、建立企业专用的账套以及为用户分配适当的权限。在实际的日常操作过程中，经常使用到的功能模块包括角色管理、用户管理、权限管理和系统安全管理等。这些功能确保了整个系统的正常运行和数据的安全性。

1. 系统管理员和账套主管

鉴于系统管理模块在用友U8软件中扮演着至关重要的角色，本系统对访问该模块实施了严格的控制措施。为确保安全性和稳定性，系统管理模块的访问权限仅限于两种特定的用户身份：系统管理员与账套主管。系统管理员拥有最高级别的管理权限，负责整个系统的维护和配置工作，包括但不限于用户权限分配、系统参数设置以及安全策略的实施。账套主管则主要负责具体的财务账套管理工作，其权限聚焦于账务处理、报表生成及数据分析等专业领域。

在企业环境中，系统管理员承担着信息系统安全的关键职责。这一角色确保数据存储的完整性与保密性、监督系统的合规使用以及维护系统运行的稳定性。具体而言，系统管理员的职责包括但不限于实时监控信息系统的日常运作状况，执行网络和系统的持续维护工作，识别并防范潜在的安全威胁，定期进行数据备份，以及管理用户的系统访问权限。

系统管理员的工作性质显著偏向技术层面，专注于内部基础设施的管理与优化，而非直接参与企业的业务操作流程。他们的专业技能对于维护企业信息系统的安全性和可靠性至关重要，是企业信息安全架构中不可或缺的一环。

账套主管是企业中某一业务领域的专业负责人，例如财务主管，其主要职责是根据企业的发展战略和当前的业务状况，确立会计核算的规范、U8系统各个子模块的参数配置，并指导企业业务流程按照既定的标准程序进行。作为U8系统中权限级别最高的用户，账套主管拥有对所有子系统进行操作的权限。

需要强调的是，无论是系统管理员还是账套主管，他们的职责范围和在U8系统中的操作权限都有明确界定，以防止权限滥用。这种分层的权限管理体系有助于加强内部控制，提升系统的整体安全性和运行效率。

系统管理员和账套主管工作性质不同，在U8中拥有的权限也就不同。两者的权限对比如表1-1所示。

表1-1 系统管理员和账套主管权限对比

U8中子系统	功能细分	系统管理员	账套主管
系统管理	账套-建立、引入、输出	√	
	账套-修改		√
	账套库		√
	权限-角色、用户	√	
	权限-权限	√	√
	视图	√	
企业应用平台	所有业务系统		√

虽然两者都能为用户赋予权限，但在权限范围上有很大差别。系统管理员可以为U8系统中所有账套中的任何用户赋予任何级别的权限；而账套主管只能对其所登录的账套的用户赋予权限，并且不能赋予某用户账套主管权限。

2. 角色与用户

在企业决定采用U8系统进行业务管理之前，首先必须明确哪些员工有权操作系统，并对这些员工的操作权限进行严格限定，确保只有授权人员才能够访问和操作系统。这一措施可防止未授权的个体对系统进行不当操作，保障系统的安全与完整性。此外，企业还需要对U8系统中包含的各个功能模块的操作权限进行细致的协调和管理，以确保业务流程的顺畅运行。这不仅有助于提高工作效率，还能确保会计数据的准确性和安全性，从而维护企业的财务健康和信息安全。

（1）角色管理

角色在企业管理体系中指的是承担特定职能的组织结构。这些组织既可以是实际存在的部门，也可以是由执行相同职能的人员所组成的非正式团体。以会计和出纳为例，这两种角色在实际工作中极为常见，他们可能隶属于同一部门，也可能分布在不同的部门中，但他们所承担的工作职责是一样的。

在企业管理中，一旦确定了角色，便可进一步界定各角色的权限范围。当用户被分配到某个角色时，他们将自动获得该角色相应的权限。采用角色设置的优势在于能够依据职能需求统一划分权限，从而简化授权流程。这种方法不仅提高了管理效率，还增强了企业内部控制的精确性和有效性。

（2）用户管理

在企业信息系统中，用户是指那些被授权访问系统资源、执行操作以及进行信息查询的人员，通常被称作"操作员"。为确保系统的安全性和数据的完整性，每次注册或登录时，系统都必须对其身份的合法性进行严格的验证。

在权限管理架构中，用户与角色的配置可以灵活安排，不必遵循特定的顺序。然而，为了实现权限的自动继承，建议首先定义角色，然后分配相应的权限，最后创建用户。通过这种顺序，当用户被指派到特定角色时，他们将自动继承该角色的所有权限，包括功能权限和数据权限。

角色与用户之间的关系是多对多的，一个角色可以被多个用户所拥有，反之，一个用户也可以同时属于多个不同的角色。这种设计提供了高度的灵活性和可扩展性，使得权限管理更为精细化。

3. 自动备份与账套输出

在用友U8系统中，所有输入的数据都存储在SQL Server数据库管理系统中。但是，在实际的企业运营过程中，存在一些不可预知的不安全因素，如火灾、计算机病毒、误操作、人为破坏等。这些情况一旦发生，对系统及数据安全的影响都是致命的。因此，如何将意外发生时的企业损失降至最低，是每个企业共同关注的问题。

为了解决这一问题，系统必须提供一个有效的保存机内数据的方法。这可以通过定期将机内数据备份出来并存储到不同的介质上来实现。备份数据不仅可以在意外发生时用于恢复数据，还可以解决异地管理的公司的审计和数据汇总问题。用友U8提供了两种备份数据的方式，设置自动备份计划和账套输出。

（1）设置自动备份计划。

设置自动备份计划是一种自动备份数据的方式。利用该功能，可以实现定时、自动输出多个账套的目的，有效减少了系统管理员的工作量，保障了系统数据安全。

以系统管理员或账套主管身份登录系统管理，执行"系统"→"设置备份计划"命令即可。系统管理员既可以对账套设置自动备份计划，也可以对年度账设置自动备份计划。账套主管只能对年度账设置自动备份计划。

（2）输出账套。

账套输出是一种通过人工操作进行数据备份的方式，只有拥有系统管理员权限的用户才能执行此操作。在成功执行账套输出后，系统会在指定的路径下生成两个文件：UFDATA.BAK和UfErpAct.Lst。需要注意的是，这两个文件无法直接打开查看，必须通过系统管理模块中的"账套引入"功能将其导入U8系统中，然后才能进行正常的数据查询。

1.2 技能解析

1.2.1 引入账套

在用友U8财务管理系统中，引入账套是一个重要的功能，它实现了外部数据的有效整合与快速迁移，极大地提升了企业财务管理的效率与准确性。

1. 引入账套的作用

引入账套功能的主要作用是将外部数据（如科目、客户、供应商、职员等基础档案数据和会计凭证数据等）导入到用友U8系统中。这一功能不仅实现了数据的快速迁移，还促进了用友U8系统中各个模块之间的数据共享。通过引入账套，企业可以节省大量的建档时间，提升财务工作的整体效率。同时，数据的集中管理也有助于提高数据的准确性和一致性，避免数据孤岛现象的产生。

2. 引入账套的功能

（1）数据整合与迁移：引入账套功能能够处理多种格式的外部数据文件，如文本文件和表格文件，将这些数据整合并迁移到用友U8系统中。

（2）基础档案同步：在数据迁移过程中，该功能可以自动将外部数据中的科目、客户、供应商、职员等基础档案信息与用友U8系统中的基础档案进行对应和同步，确保数据的完整性和一致性。

（3）凭证数据导入：除了基础档案外，引入账套功能还支持批量凭证数据的导入，这些凭证数据将直接映射到用友U8系统的会计科目上，方便后续的账务处理和财务分析。

（4）提升工作效率：通过引入账套，企业可以快速完成新账套的建立和数据初始化工作，减少重复劳动，提升整体工作效率。

1.2.2 角色管理

1. 角色的作用

在京剧的舞台上，角色分工明确，如老生、小生、花旦等各司其职；财务管理团队中，也有着主管会计、出纳等不同职责的专业人员；教育机构内，校长、系主任、教师等各自承担着不同的角色。与此相似，在用友U8系统中，所谓的"角色"是指那些在企业管理层面担负特定职能的组织结构。这些组织可能是实际存在的部门，或者是由具备相同职能的人员所组成的虚拟团体。设定角色的核心目的在于简化和加强授权管理流程，确保企业运作的效率与合规性。

例如，某集团公司拥有10位会计主管、30位总账会计、10位成本会计以及18位出纳人员。在传统的权限分配模式下，为这68位专业人员分别设置权限不仅耗时耗力，而且容易出现错误。此外，一旦员工岗位发生变动，还需要对其权限进行细致的甄别和调整，这无疑增加了管理的复杂性。然而，通过引入角色管理功能，这些问题可以得到有效解决。首先，定义4种角色：会计主管、总账会计、成本会计和出纳；接着，为每种角色配置相应的权限集合；最后，在创建用户账户时，将用户分配至其对应的角色。这样的设计不仅简化了权限的初始分配过程，而且在用户岗位发生变化时，管理员仅需重新指派用户的角色即可完成权限的更新。

2. 角色管理的内容及注意事项

角色管理是系统权限控制的核心，涵盖了增加、修改和删除角色的功能。设定角色时，需特别注意以下事项：

（1）用户与角色的配置顺序不受限制，用户可依据实际需求自行设定。然而，为了实现权限的自动传递，建议先创建角色并分配相应权限，然后进行用户配置。通过这种配置顺序，当用户被分配至特定角色时，将自动继承该角色所具备的权限。

（2）一个角色可以关联多个用户，反之，一个用户也可同时属于多个不同的角色。这样的设计增加了系统的灵活性和可扩展性。

（3）需要明确的是，角色本身不具备登录U8系统进行业务操作的能力。它们仅作为权限的集合体，是通过用户与角色的关联来实现对系统资源的访问和操作。

1.2.3　增加用户

1. 理解用户

企业开始应用U8管理业务之前，首先要确定企业中哪些人员可以操作系统，并对操作人员的操作权限进行限定，以避免无关人员对系统进行非法操作。同时也可以对系统所包含的各个功能模块的操作进行协调，使得流程顺畅，并保证整个系统和会计数据的安全。

用户是指有权登录系统，并对系统进行操作和查询的企业人员，即通常意义上的"操作员"。每次注册及登录系统，都要进行用户身份的合法性检查。

用户和角色的设置可以不分先后顺序，但对于自动传递权限来说，首先应该设定角色，然后分配权限，最后进行用户设置。这样在设置用户的时候，选择归属哪一个角色，其就会自动拥有该角色的权限（包括功能权限和数据权限）。一个角色可以拥有多个用户，一个用户也可以分属多个不同角色。

2. 用户管理的内容

用户管理包括增加用户、修改用户和删除用户。

（1）增加用户。

在企业内部，每位使用U8系统的人员均必须在系统中注册一个账户，以获得专属的用户标识和登录凭证。该用户编码确保了唯一性，而登录密码则用于验证用户身份。成功登录后，U8系统将根据用户的权限配置，展示并允许访问其被授权操作的各项功能。这一机制保障了系统的安全性与功能的个性化定制，确保了企业信息资源的有效管理和合理分配。

（2）修改用户。

当用户工作岗位发生变化、因故调离时，需要对已有用户信息进行修改。如果工作调整涉及工作权限的更改，需要修改用户所属角色，以确保系统的安全性和数据的准确性；如果该用户从企业离职，需要注销当前用户。

1.2.4　设置用户权限

在U8系统中添加操作员后，若未对其赋予相应权限，该操作员即使能成功登录系统，也无法执行任何操作。为保障企业内控的有效性与安全性，必须依据职责分工原则，为操作员分配必要的操作权限。

1. 谁可以为操作员赋权

系统管理员与账套主管均拥有对操作员进行权限配置的职责，然而在执行权限分配职能时存在细微差异。具体而言，系统管理员拥有将账套主管权限授予操作员的权限，而账套主管则不拥有此权限。

2. 如何为操作员赋权

为操作员赋权时，首先要选择企业账套，即确定为操作员赋予哪个账套的权限；然后选择操作员，即确定给谁赋权；最后选中要给操作员赋予的权限。

从权限级别上看，账套主管是U8系统中权限最高的操作员，一个账套可以有多个账套主管。此外，可以赋予操作员U8系统中指定模块或模块中某个功能的操作权限。

1.2.5 账套输出

用友U8提供了两种备份数据的方式，设置自动备份计划和账套输出。

1. 设置自动备份计划

实施自动备份计划是一项高效且可靠的数据保护策略。通过此机制，用户可配置定期执行的数据备份任务，确保多个账套的连续性和完整性得到自动维护。该功能显著降低了系统管理员在日常运维中的工作负担，同时强化了信息系统的数据安全性。

以系统管理员或账套主管身份登录系统管理，执行"系统"→"设置备份计划"命令即可，如图1-2所示。系统管理员既可以对账套设置自动备份计划，也可以对年度账设置自动备份计划。账套主管只能对年度账设置自动备份计划。

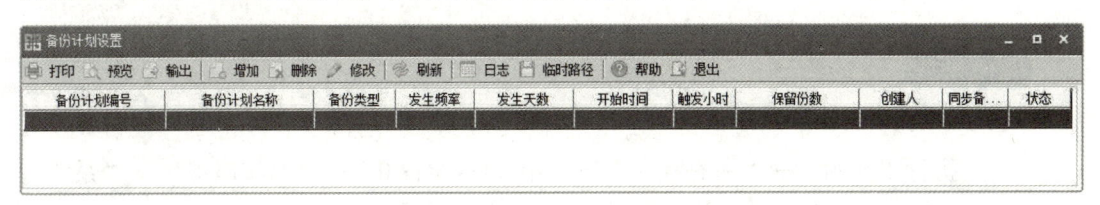

图1-2 备份计划设置

2. 输出账套

输出账套是一种人工备份数据的方式，只有系统管理员拥有账套输出的权限。账套输出之后在指定路径下形成两个文件：UFDATA.BAK和UfErpAct.Lst。这两个文件不能直接打开，只能通过系统管理中的账套引入功能引入到U8中，才能正常查询使用。

1.3 案例解析

案例素材

在"案例解析\第1章"下新建一个文件夹，命名为X1_01。

1. 引入账套

以系统管理员admin的身份登录用友U8系统管理，引入"案例素材\第1章"文件夹下的账套文件Y1_01。

2. 角色管理

删除"出纳"角色。

3.增加用户

用户信息如表1-2所示。

表1-2 用户信息

编号	姓名	口令	所属角色
2011	彭飞	无	账套主管
2012	李霞	无	无
2013	秦岚	无	无

4.设置用户权限

（1）设置用户2012拥有201账套"总账"的操作权限。

（2）设置用户2013拥有201账套"出纳"和"出纳签字"的操作权限。

5.输出账套

将操作结果输出至"X1_01"文件夹中。

操作步骤

1.引入账套

（1）执行"开始"→"所有程序"→"用友U8 V13.0"→"系统服务"→"系统管理"命令，进入"用友U8[系统管理]"窗口，如图1-3所示。

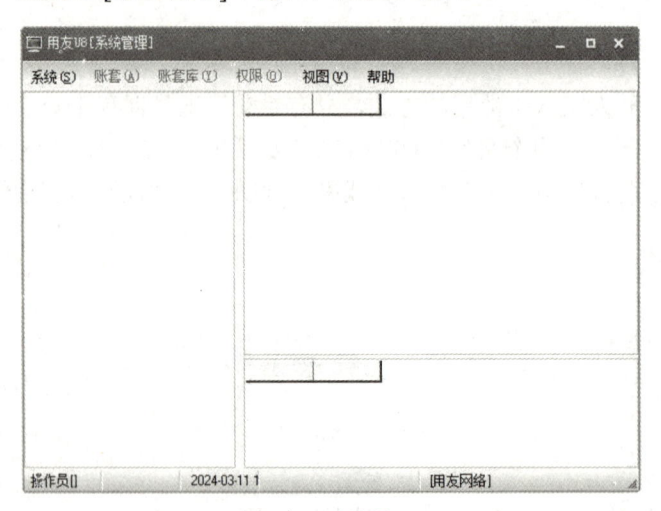

图1-3 系统管理

（2）执行"系统"→"注册"命令，打开"登录"系统管理对话框。

（3）系统中预先设定了一个系统管理员admin，系统管理员初始密码为空，如图1-4所示。

图1-4　系统管理员登录系统管理的界面

（4）单击"登录"按钮，以系统管理员身份进入系统管理。系统管理界面最下方的状态栏中显示"操作员[admin]"，如图1-5所示。系统管理界面中显示为黑色的菜单项即为系统管理员在系统管理中可以执行的操作。

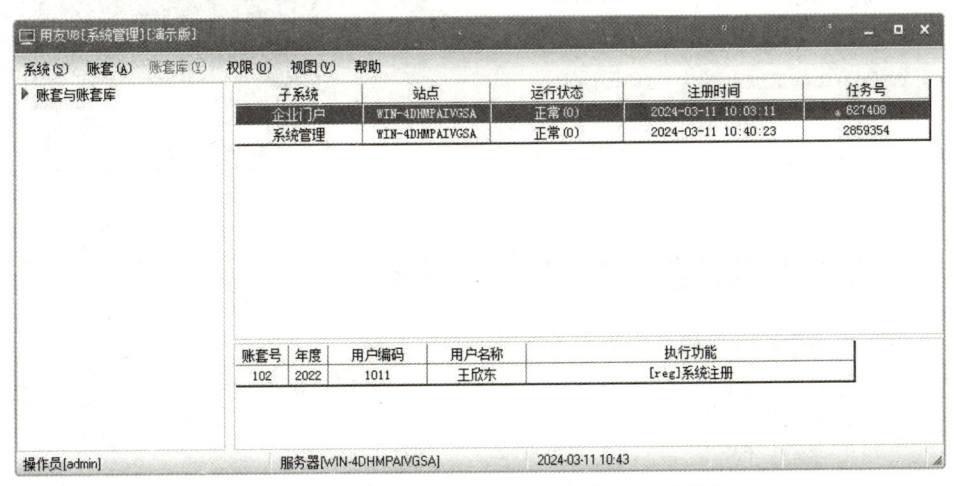

图1-5　以系统管理员身份进入系统管理后的界面

> **提示**
>
> 　　系统管理员的初始密码为空。为保证系统运行的安全性，在企业实际应用中应及时为系统管理员设置密码。设置系统管理员密码为"super"的操作步骤：在系统管理员登录系统管理界面中勾选"修改密码"复选框，单击"登录"按钮，打开"设置操作员密码"对话框，在"新密码"和"确认新密码"文本框中均输入"super"，最后单击"确定"按钮，返回系统管理。在教学过程中，可能会出现多人共用一套系统，为了避免由于他人不知道系统管理员密码而无法以系统管理员身份进入系统管理的情况，建议不要设置系统管理员密码。

（5）执行"账套"→"引入"命令，打开"请选择账套备份文件"对话框（如图1-6所示），选择账套备份文件所在位置，本例为"案例素材\第1章\Y1_01\UfErpAct.Lst"文件。

011

（6）单击"确定"按钮，系统弹出"请选择账套引入的目录"信息提示框，如图1-7所示，单击"确定"按钮，打开"请选择账套引入的目录"对话框，如图1-8所示，单击"确定"按钮，弹出"账套引入"窗口，单击"确定"按钮，系统自动进行引入账套的工作，最后弹出"引入成功"的信息提示框，如图1-9所示，单击"确定"按钮返回。

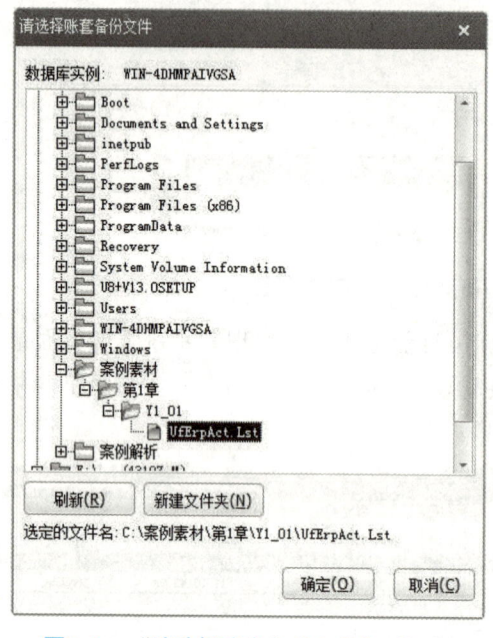

图1-6　"请选择账套备份文件"对话框

图1-7　信息提示框

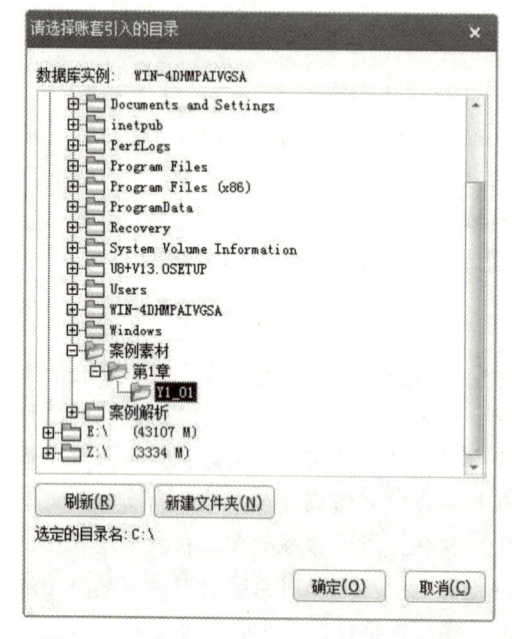

图1-8　"请选择账套引入的目录"对话框

图1-9　引入账套

2. 角色管理

（1）执行"权限"→"角色"命令，打开"角色管理"窗口。

（2）选择"出纳"角色所在行，单击"删除"按钮，弹出信息提示框，如图1-10所示。

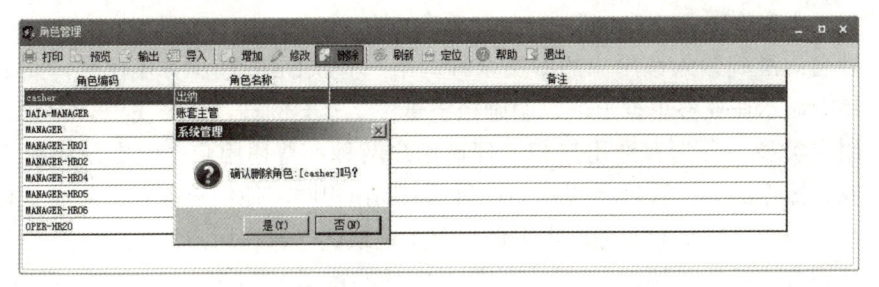

图1-10 删除角色信息的提示

（3）单击"是"按钮，删除"出纳"角色。单击"退出"按钮，关闭"角色管理"窗口。

3．增加用户

只有系统管理员才能实施增加用户的操作。

（1）以系统管理员身份登录系统管理，执行"权限"→"用户"命令，打开"用户管理"窗口，如图1-11所示。其中的用户是原来设置完成的。

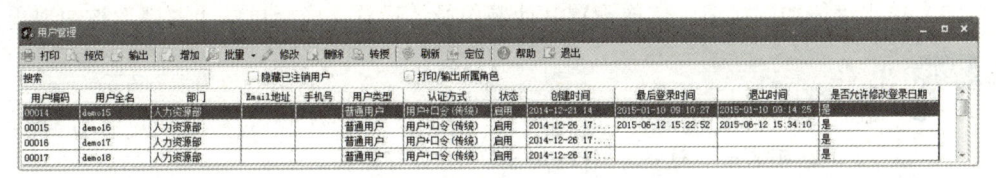

图1-11 "用户管理"窗口

（2）单击"增加"按钮，打开"操作员详细情况"对话框。按案例要求输入操作员信息，如图1-12所示。

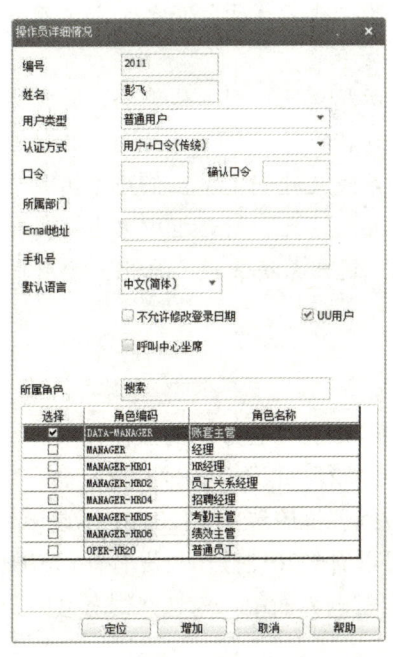

图1-12 增加用户

- 编号：用户编号在U8系统中必须唯一，即使是不同的账套，用户编号也不能重复。本案例输入"2011"。
- 姓名：准确输入该用户的中文全称。用户登录U8进行业务操作时，此处的姓名将会显示在业务单据上，以明确经济责任。本案例输入"彭飞"。
- 用户类型：分为普通用户和管理员用户两种。普通用户是指登录系统进行各种业务操作的人；管理员用户的性质与admin相同，他们只能登录系统管理进行操作，不能接触企业业务。本案例采取系统默认（普通用户）。
- 认证方式：提供用户+口令（传统）、动态密码、CA认证、域身份验证4种认证方式。用户+口令（传统）是U8默认的用户身份认证方式，即通过系统管理中的用户管理来设置用户的安全信息。本案例采取系统默认。
- 口令：设置操作员密码时，为保密起见，输入的密码在屏幕上以"*"号显示。本案例无需设置密码。
- 确认口令：再次输入密码，通过验证密码一致性来确保密码正确。
- 所属部门：设置用户所属的部门，从而有效控制不同用户对特定数据的访问权限，确保信息安全。

（3）单击"增加"按钮，依次设置其他操作员。设置完成后单击"取消"按钮退出。

> **提示**
> - 在"操作员详细情况"对话框中，蓝色字体标注的项目为必输入项，其余项目为可选项。这一规则适用于U8的所有界面。
> - 在增加用户时可以直接指定用户所属角色，如王欣东的角色为"账套主管"。由于系统中已经为预设的角色赋予了相应的权限，因此，如果在增加用户时就指定了相应的角色，则其就自动拥有了该角色的所有权限。
> - 如果已设置用户为"账套主管"角色，则该用户也是系统内所有账套的账套主管。
> - 如果定义了用户所属角色，则不能删除。必须先取消用户所属角色才能删除用户。只要所设置的用户在U8系统中操作过业务，便不能被删除。
> - 如果用户使用过系统又被调离单位，应在用户管理窗口中单击"修改"按钮，在"操作员详细情况"对话框中单击"注销当前用户"按钮，最后单击"取消"按钮，返回系统管理。自此，该用户无权再进入U8系统。

4. 设置用户权限

（1）设置用户2012拥有201账套"总账"的操作权限。

①系统管理员在系统管理中执行"权限"→"权限"命令，打开"操作员权限"窗口。

②在窗口右上角账套下拉列表框中选中"[201]中诚通讯"账套，在左侧的操作员列表中选中"2012李霞"，此时可以看到2012操作员没有任何权限。

③单击"修改"按钮，在右侧界面中，勾选"财务会计"中"总账"前的复选框，如图1-13所示。

④单击"保存"按钮返回。

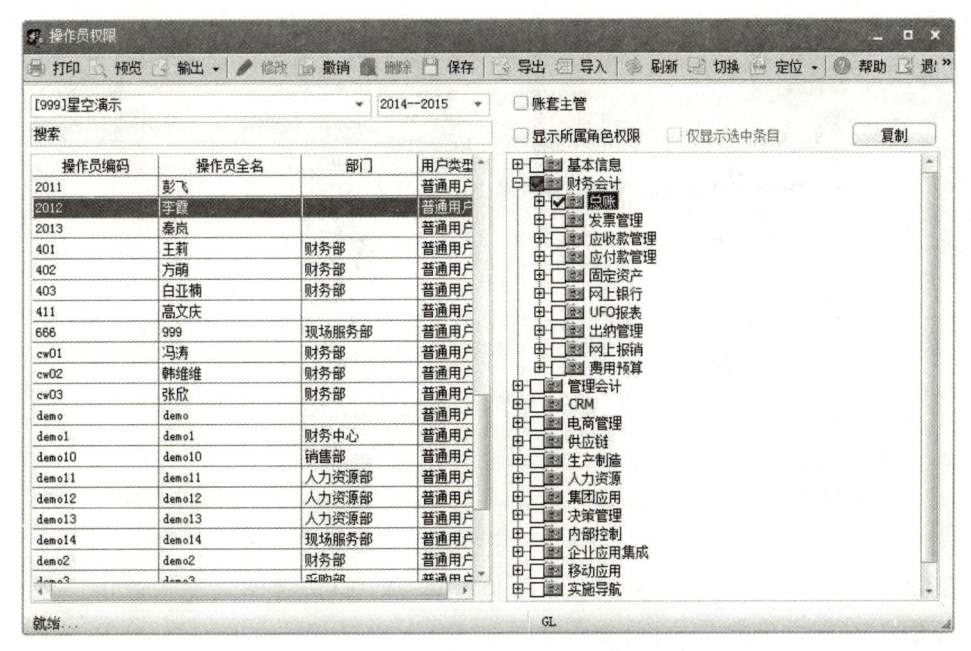

图1-13 为2012操作员设置"总账"权限

> **提示**
> - 只有系统管理员才有权设置或取消账套主管,而账套主管只有权对所辖账套的操作员进行权限设置。
> - 设置权限时应先选中要赋权的账套及相应的用户。

(2)设置用户2013拥有201账套"出纳"和"出纳签字"的操作权限。

①在左侧的操作员列表中选中"2013秦岚",此时可以看到2013操作员没有任何权限。

②单击"修改"按钮。在右侧界面中,勾选"总账"→"出纳"和"财务会计"→"总账"→"凭证"→"出纳签字"前的复选框,如图1-14所示。

③单击"保存"按钮,再单击"退出"按钮返回。

5.输出账套

输出账套的工作应由系统管理员在系统管理中的"账套"→"输出"功能中完成。

(1)在"案例解析\第1章"中新建"X1_01"文件夹。

(2)由系统管理员注册系统管理,执行"账套"→"输出"命令,打开"账套输出"对话框。

(3)单击"账套号"栏的下三角按钮,选择"[201]中诚通讯",在输出文件位置选择"案例解析\第1章\"。

015

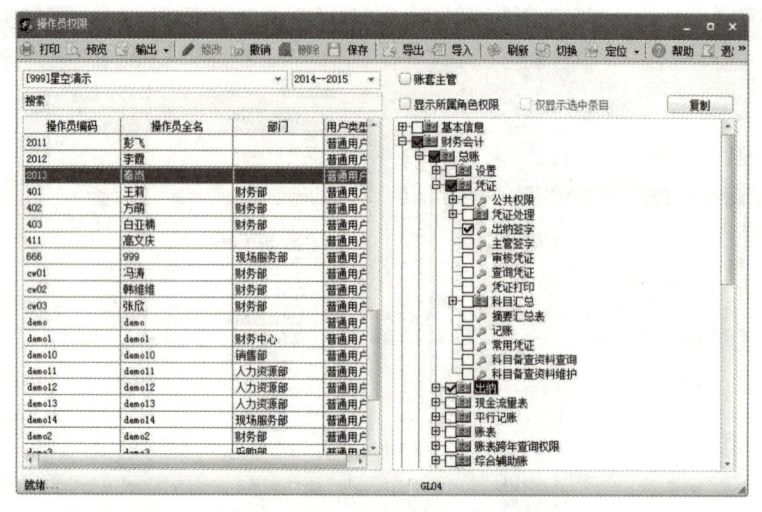

图1-14 为2013操作员设置"出纳"和"出纳签字"的操作权限

（4）单击"确认"按钮，系统输出账套数据，完成后，弹出"输出成功"信息提示框，如图1-15所示，单击"确定"按钮返回。

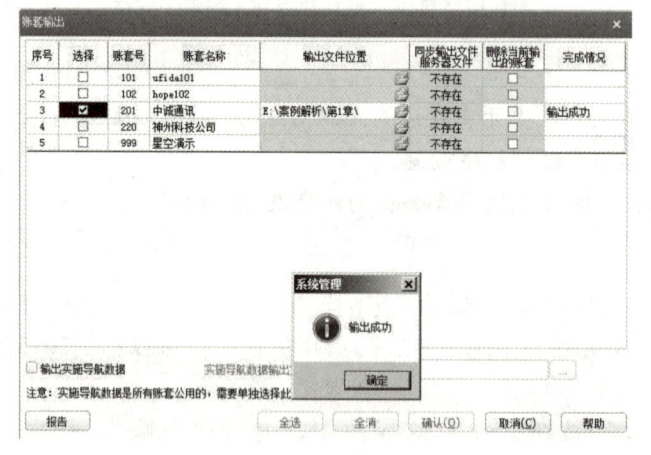

图1-15 账套输出

> **提示**
> - 只有系统管理员有权进行账套输出和引入。账套输出后在指定的文件夹内输出两个文件，一个是账套数据文件UFDATA.BAK，一个是账套信息文件UfErpAct.Lst。
> - 利用账套输出功能还可以进行"删除账套"的操作。在"账套输出"对话框中勾选"删除当前输出账套"复选框，单击"确认"按钮，系统在删除账套前同样要进行账套输出，当输出完成后系统提示"真要删除该账套吗？"，单击"是"按钮则可以删除该账套。
> - 正在使用的账套可以进行账套输出，但不允许进行账套删除。
> - 备份账套时应先建立一个备份账套的文件夹，以便将备份数据存放在目标文件夹中。

1.4 强化训练

实训1

在"强化实训\第1章"文件夹下新建一个文件夹，命名为X1_01。

1. 引入账套

以系统管理员admin的身份登录用友U8系统管理，引入"强化训练素材\第1章"文件夹下的账套文件Y1_01。

2. 角色管理

增加"应付会计"角色。角色编码：apacc，角色名称：应付会计。

3. 增加用户

用户信息如表1-3所示。

表1-3　用户信息

编号	姓名	口令	所属角色
2021	林涛	1	无
2022	赵飞	2	无
2023	王翾	3	普通员工

4. 设置权限

（1）设置用户2021为202账套的账套主管。

（2）设置用户2022拥有202账套"总账"和"应收款管理"的操作权限。

（3）设置用户2023拥有202账套"出纳签字"的操作权限。

5. 输出账套

将操作结果输出至"X1_01"文件夹中。

实训2

在"强化实训\第1章"文件夹下新建一个文件夹，命名为X1_02。

1. 引入账套

以系统管理员admin的身份登录用友U8系统管理，引入"强化训练素材\第1章"文件夹下的账套文件Y1_02。

2. 角色管理

增加"总账会计"角色。角色编码：glacc，角色名称：总账会计。

3．增加用户

用户信息如表1-4所示。

表1-4　用户信息

编号	姓名	口令	所属角色
2031	田健	1	账套主管
2032	孟璐	无	无
2033	王子文	无	无

4．设置权限

（1）设置角色glacc拥有203账套"总账"的操作权限。

（2）设置用户2032所属角色为"总账会计"。

5．输出账套

将操作结果输出至"X1_02"文件夹中。

实训3

在"强化实训\第1章"文件夹下新建一个文件夹，命名为X1_03。

1．引入账套

以系统管理员admin的身份登录用友U8系统管理，引入"强化训练素材\第1章"文件夹下的账套文件Y1_03。

2．角色管理

增加"总账会计"角色。角色编码：glacc，角色名称：总账会计，所属用户名称：403白亚楠。

3．增加用户

用户信息如表1-5所示。

表1-5　用户信息

编号	姓名	口令	所属角色
2041	闫文	无	无
2042	刘巧	无	无
2043	马兰	无	出纳

4．设置权限

（1）设置角色glacc拥有204账套"总账"的操作权限。

（2）设置用户2042所属角色为"总账会计"。

（3）设置用户2041为204账套的账套主管。

5．输出账套

将操作结果输出至"X1_03"文件夹中。

实训4

在"强化实训\第1章"文件夹下新建一个文件夹，命名为X1_04。

1.引入账套

以系统管理员admin的身份登录用友U8系统管理，引入"强化训练素材\第1章"文件夹下的账套文件Y1_04。

2.角色管理

增加"往来会计"角色。角色编码：wlacc，角色名称：往来会计，所属用户名称：403白亚楠。

3.增加用户

用户信息如表1-6所示。

表1-6 用户信息

编号	姓名	口令	所属角色
2051	张建	无	账套主管
2052	周成	无	无
2053	卢文	无	出纳

4.设置权限

（1）设置角色wlacc拥有205账套"应收款管理""应付款管理""总账"的操作权限。

（2）设置用户2052所属角色为"往来会计"。

5.输出账套

将操作结果输出至"X1_04"文件夹中。

实训5

在"强化实训\第1章"文件夹下新建一个文件夹，命名为X1_06。

1.引入账套

以系统管理员admin的身份登录用友U8系统管理，引入"强化训练素材\第1章"文件夹下的账套文件Y1_06。

2.角色管理

删除"普通员工"角色。

3.增加用户

用户信息如表1-7所示。

表1-7　用户信息

编号	姓名	口令	所属角色
2061	苏秀	无	账套主管
2062	马欣	无	无
2063	孙庆	无	无

4．设置用户权限

（1）设置用户2062拥有206账套"总账"操作权限。

（2）设置用户2063拥有206账套的"出纳"和"出纳签字"的操作权限。

5．输出账套

将操作结果输出至"X1_05"文件夹中。

本章小结

本章概述了系统管理的核心功能，其确保了企业财务信息系统的高效安全。账套及账套库管理提供了灵活的财务管理环境，满足了多业务场景需求。用户及权限管理保障了数据的安全与准确，系统安全管理则加强了安全防护。系统管理员与账套主管维护了系统稳定，角色与用户管理则构建起清晰的权限体系。引入账套、角色管理、用户增加与权限设置使得系统能够快速部署与灵活管理。账套输出确保了数据的安全完整，为长远发展提供了保障。本章所述功能为企业构建高效安全的财务信息系统提供了全面支持。

课后习题

1．判断题

（1）增加用户时可以直接指定用户所属角色，并能自动拥有该角色的权限。（　　）

（2）系统管理员和账套主管都有权进行账套的输出和引入。（　　）

（3）正在使用的账套既不能进行输出操作，也不能将其删除。（　　）

2．简答题

（1）简述系统管理的主要功能。

（2）简述设置角色时的注意事项。

（3）简述设置用户权限的步骤。

第 2 章
企业应用平台

本章导读

本章介绍了用友U8企业应用平台的关键设置与操作,包含了系统服务、基础设置与业务工作3部分。系统服务奠定平台运行基础,确保服务稳定高效;基础设置细化至基本信息、档案与单据,为后续业务操作奠定了基础;业务工作则深入启用系统、会计科目设置、项目目录与开户银行配置等核心环节,能协助企业对财务进行精细化管理。这些信息是企业在发生经济业务时进行记录所必需的,例如收款过程会涉及客户信息,报销流程会涉及部门和人员信息,而在录入会计凭证时则会涉及凭证类型和会计科目等。这些工作都将在U8中的企业应用平台中完成。

学习目标

- 理解企业应用平台的作用
- 录入各项基础档案

数字资源

【本章案例素材】:"素材文件\第2章"目录下
【本章强化训练素材】:"强化训练素材\第2章"目录下

素质要求

> 坚持创新变革。贯彻新发展理念，不断推进会计管理制度创新，推动会计管理体制机制变革，破解会计管理工作中的重点难点问题，破除会计改革与发展中的制度性障碍，持续推动会计事业健康有序发展。
>
> ——会计改革与发展"十四五"规划纲要

2.1 基本认知

企业应用平台是用友U8的集成应用平台，是用户、合作伙伴访问U8系统的唯一入口，如图2-1所示。

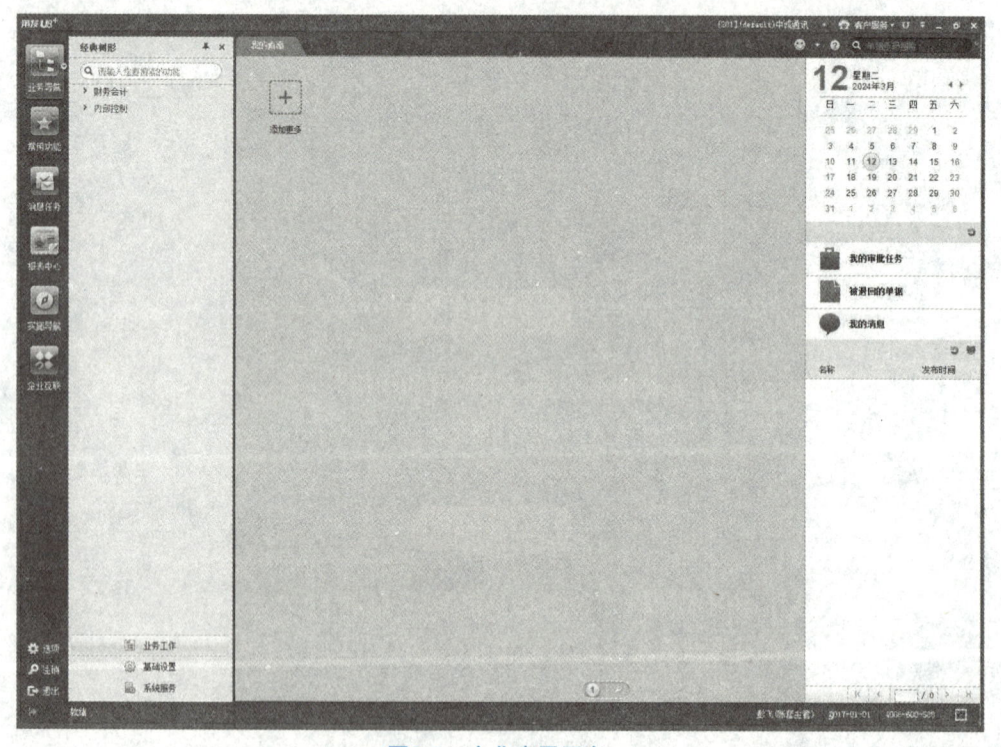

图2-1 企业应用平台

在企业应用平台中，为了满足不同的使用需求和目标，将其划分3个主要的功能组，分别是：系统服务、基础设置和业务工作，如图2-2所示。

系统服务功能组包括系统管理、服务器配置、企业应用集成、工具和权限，它们确保了系统的高效运行和安全，支持企业级应用的无缝集成，同时提供必要的工具和严格的权限管理来维护数据的完整性和访问控制。基础设置功能组包括基本信息、基础档案、业务参数、个人参数、单位设置等，它们确保了系统的正确运行，支持个性化的业务需求，并提升操作效率。业务工作功能组包括财务会计、内部控制等，这是核心业务的功能模块，它确保财务数据的准确性和合规性，同时通过内部控制机制提高企业管理的有效性和透明度。

图2-2　企业应用平台主要功能

2.1.1　系统服务

系统服务的核心目标是确保系统的安全稳定运行，涵盖系统管理、服务器配置、工具和权限等关键领域。

系统管理方面，通过企业应用平台启动系统管理模块，为管理员提供中心化管理界面，监控系统运行状态并进行管理操作。服务器配置负责调整和优化U8应用服务器的位置，以满足实际需求，确保系统高效运行。工具为用户提供便捷的处理方式，简化了用友U8与外部系统的接口和数据传输，提高了工作效率。

权限管理允许对数据权限进行细致控制，分配数据权限和金额权限，实现功能权限转授和工作任务委托，提升了工作的灵活性。

2.1.2 基础设置

基础设置主要是设置用友U8各模块公用的基本信息、基础档案、单据设计等。

1.基本信息

在基本信息中可以对企业建账过程中设定的会计期间、编码方案和数据精度进行修改，还可以启用用友U8的其他系统。

在用友U8中，系统启用涉及为各个子系统设定一个特定的起始使用日期。系统被标记为启用时，用户才能进行登录操作。

2.基础档案

各个企业在采用用友U8时，会根据自身需求选择不同的子系统。这些子系统共同依赖一个核心组成部分，即基础档案信息，它们为U8系统的运作提供了必要的支持。在企业使用新的账套时，应当针对企业的特定情况和业务需求设置基础档案信息，并确保这些信息被准确地输入到系统中。

录入基础档案的注意事项如下。

（1）档案编码要符合事先设定的编码规则。

录入各项基础档案时，编码一般为必输项，在U8系统中编码是档案的唯一标识。输入编码时需要遵守事先设定的分类编码规则，该规则在企业建账过程中设定。可执行“基本信息”→“编码方案”命令，修改编码方案，如图2-3所示。

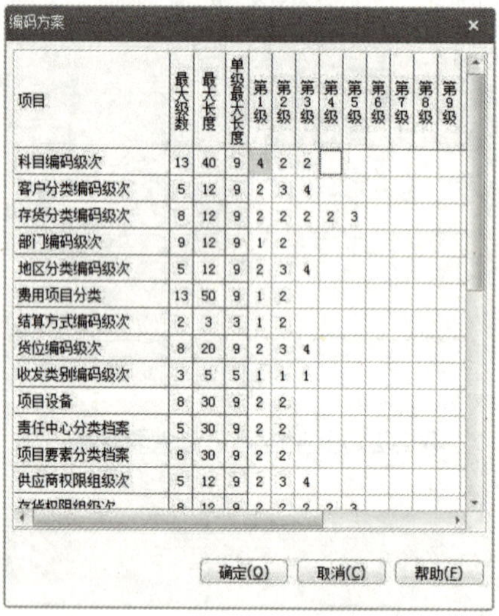

项目	最大级数	最大长度	单级最大长度	第1级	第2级	第3级	第4级	第5级	第6级	第7级	第8级	第9级
科目编码级次	13	40	9	4	2	2						
客户分类编码级次	5	12	9	2	3	4						
存货分类编码级次	8	12	9	2	2	2	2	3				
部门编码级次	9	12	9	1	2							
地区分类编码级次	5	12	9	2	3	4						
费用项目分类	13	50	9	1	2							
结算方式编码级次	2	3	3	1	2							
货位编码级次	8	20	9	2	3	4						
收发类别编码级次	3	5	5	1	1	1						
项目设备	8	30	9	2	2							
责任中心分类档案	5	30	9	2	2							
项目要素分类档案	6	30	9	2	2							
供应商权限组级次	5	12	9	2	3	4						

图2-3 “编码方案”对话框

编码规则在档案录入界面中有提示。例如“编码规则：* **”说明该项档案设置了两级编码，第1级编码1位，第1级编码2位。

（2）注意档案建立的先后顺序。

在用友U8系统中，基础档案的设置遵循一定的逻辑顺序。如果某个档案需要进行分类管理，必须先创建相应的分类体系，然后才能在该分类下录入具体的档案信息。以客户档案为例，若企业决定对客户进行分类管理，则先要建立客户分类，然后才能在这些分类下记录客户档案。供应商档案的处理方式亦是如此。

此外，人员档案的建立也需要先有部门架构的存在，即在创建员工档案之前，必须先定义好各个部门。

（3）先建立上级档案再建立下一级档案。

在使用用友U8系统进行基础档案管理时，若已设定了分类编码级次，建立档案的顺序则需要遵循从上至下的原则。这意味着必须先创建高级别的档案分类，然后才能在其档案范围内建立下一级别的档案。

在执行档案的删除操作时，则需要按照从下至上的顺序：首先需移除或删除属于较低级别的档案信息，清除完毕后，才能对上一级别的档案分类进行删除处理。

3. 单据设置

单据作为企业经济活动发生的证据，例如销售发货单代表商品的发送，采购入库单代表原材料的收纳，以及购销过程中使用的专用发票等。单据设置包括单据格式设置、单据编号设置和单据打印控制。

由于各企业在处理业务时所需的单据细节会有所不同，用友U8管理软件提供了一系列的标准单据模板，并允许用户根据需要调整各种单据类型的显示和打印模板，以适应企业对单据格式的个性化要求。在用友U8系统中，单据编号默认采用连续编号方式，如果企业有特殊的编号规则要求，系统也支持手工设置编号。

2.1.3 业务工作

在日常业务操作中，登录的用户会接触到其被授权使用的所有功能模块，这些模块根据其性质归入不同的功能组。企业应用平台为企业内的用户提供了一个唯一的通道。

2.2 技能解析

引入的基础账套中已经预置了部门、人员、客户、供应商、外币等部分基础信息，本节仅对应用比较灵活的基础档案（如会计科目、项目目录）进行着重讲解。

2.2.1 启用系统

1. 理解系统启用

系统启用是指在用友U8中设置各个子系统开始使用的具体日期。如图2-4所示，用友U8管理软件分为财务会计、管理会计、供应链、生产制造、人力资源、集团应用、决策支持以及企业应用集成等，每个功能组又包含了若干个模块。这些模块大多数可以单独运行，也可以与其他模块集成使用，但这两种模式在数据流程上存在差异。

企业在选择子系统时，可以根据企业的信息化规划和管理需求来定制，同时也可以选择逐步实施的策略，即先启用一部分模块，有需求后再启用其他模块。系统启用为企业提供了灵活性，使得企业能够明确指出在何时启用了哪些子系统。需要注意的是，只有在系统中设置了启用的模块才能进行登录操作。

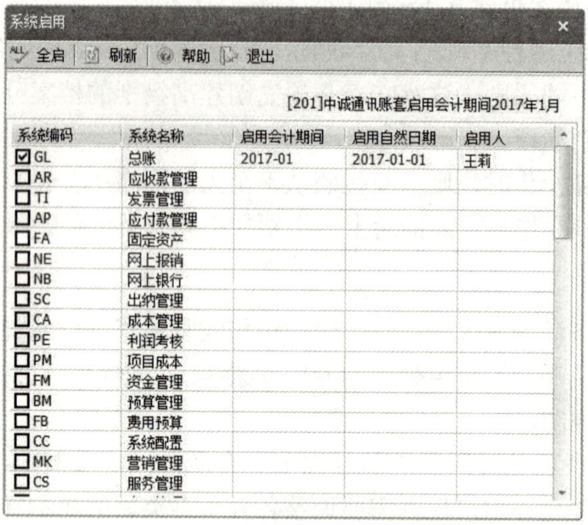

系统编码	系统名称	启用会计期间	启用自然日期	启用人
☑GL	总账	2017-01	2017-01-01	王莉
☐AR	应收款管理			
☐TI	发票管理			
☐AP	应付款管理			
☐FA	固定资产			
☐NE	网上报销			
☐NB	网上银行			
☐SC	出纳管理			
☐CA	成本管理			
☐PE	利润考核			
☐PM	项目成本			
☐FM	资金管理			
☐BM	预算管理			
☐FB	费用预算			
☐CC	系统配置			
☐MK	营销管理			
☐CS	服务管理			

图2-4 “系统启用”窗口

2.系统启用的方法

系统启用可以通过两种方法实现。第一种方法是在系统管理员创建企业账套的过程中，在系统管理中进行系统启用的设置。第二种方法是如果企业在建立账套时没有进行系统启用的设置，则可以由账套主管在企业应用平台的基本信息中进行设置。

2.2.2 设置会计科目

会计科目的设置是执行会计核算的一项基本方法，目的是对企业的经济业务活动进行分类和记录，这构成了记账和编制会计报告的基础，如图2-5所示。在用友U8软件中，已经按照当前会计制度预先配置了一级会计科目。企业可以根据自身的具体需求，对这些预设的科目属性进行调整，并可进一步添加明细科目。

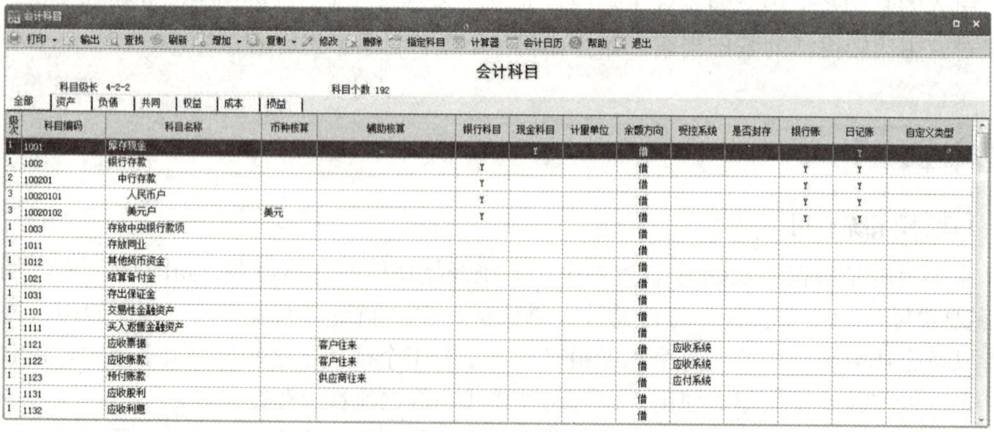

级次	科目编码	科目名称	币种核算	辅助核算	银行科目	现金科目	计量单位	余额方向	受控系统	是否封存	银行账	日记账	自定义类型
1	1001	库存现金				Y		借				Y	
1	1002	银行存款			Y			借			Y	Y	
2	100201	中行存款			Y			借			Y	Y	
3	10020101	人民币户			Y			借			Y	Y	
3	10020102	美元户	美元		Y			借			Y	Y	
1	1003	存放中央银行款项						借					
1	1011	存放同业						借					
1	1012	其他货币资金						借					
1	1021	结算备付金						借					
1	1031	存出保证金						借					
1	1101	交易性金融资产						借					
1	1111	买入返售金融资产						借					
1	1121	应收票据		客户往来				借	应收系统				
1	1122	应收账款		客户往来				借	应收系统				
1	1123	预付账款		供应商往来				借	应付系统				
1	1131	应收股利						借					
1	1132	应收利息						借					

图2-5 “会计科目”窗口

1. 会计科目设置的原则

设置会计科目时应注意以下3点。

（1）会计科目的设置必须满足会计报表编制的要求，凡是报表所用数据，需从系统取数的，必须设立相应科目。

（2）会计科目要保持相对稳定。

（3）设置会计科目要考虑各子系统的衔接。在总账系统中，只有末级会计科目允许有发生额，才能接收各子系统转入的数据，因此，要将各子系统中的核算科目设置为末级科目。

2. 会计科目的设置

"新增会计科目"对话框如图2-6所示，对话框中各属性的含义如下所述。

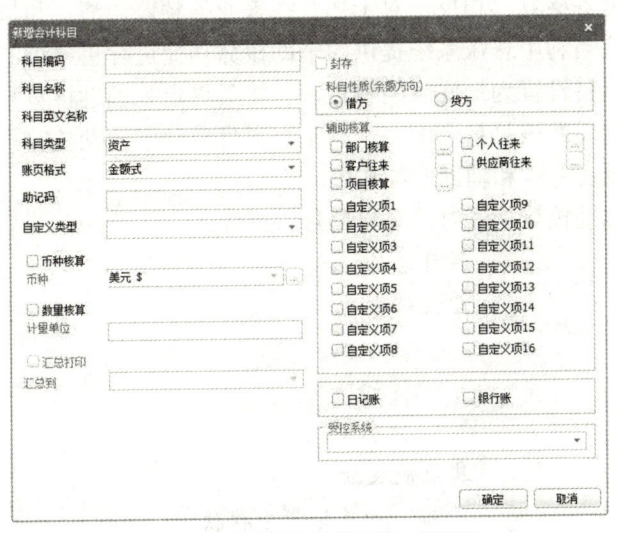

图2-6 "新增会计科目"对话框

（1）科目编码：应是科目全编码，各级科目编码必须唯一，且必须按其级次的先后次序建立，即先建立上级科目，再建立下级科目。科目编码的一级科目编码必须符合现行的会计制度。

（2）科目名称：是指本级科目名称，科目中文名称必须录入。

（3）科目类型：是指会计制度中规定的科目类型，按照科目编码的第1位数字系统自动判断：1-资产、2-负债、3-共同、4-权益、5-成本和6-损益。

（4）账页格式：定义科目在查询及打印时的格式，包括金额式、外币金额式、数量金额式和外币数量式。

（5）助记码：用于帮助记忆科目。

（6）外币核算：选中该选项，代表该科目核算外币，必须从币种下拉列表中选择外币种类。

（7）数量核算：选中该选项，代表该科目核算数量，需要手工输入数量和计量单位。

（8）科目性质：指科目的余额方向。只能为一级科目设置余额方向，下级科目的余额方向与上级科目保持一致。

（9）辅助核算：是否对该科目设置部门核算、客户往来、供应商往来、个人核算和项目核算。

（10）其他核算。

- 日记账：是否需要对该科目记日记账。库存现金科目需要选中该项，其他科目若有必要，也可以设置序时登记。
- 银行账：是否需要对该科目进行对账管理。银行存款科目需要选中日记账和银行账。

3. 会计科目辅助核算设置

为了最大化地利用计算机在管理上的优势，企业应对现有的会计科目体系进行优化调整，而不是简单地复制原有的结构。例如，对于规模较小、往来业务不复杂的企业，可以沿用手工会计的方法来构建科目结构和记账方式，通过为往来单位、个人、部门或项目设置明细科目来进行财务核算。相反，对于那些往来业务频繁、清算和核算工作量较大、要求严格的企业，则应当利用总账系统提供的辅助核算功能进行更精细的管理。这涉及将一些明细科目的父级科目设置为最底层的科目，并将其界定为辅助核算科目，同时把这些明细科目归置到相应的辅助核算目录中。一旦某个科目启动了辅助核算，该科目下的所有财务事项都将同时记录在总账和辅助明细账中。

例如，未使用辅助核算功能时，可将科目设置为：

科目编码	科目名称
1122	应收账款
112201	新淮
112202	江城
……	
1221	其他应收款
122101	差旅费应收款
12210101	杨文
12210102	刘红
……	
6001	主营业务收入
660101	机床
660102	车床
……	
6602	管理费用
660201	办公费
66020101	企管部
66020102	财务部
……	

启用总账系统的辅助核算功能时，可将科目设置为：

科目编码	科目名称	辅助核算
1122	应收账款	客户往来

1221	其他应收款	
122101	差旅费应收款	个人往来
6601	主营业务收入	项目核算
6602	管理费用	
660201	办公费	部门核算

一个科目设置了辅助核算后，它发生的每一笔业务都将登记在总账和辅助明细账上。

4.指定会计科目

在会计科目中指定特定科目作为出纳的专管科目通常涉及现金和银行存款科目，如图2-7所示。只有这些科目被明确指定后，才能启用出纳签字功能，从而提升现金及银行交易管理的安全性，并确保能够查阅相关的现金与银行存款日记账。

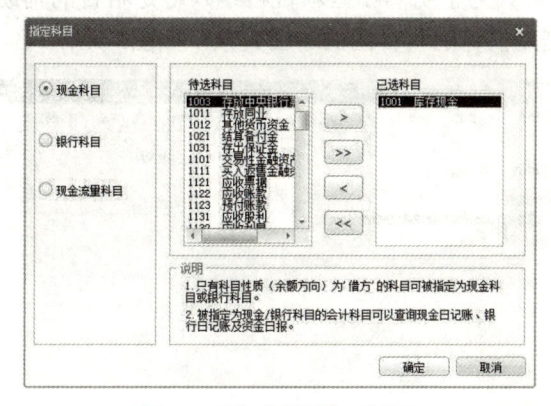

图2-7 "指定科目"对话框

2.2.3 设置项目目录

项目可以指代各种实体，如工程、订单或产品等，基本上任何需要独立核算成本或收益的实体都可以视作一个项目。在企业运营中，会涉及多种不同的项目。相应地，在会计软件中，可以设定多个项目核算类别，并根据属性将相似项目归纳为同一大类。为了管理便利，这些大类项目还可以进一步细分，形成层级分类，在最具体的子分类下创建各个实际项目的记录。为了确保业务发生时数据能正确归集到相应项目下，需要在项目与设置为项目核算的会计科目之间建立关联。按以下操作可以迅速构建完整的项目档案体系。

（1）定义项目大类。设定项目大类分3步：确定大类名称、定义项目的层级结构和制定项目属性字段，如图2-8所示。项目的层级结构指的是在大类下如何分级管理项目，并明确每级分类的编号位数。项目属性字段是用于记录与项目特征相关的信息。例如，为"工程"大类设置一个层级，并为此层级分配一个数字位，对于工程项目，其必须记录的信息一般有"工程编号""工程名称""项目负责人""开工日期"和"完工日期"等，这些可以作为属性字段纳入其中。

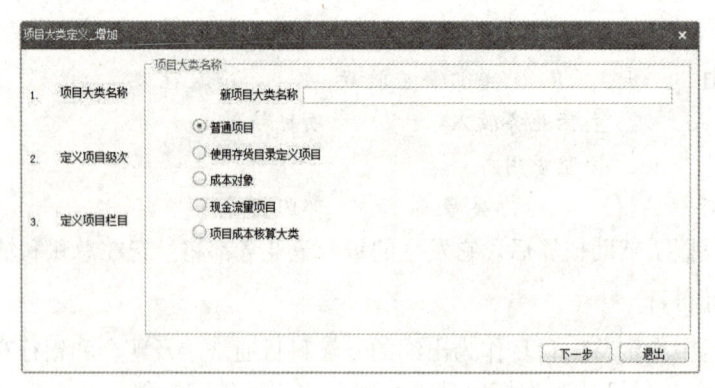

图2-8 "项目大类定义-增加"窗口

（2）指定核算科目。为了明确哪些项目将纳入特定科目的辅助核算范畴，需要确立项目与已设定为项目辅助核算的科目间的对应关系，如图2-9所示。

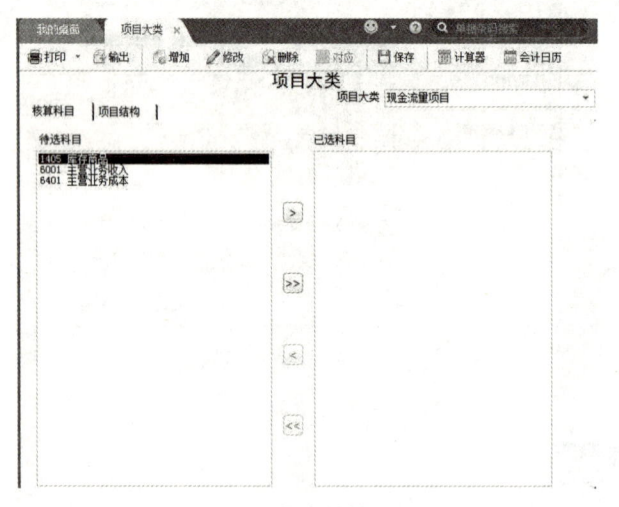

图2-9 指定核算科目

（3）定义项目分类（图2-10所示），例如将工程分为自建工程和外包工程。

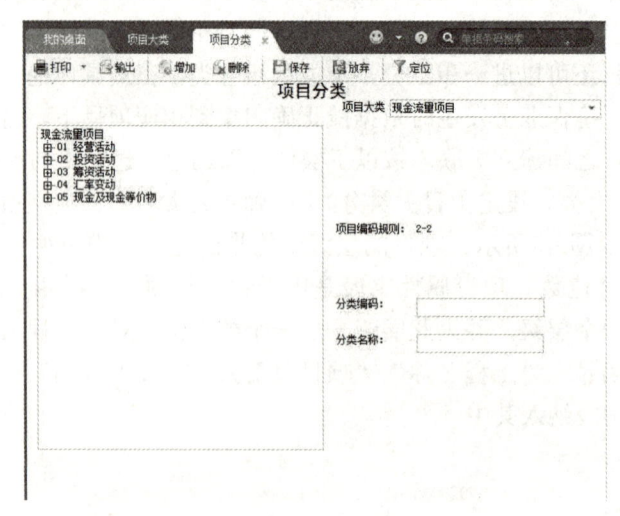

图2-10 "项目分类"窗口

（4）定义项目目录。定义项目目录是将每个项目分类中所包含的具体项目录入系统，如图2-11所示。每个项目具体录入哪些内容取决于项目栏目的定义。

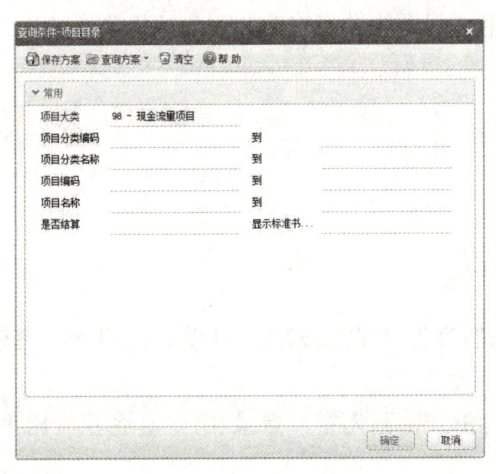

图2-11　定义项目目录

2.2.4　设置本单位开户银行

设置本单位开户银行用于与往来单位结算，如图2-12所示。增加开户银行时必须录入"增加本单位开户银行"对话框中的信息。

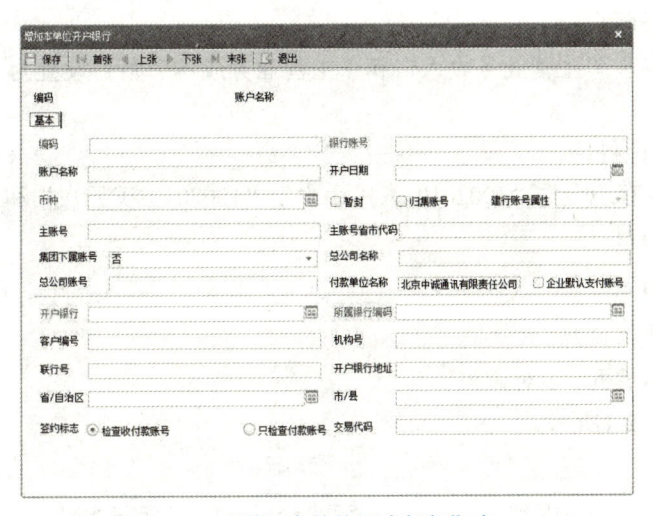

图2-12　"增加本单位开户银行"窗口

- 编号：必须录入且必须唯一，用来标识某开户银行。开户银行编号最多可输入3个字符。
- 银行账号：用来输入企业在开户银行中的账号。必须输入且必须唯一。银行账号最多可输入20个字符。
- 币种：指账户所使用的币种，目前只支持一个账户使用一种币种的情况，参照币种档案录入。
- 开户银行：用来输入企业的开户银行名称。必须输入，名称可以重复。开户银行

031

名称最多可输入30个字符或15个汉字。
- 所属银行编码：指开户银行所属的总行名称，参照银行档案录入。

开户银行一旦被引用，则不能进行修改和删除的操作。

2.3 案例解析

案例素材

以系统管理员admin的身份登录用友U8系统管理，引入"案例素材\第2章"文件夹下的账套文件Y2_01。

以2011账套主管的身份（密码为空）登录201账套企业应用平台，登录日期为"2017-01-01"。

1. 启用系统

启用"应收款管理""固定资产"和"薪资管理"系统，启用日期为"2017-01-01"。

2. 设置会计科目

（1）增加会计科目。

增加明细科目"190101 待处理流动资产损溢"。

（2）修改会计科目。

将"库存商品""主营业务收入"和"主营业务成本"科目设置为"项目核算"辅助核算。

（3）指定会计科目。

指定"1001库存现金""10020101人民币户""10020102美元户"和"1012其他货币资金"为现金流量科目。

3. 设置项目目录

建立项目大类：产品。

项目分类：1-手机，2-对讲机。

项目目录如表2-1所示。

表2-1 项目目录

项目编码	项目名称	项目分类码
01	云米手机	1
02	云易手机	1
03	乐士对讲机	2

按产品项目大类核算的会计科目：库存商品、主营业务收入、主营业务成本。

4. 设置本单位开户银行

编码：001，银行账号：110001134608，币种：人民币，开户银行：兴业银行丰台支行，所属银行编码：00006。

5.输出账套

将操作结果输出至"案例解析\第2章\X2_01"文件夹中。

操作步骤

在"案例解析\第2章"下新建一个文件夹，命名为X2_01。

以系统管理员身份登录系统管理，引入"案例素材\第2章"文件夹下的账套文件Y2_01。

1.以账套主管身份登录企业应用平台

（1）执行"开始"→"所有程序"→"用友U8+V13.0"→"企业应用平台"命令，打开"登录"对话框。

（2）录入操作员为"2011"，密码为空，单击"账套"栏的下三角按钮，选择"[201] (default)中诚通讯"，操作日期设置为"2017-01-01"，如图2-13所示。

图2-13　企业应用平台登录界面

（3）单击"登录"按钮，进入"企业应用平台"窗口，如图2-14所示。

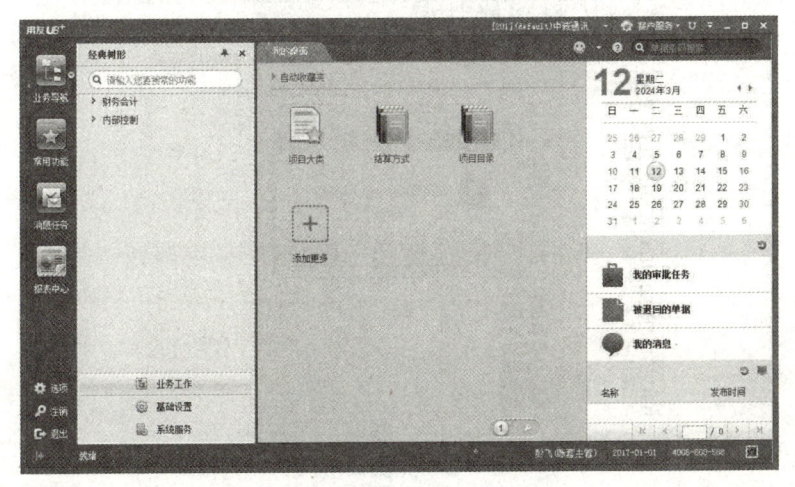

图2-14　"企业应用平台"窗口

033

2.启用系统

（1）在"基础设置"选项卡中，执行"基本信息"→"系统启用"命令，打开"系统启用"窗口。

> **提示**
> - 在窗口右上角可查看到当前账套启用日期。
> - 总账系统已由"王莉"启动，鉴于只有系统管理员和账套主管拥有启用系统的权限，因此可以推断出王莉担任账套主管的职位。

（2）勾选"AR应收款管理"前的复选框，弹出"日历"对话框。在"日历"对话框中设置时间为"2017年1月1日"，如图2-15所示。

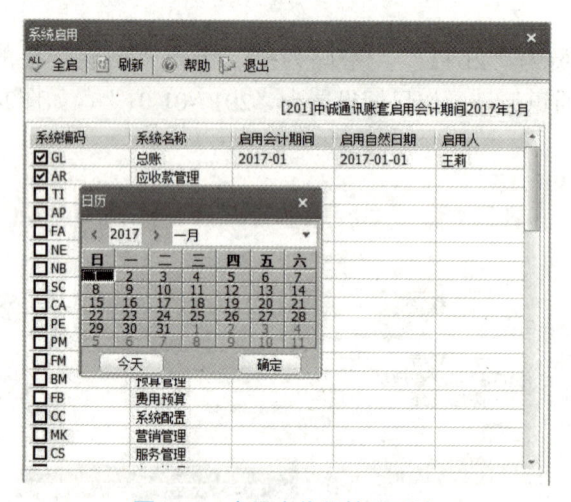

图2-15 启用应收款管理系统

（3）单击"确定"按钮，系统弹出"确实要启用当前系统吗？"信息提示框，如图2-16所示，单击"是"按钮，完成应收款管理系统的启用。

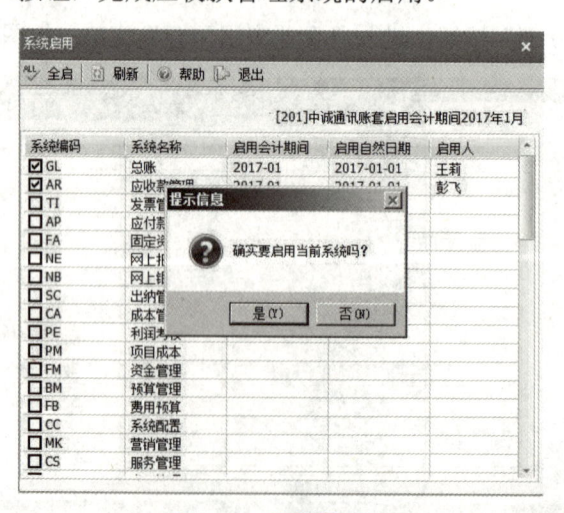

图2-16 信息提示框

（4）同样操作，启用固定资产系统和薪资管理系统。启用完成后如图2-17所示。

（5）单击"退出"按钮，返回企业应用平台。

图2-17 完成系统启用

> **提示**
> - 只有启用后的子系统才能进行登录操作。
> - 各系统的启用时间必须晚于或等于账套的启用时间。

3. 设置会计科目

（1）增加会计科目。

①在企业应用平台基础设置中，执行"基础档案"→"财务"→"会计科目"命令，进入"会计科目"窗口，如图2-18所示。窗口上方有七个选项卡，分别为"全部""资产""负债""共同""权益""成本""损益"。单击任意选项卡，将显示该选项卡下的全部会计科目。

图2-18 "会计科目"窗口

②单击"增加"按钮，打开"新增会计科目"对话框。按案例素材录入科目编码"190101"、科目名称"待处理流动资产损溢"，如图2-19所示。

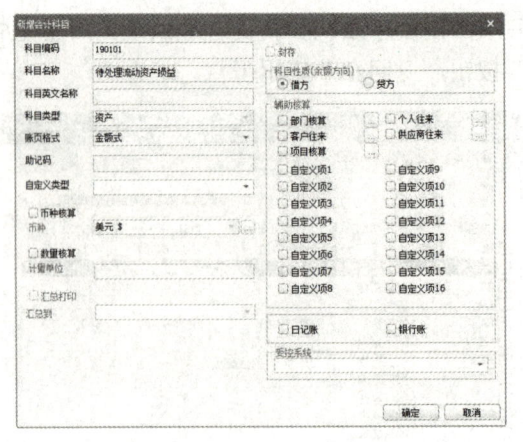

图2-19 增加会计科目

③单击"确定"按钮保存。

④单击"增加"按钮，继续增加其他会计科目，完成后单击"关闭"按钮，返回"会计科目"窗口。

> **提示**
> - 增加会计科目时，若勾选"外币核算"复选框，还需要选择外币"币种"。
> - 增加会计科目时，若勾选"数量核算"复选框，还需要输入计量单位。
> - 增加会计科目时，必须先增加上一级科目，再增加下一级科目。

（2）修改会计科目。

①在"会计科目"窗口中，选中"1405库存商品"科目，单击"修改"按钮，打开"会计科目_修改"对话框。

②单击"修改"按钮，勾选"项目核算"复选框，如图2-20所示，单击"确定"按钮。

③单击"返回"按钮返回"会计科目"窗口。同样操作，将"主营业务收入"和"主营业务成本"科目设置为"项目核算"辅助核算。

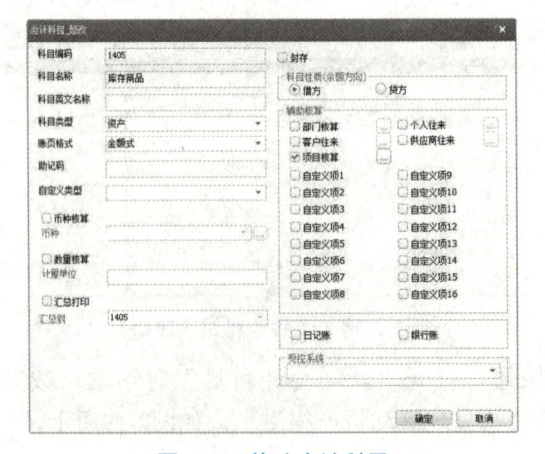

图2-20 修改会计科目

(3)指定会计科目。

①在"会计科目"窗口中,单击"指定科目"按钮,打开"指定科目"对话框。

②单击"现金流量科目"按钮,从"待选科目"列表框中选择"1001库存现金"科目,单击" > "按钮,将科目添加到已选科目列表中。

③同样操作,将"10020101人民币户""10020102美元户"和"1012其他货币资金"科目,从待选科目列表中添加到已选科目列表中,如图2-21所示。

④单击"确定"按钮,保存。

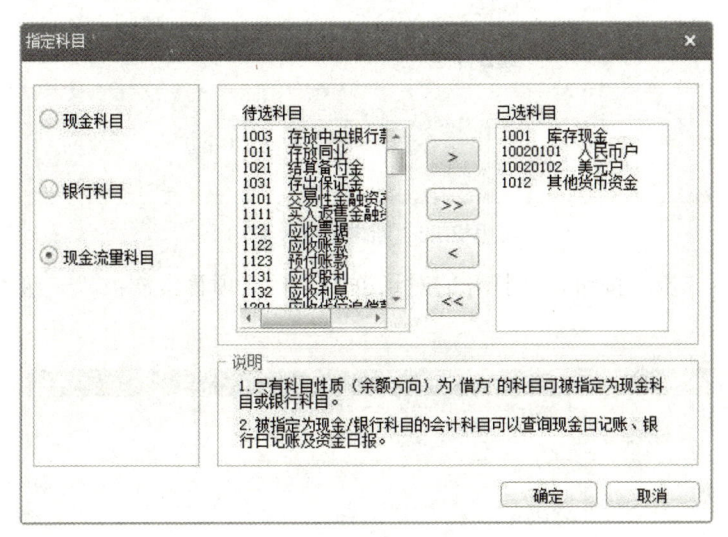

图2-21　指定现金流量科目

4.设置项目档案

(1)增加项目大类。

①在企业应用平台基础设置中,执行"基础档案"→"财务"→"项目大类"命令,打开"项目大类"窗口,如图2-22所示。

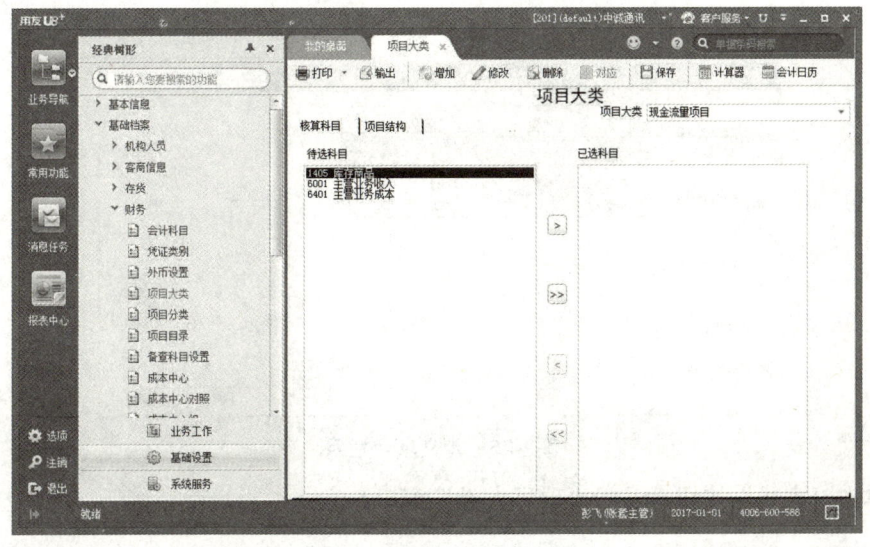

图2-22　"项目大类"窗口

②单击"增加"按钮，打开"项目大类定义_增加"对话框。

③输入"新项目大类名称"为"产品"，选择新增项目大类的属性为"普通项目"，如图2-23所示。

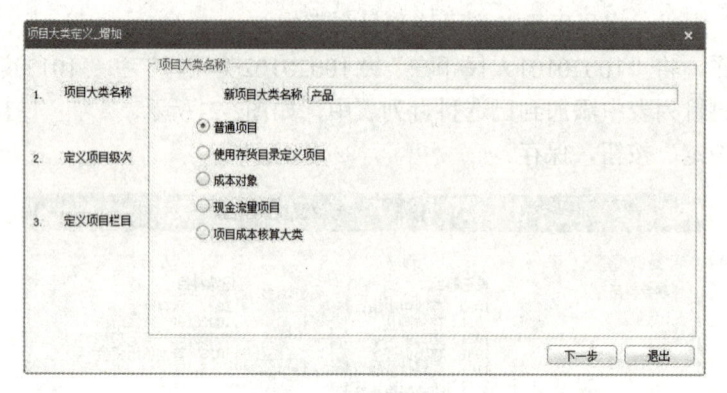

图2-23　新增项目大类

④单击"下一步"按钮，在打开的对话框中，默认项目级次："一级"为1位，如图2-24所示。

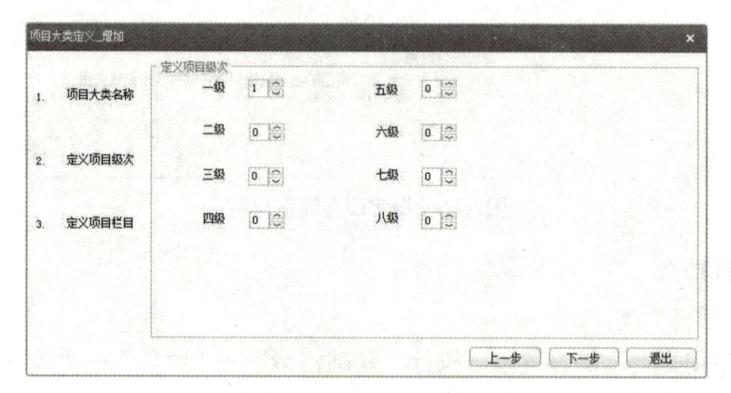

图2-24　定义项目级次

⑤单击"下一步"按钮，在打开的对话框中，默认设置不做修改，如图2-25所示。

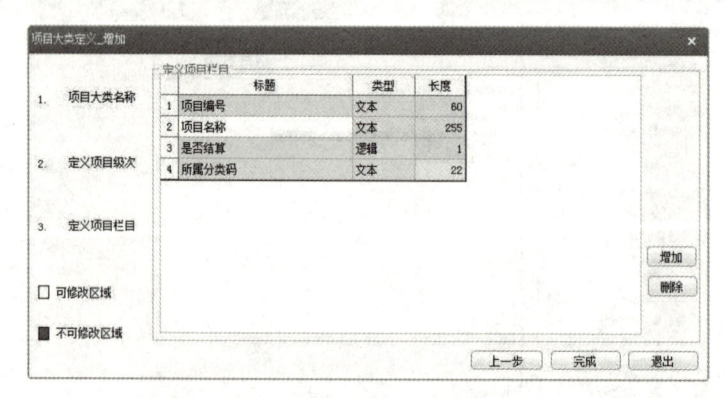

图2-25　定义项目栏目

⑥单击"完成"按钮，返回"项目大类"窗口。

（2）指定项目核算科目。

①单击"项目大类"下拉列表栏的下三角按钮，选择"产品"项目大类。

②单击"核算科目"选项卡，左侧的"待选科目"列表包括库存商品、主营业务收入和主营业务成本三个科目，单击" >> "按钮，将左侧所有科目移入"已选科目"列表中，如图2-26所示。

③单击"确定"按钮保存。

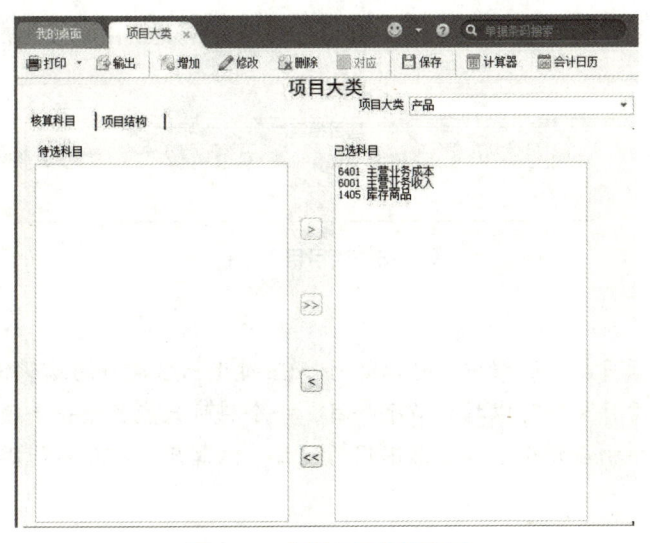

图2-26 选择项目核算科目

（3）进行项目分类定义。

①执行"基础档案"→"账务"→"项目分类"命令，弹出"项目分类"窗口。

②输入分类编码为"1"，分类名称为"手机"，单击"确定"按钮。

③同样操作，输入其他项目，如图2-27所示。

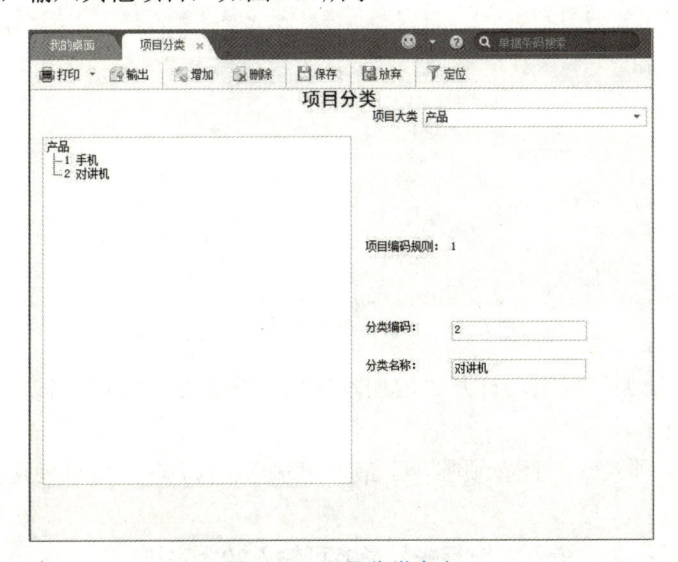

图2-27 项目分类定义

（4）项目目录维护。

①单击"项目目录"选项卡，确定当前项目大类为"产品"，单击"维护"按钮，进入"项目目录维护"窗口。

②单击"增加"按钮，输入"项目编号"为"01"、"项目名称"为"云米手机"、"所属分类码"为"1"，同样操作，增加其他项目，如图2-28所示。

③完成后，单击"退出"按钮，返回"项目档案"窗口。

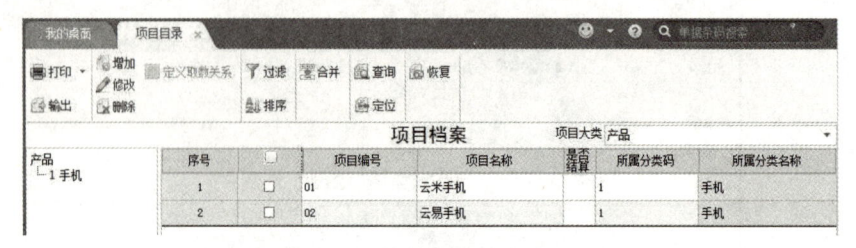

图2-28　项目目录维护

> **提示**
> - 编辑项目档案过程中，可以随时按Esc键退出当前行的编辑状态。
> - 一个项目大类可以指定多个科目，一个科目只能属于一个项目大类。
> - 每年年初应删除已结算或不用的项目。结算后的项目不能再使用。

5.设置本单位开户银行

（1）在企业应用平台基础设置中，执行"基础档案"→"收付结算"→"本单位开户银行"命令，进入"本单位开户银行"窗口，如图2-29所示。

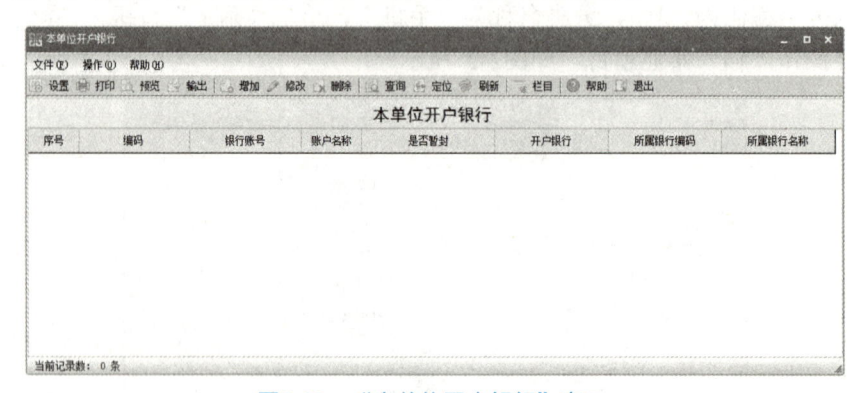

图2-29　"本单位开户银行"窗口

（2）单击"增加"按钮，打开"增加本单位开户银行"窗口。按案例要求输入各项信息，如图2-30所示。

- 编码：必须录入，且必须唯一。最多可输入3个字符，可以使用数字0~9或字符A~Z表示。
- 银行账号：必须录入。银行账号最多可输入20个字符。
- 币种：从下拉列表中选择。
- 开户银行：必须录入。开户银行名称最多可输入30个字符或15个汉字。

- 所属银行编码：从下拉列表中选择。

（3）单击"保存"按钮，保存当前录入信息。

（4）单击"退出"按钮，返回"本单位开户银行"窗口。

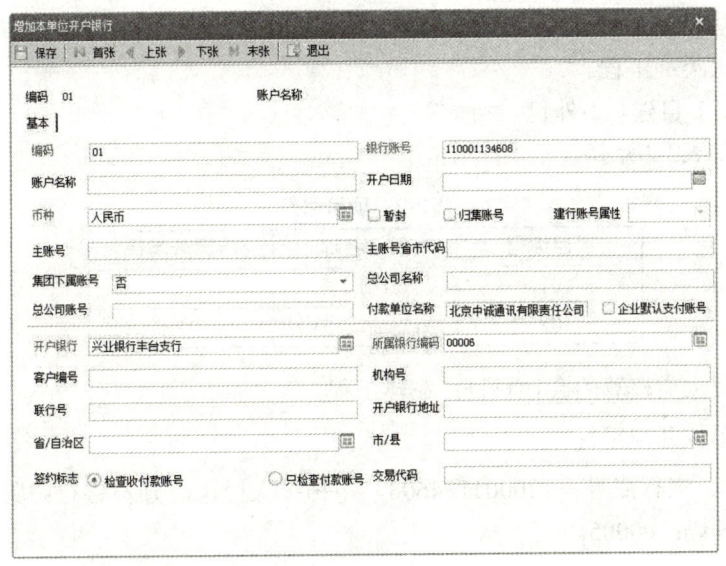

图2-30　本单位开户银行

6. 输出账套

将操作结果输出至"X2_01"文件夹中。

2.4　强化训练

实训1

在"强化实训\第2章"文件夹下新建一个文件夹，命名为X2_01。

以系统管理员admin的身份登录用友U8系统管理，引入"强化训练素材\第2章"文件夹下的账套文件Y2_01。

以2021账套主管的身份（密码为1）登录202账套企业应用平台，登录日期为"2017-01-01"。

1. 启用系统

启用"应付款管理""固定资产"和"薪资管理"系统，启用日期为"2017-01-01"。

2. 设置会计科目

（1）修改会计科目。

将"1604在建工程"科目设置为"项目核算"辅助核算。

（2）指定会计科目。

指定"1001库存现金""10020101人民币户""10020102美元户""1012其他货币资金"为现金流量科目。

3．设置项目目录

建立项目大类：工程。

项目分类：1-自建，2-外包。

项目目录如表2-2所示。

表2-2 项目目录

项目编号	项目名称	所属分类码
01	修缮厂房	1
02	新建活动中心	1

按工程项目大类核算的会计科目：在建工程。

4．设置本单位开户银行

编码：002，银行账号：120001134608，币种：人民币，开户银行：民生银行丰台支行，所属银行编码：00005。

5．输出账套

将操作结果输出至"X2_01"文件夹中。

实训2

在"强化实训\第2章"文件夹下新建一个文件夹，命名为X2_02。

以系统管理员admin的身份登录用友U8系统管理，引入"强化训练素材\第2章"文件夹下的账套文件Y2_02。

以2031账套主管的身份（密码为1）登录203账套企业应用平台，登录日期为"2017-01-01"。

1．启用系统

启用"应收款管理""固定资产"和"薪资管理"系统，启用日期为"2017-01-01"。

2．设置会计科目

（1）修改会计科目。

将"应收票据"和"应收账款"科目设置为"客户往来"辅助核算；将"预付账款"科目设置为"供应商往来"辅助核算；将"在建工程"科目设置为"项目核算"辅助核算。

（2）指定会计科目。

指定"1001库存现金""10020101人民币户""10020102美元户""1012其他货币资金"为现金流量科目。

3．设置项目目录

建立项目大类：工程。

项目分类：1-自建，2-外包。

项目目录如表2-3所示。

表2-3 项目目录

项目编号	项目名称	所属分类码
01	车间改扩建	1
02	热电改造	2

按工程项目大类核算的会计科目：在建工程。

4．设置本单位开户银行

编码：003，银行账号：130001134608，币种：人民币，开户银行：兴业银行丰台支行，所属银行编码：00006。

5．输出账套

将操作结果输出至"X2_02"文件夹中。

实训3

在"强化实训\第2章"文件夹下新建一个文件夹，命名为X2_03。

以系统管理员admin的身份登录用友U8系统管理，引入"强化训练素材\第2章"文件夹下的账套文件Y2_03。

以2041账套主管的身份（密码为空）登录204账套企业应用平台，登录日期为"2017-01-01"。

1．启用系统

启用"应付款管理""固定资产"和"薪资管理"系统，启用日期为"2017-01-01"。

2．设置会计科目

（1）修改会计科目。

将"5301研发支出"科目设置为"项目核算"辅助核算。

（2）指定会计科目。

指定"1001库存现金""10020101人民币户""10020102美元户""1012其他货币资金"为现金流量科目。

3．设置项目目录

建立项目大类：研发。

项目分类：1-芯片，2-耳机。

项目目录如表2-4所示。

表2-4 项目目录

项目编号	项目名称	所属分类码
01	智能手机芯片	1
02	蓝牙耳机	2

按研发项目大类核算的会计科目：研发支出。

4．设置本单位开户银行

编码：004，银行账号：110001134608，币种：人民币，开户银行：兴业银行丰台支行，所属银行编码：00006。

5．输出账套

将操作结果输出至"X2_03"文件夹中。

实训4

在"强化实训\第2章"文件夹下新建一个文件夹，命名为X2_04。

以系统管理员admin的身份登录用友U8系统管理，引入"强化训练素材\第2章"文件夹下的账套文件Y2_04。

以2051账套主管的身份（密码为空）登录205账套企业应用平台，登录日期为"2017-01-01"。

1．启用系统

启用"应付款管理""固定资产"和"薪资管理"系统，启用日期为"2017-01-01"。

2．设置会计科目

（1）修改会计科目。

将"5301研发支出"科目设置为"项目核算"辅助核算。

（2）指定会计科目。

指定"1001库存现金""10020101人民币户""10020102美元户""1012其他货币资金"为现金流量科目。

3．设置项目目录

建立项目大类：智能手环。

项目分类：1-芯片，2-传感器，如图2-5所示。

项目目录如表2-5所示。

表2-5 项目目录

项目编号	项目名称	所属分类码
01	闪存芯片	1
02	运动传感器	2

按智能手环项目大类核算的会计科目：研发支出。

4．设置本单位开户银行

编码：005，银行账号：110001134608，币种：人民币，开户银行：兴业银行丰台支行，所属银行编码：00006。

5．输出账套

将操作结果输出至"X2_04"文件夹中。

本章小结

本章所述内容是企业信息化管理的关键一环。本章系统地介绍了企业应用平台的基本知识、核心技能以及实践操作案例。在基本认知部分，厘清了系统服务、基础设置及业务工作的基本框架，从而为读者后续的深入学习打下坚实基础。

在技能解析部分，着重讲解了系统启用、会计科目设置、项目目录配置及开户银行设置等核心技能。通过理解系统启用的意义与方法，让读者掌握启动企业应用平台的第一步。会计科目设置部分，不仅强调了设置原则的重要性，还具体指导如何根据实际业务需要进行科目创建、辅助核算及指定科目的操作，这对于提升财务管理的效率和准确性至关重要。此外，项目目录和开户银行的设置，为企业项目管理和资金流动管理提供了有力的支持。

案例解析和强化训练能帮助读者进一步巩固所学知识，提升解决实际问题的能力。

课后习题

1. 判断题

（1）各系统的启用时间必须晚于或等于账套的启用时间。（   ）
（2）一个项目大类可以指定多个科目，一个科目也能属于多个项目大类。（   ）
（3）每年年初应该删除已结算或不用的项目，结算后的项目仍能继续使用。（   ）

2. 简答题

（1）简述录入基础档案的注意事项。
（2）简述启用系统的两种方法。
（3）简述设计会计科目的注意事项。

第3章
总账初始化设置

本章导读

在手工记账时代，所谓的总账即是根据总分类科目设立的账户，它负责记录企业的所有经济活动并进行总体分类核算，从而提供汇总的会计信息。这些由总账提供的会计数据成为编制财务报表的关键基础。每个企业都必须建立总账系统。总账如何登记和采用何种方法登记，主要取决于企业选择的会计核算方式。可以直接依据各类记账凭证逐项进行登记，也可先将记账凭证按特定方式汇总，形成科目汇总表或汇总记账凭证，再据此更新总账。

在用友U8软件中，总账模块是财务管理系统的核心组成部分，企业所有与资金变动相关的业务都必须通过总账模块来处理。总账模块的应用可以划分为三个阶段：初始配置、日常事务处理以及期末处理。本章将着重介绍总账系统初始化的配置工作。

学习目标

- 理解总账初始化的意义
- 设置总账选项
- 录入期初余额

数字资源

【本章案例素材】："素材文件\第3章"目录下
【本章强化训练素材】："强化训练素材\第3章"目录下

第 3 章 总账初始化设置

> **素质要求**
>
> 坚持融合发展。坚持将会计工作摆到经济社会发展大局和财政管理工作全局中去布局、去谋划，以数字化技术为支撑，推动会计工作与国家宏观经济管理工作、单位经营管理活动深度融合，充分发挥会计工作基础性服务功能，不断提高会计工作服务经济社会发展的效能。
>
> ——《会计改革与发展"十四五"规划纲》要

3.1 基本认知

3.1.1 总账系统的基本功能

总账系统的核心职能在于运用已构建的会计科目体系来录入和处理各类记账凭证，完成账目记录、账户结算及账证核对，同时生成各类总账、日记账、明细账以及相关的辅助账目。作为U8财务系统中最为关键的子系统，总账是企业财务信息自动化的基础，并且构成了编制正式财务报告的数据来源。

总账系统的主要功能包括总账系统初始化、凭证管理、出纳管理、账簿管理、辅助核算管理及期末处理，如图3-1所示。

1. 总账初始化

总账初始化是一个定制化过程，其中企业用户根据其行业属性和管理需求，将标准的总账管理系统调整为符合企业特定需求的系统。该初始化主要涉及设置系统参数和输入初始数据两个部分，如图3-2所示。

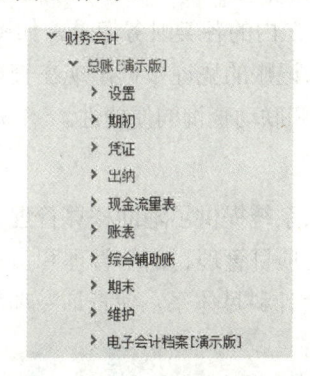

图3-1 总账系统的主要功能　　图3-2 总账初始化

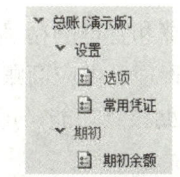

2. 凭证管理

在企业中，凭证是用来记录各种经济活动发生的重要文档。总账系统中的凭证管理是一个核心职能，它涵盖了凭证的创建、出纳签字确认、审核凭证、账目记录以及凭证的查询和打印等环节，如图3-3所示。作为总账数据的主要来源，为了确保数据的准确性，总账系统内置了严格的制单流程控制机制。此外，总账系统还配备了多项控制功能，包括资金透支预警、支票使用监控、预算执行监控、外币兑换差异监测、凭证类别管理和制单金额监控等，这些功能加强了企业对财务事项的实时管理与控制。

3. 出纳管理

企业日常运营中，资金收支的核算与管理是至关重要的常规任务，这项工作也是出纳工作的核心职责。总账系统中的出纳管理模块为出纳工作人员打造了一个集中的工作环境，使其能够便捷地查询和打印现金日记账和银行存款日记账，实时生成最新的资金情况报告，进行银行对账，并据此制定银行存款余额调节表，如图3-4所示。

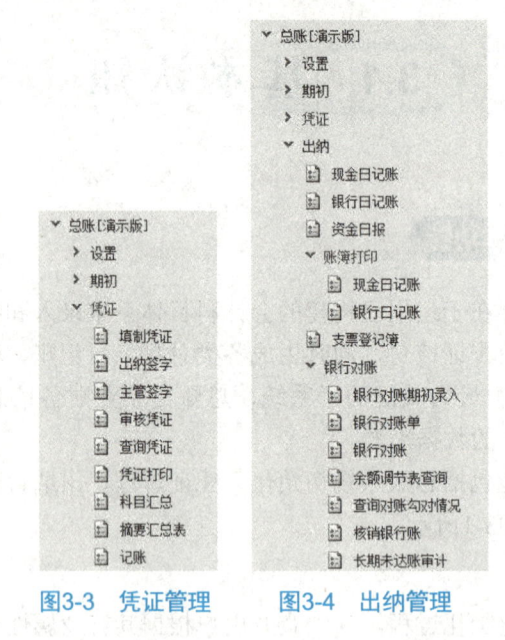

图3-3　凭证管理　　图3-4　出纳管理

4. 账簿管理

总账系统配备了账目和凭证查询功能，允许用户查询并打印包括总账、明细账、日记账、发生额与余额表、多栏式账簿、序时账等在内的各类财务记录，如图3-5所示。这个系统不仅能够检索已记录的凭证信息，还能够让未记账的凭证数据出现在查询结果中，确保了总账、明细账、日记账与凭证之间数据的一致性和联动查询的便捷性。

5. 辅助核算管理

为了提升企业核算和管理的精确度，总账系统提供了辅助核算管理工具。辅助核算的主要类型包括客户账户管理、供应商账户管理、项目管理、部门管理和员工个人账户管理等，如图3-6所示。利用辅助核算功能，可以简化会计科目体系，使查询专项信息更为便捷。

6. 期末处理

总账系统期末处理主要包括转账定义、转账生成、对账和结账等内容，如图3-7所示。

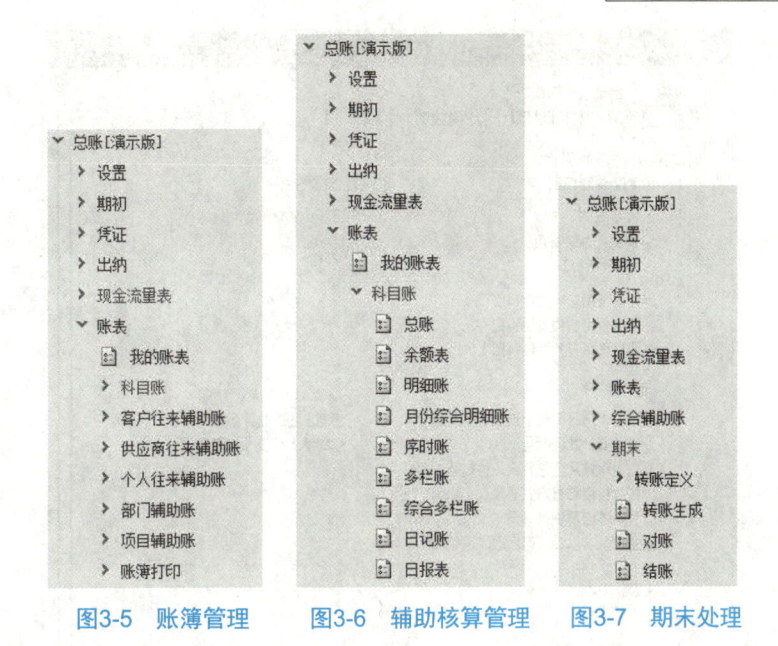

图3-5 账簿管理　　图3-6 辅助核算管理　　图3-7 期末处理

3.1.2 总账初始化的意义

用友U8是一款适用于各个行业和不同规模企业的通用管理软件。鉴于不同领域的特殊性以及不同企业规模和生命周期中的管理需求差异，该软件内置了大量可配置的选项，即参数。当企业准备启用系统时，它们需要根据其特定的行业特点和管理要求对这些参数进行设定或挑选，以便将一个通用的总账管理系统转换成符合自己独特需求的个性化系统。这个过程一般被称为初始化设置，总账的初始化设置是确定总账系统应用模式的关键步骤。

用友U8总账初始化的主要内容包括选项设置和科目期初余额设置。

3.2 技 能 解 析

3.2.1 设置总账选项

软件的通用性越高，内置的系统参数就越多，这些参数的配置直接影响企业的应用模式和操作流程。为了帮助用户更好地理解每个参数的适用场景，软件通常会将参数进行分类管理。

总账选项包括"凭证""账簿""凭证打印""预算控制""权限""其他""自定义项核算"。

1. "凭证"选项卡

"凭证"选项卡的界面如图3-8所示。

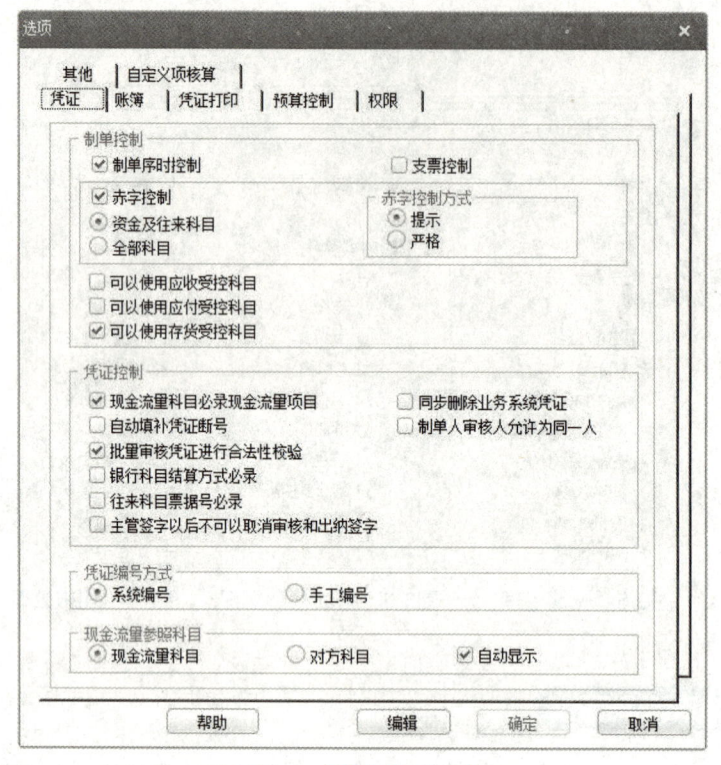

图3-8 "凭证"选项卡

（1）制单控制。

①制单序时控制：指制单时凭证编号按日期顺序从小到大排列。

②支票控制：制单时使用了标注为银行账的科目，同时结算方式设置了"票据管理"，输入的支票号如果在支票登记簿中存在，系统就提供支票报销，反之则提供支票登记。

③赤字控制：制单时如果资金及往来科目的最新余额出现负数，系统会及时予以提示。

④可以使用应收受控科目：受控科目是指仅可在应收款项系统中进行单据制作的会计科目。与应收票据、应收账款和预收账款相关的业务应当在应收款管理系统中产生记录，并且总账系统不再录入此类业务的凭证。在这种情况下，相关选项通常保持未选中状态。目前为了全面学习总账功能，暂不启用应收款系统。如果涉及客户往来管理的业务要在总账中处理，则需选中该项，否则在总账中不能使用这些科目制单。

> 提示
>
> 选择"可以使用应收受控科目"选项时，系统会弹出"受控科目被其他系统使用时，会造成应收系统与总账对账不平"的信息提示框，单击"确定"按钮返回即可。

（2）凭证控制。

①现金流量科目必录现金流量项目：在会计科目中指定了现金流量科目的前提下，选

中该项，若在填制凭证时使用现金流量科目，则必须输入现金流所属的现金流量项目，否则凭证不能保存。

②自动填补凭证断号：选择凭证编号为系统编号，则在新增凭证时，系统按凭证类别自动查询本月的第一个断号作为本次新增凭证的凭证号。

③凭证录入时结算方式及票据必录：在填制凭证时如果使用了银行科目，则必须录入结算方式及票据号。

（3）凭证编号方式

系统提供自动编号和手工编号两种凭证编号方式。选择系统编号，系统按照凭证类别按月顺序编号。

2．"账簿"选项卡

"账簿"选项卡的界面如图3-9所示。

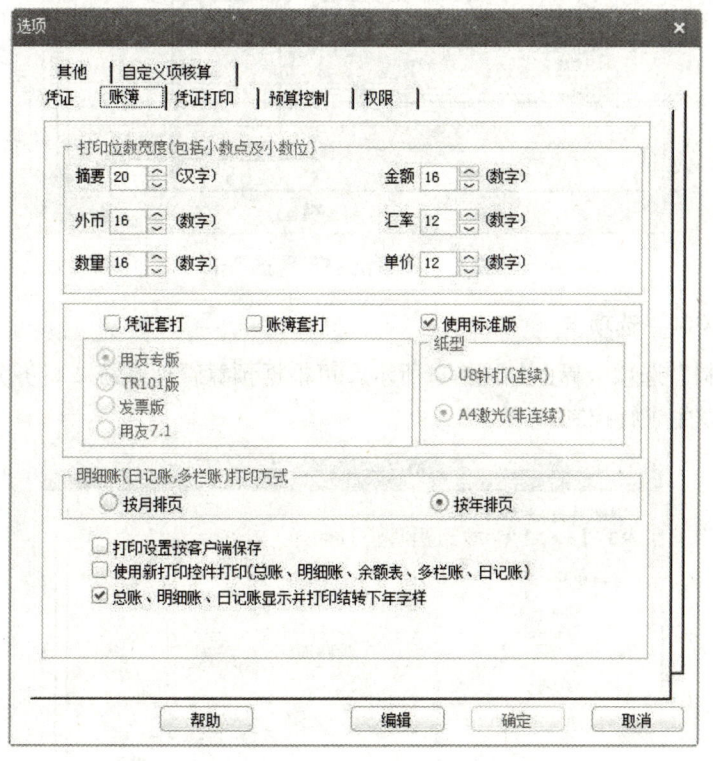

图3-9 "账簿"选项卡

3．"凭证打印"选项卡

"凭证打印"选项卡的界面如图3-10所示，它是用来设置凭证的输出方式和打印要求等，主要包括以下几项。

（1）合并凭证显示、打印。

在明细账显示界面中提供是否"合并显示"的选项。选择此项，在填制凭证、查询凭证、出纳签字和凭证审核时，凭证按照"按科目、币种、摘要相同方式合并"或"按科目、币中相同方式合并"方式合并显示。

（2）打印凭证页脚姓名。

此选项是打印凭证时，决定是否自动打印制单人、出纳、审核人和记账人的姓名。

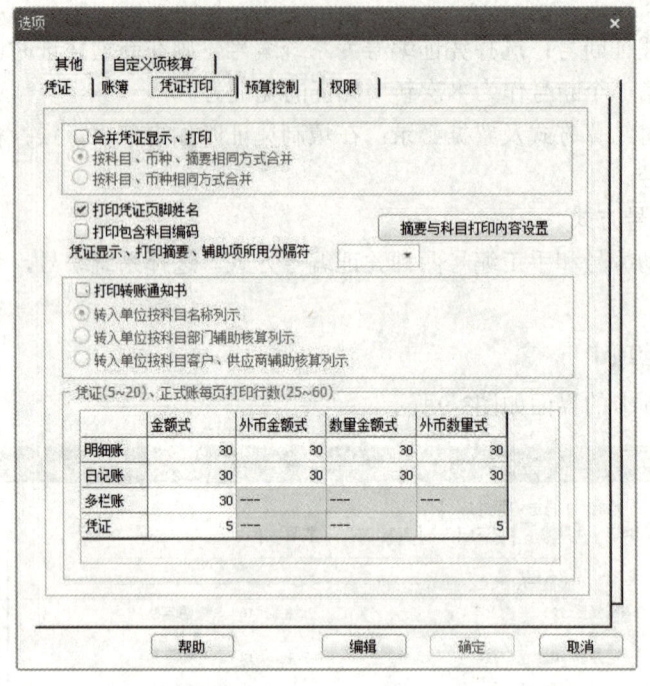

图3-10 "凭证打印"选项卡

4．"预算控制"选项卡

"预算控制"选项卡界面如图3-11所示。可根据预算管理系统或财务分析系统设置的预算数对业务发生进行控制。

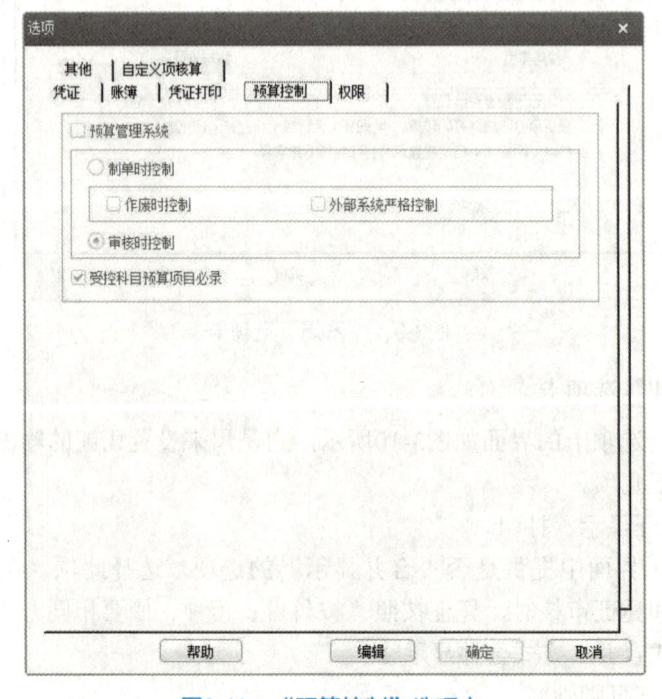

图3-11 "预算控制"选项卡

5. "权限"选项卡

"权限"选项卡如图3-12所示。选项中的权限提供了更为明细的权限划分，包括权限控制，允许修改、作废他人填制的凭证，可查询他人凭证等。

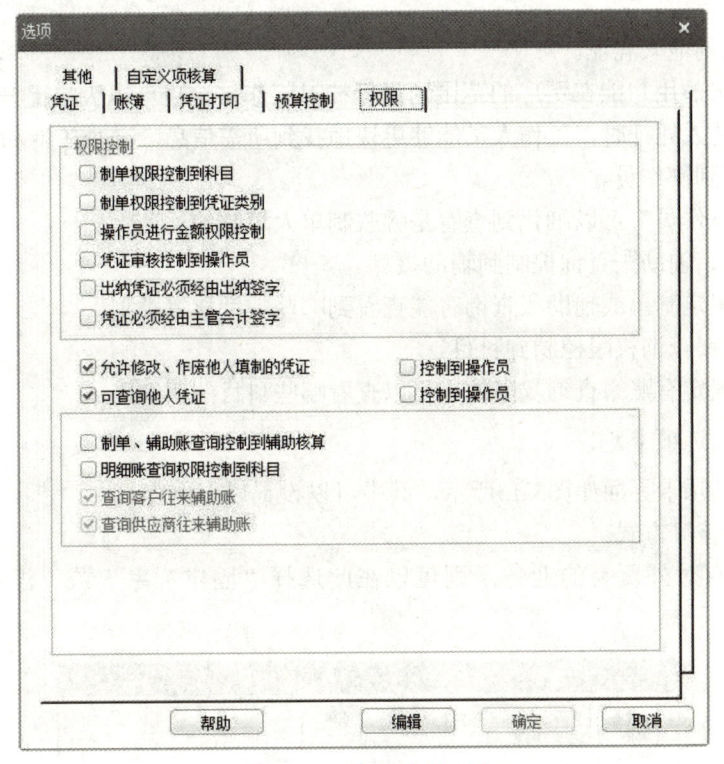

图3-12 "权限"选项卡

（1）权限控制。

①制单权限控制到科目。

如果希望限定每个制单人制单时使用的会计科目，则选中该项，然后在数据权限分配中授权制单人所能使用的科目。使用该功能的前提是在数据权限控制设置中已选择对"科目"业务对象进行控制。

②制单权限控制到凭证类别。

限定制单人制单时可使用的凭证类别，原理同上。

③操作员进行金额权限控制。

限定不同级别的人员制单时的金额。此项对机制凭证和外来凭证无效。

④凭证审核控制到操作员。

限定具有凭证审核权限的人只能对某些制单人填制的凭证进行审核。

⑤出纳凭证必须经由出纳签字。

出纳凭证是指凭证上包含指定为现金科目或银行存款科目的凭证。如果企业有现金收付的业务，可以选择该选项。

⑥凭证必须经由主管会计签字。

选中该项，所有凭证必须由主管会计签字。

（2）允许修改、作废他人填制的凭证。

审核人员在审核凭证的过程中发现凭证有误，是否可以作废和修改该凭证，取决于该选项是否为选中状态。"控制到操作员"可以细化到允许修改、作废哪些制单人填制的凭证。

（3）可查询他人凭证。

拥有该权限的用户能在更广的范围内进行核对工作，这也可以大幅提升工作效率。当可以自由查询他人凭证时，工作人员能够更快地找到所需信息，减少等待和沟通时间。

（4）控制到操作员。

"控制到操作员"可以细化到查看是哪些制单人填制的凭证。

（5）制单、辅助账查询控制到辅助核算。

是否需要限定制单或辅助账查询时能查看到哪些辅助核算类型。

（6）明细账查询权限控制到科目。

是否需要限定有账簿查询权限的人可以查看哪些科目的明细账。

6．"其他"选项卡

"其他"选项卡界面如图3-13所示，其中可以设置以下内容。

（1）外币核算方式。

如果企业有对外贸易的业务，则可以在此选择"固定汇率"或"浮动汇率"进行核算。

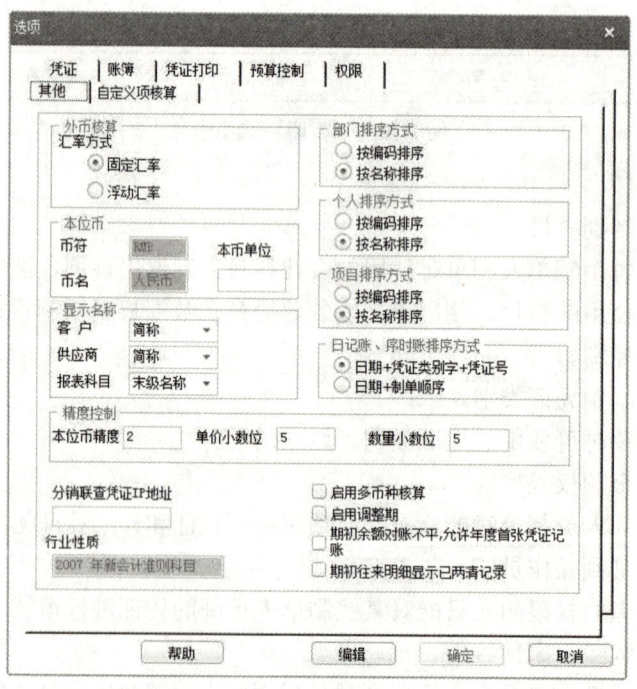

图3-13　"其他"选项卡

（2）排序方式。

在参照部门目录查询部门辅助账时，可以指定查询列表的内容是按编码顺序显示，还是按名称顺序显示。对个人往来辅助核算和项目辅助核算也可以进行设置。

3.2.2 录入期初数据

企业创建了新的账套之后,为了顺利从手工作业过渡到系统化处理,必须在系统中录入各个账户的初始余额数据。准备这些账户余额信息时,要与总账系统启用所在的会计期间保持一致。

1. 准备期初数据

为了确保账本信息的连续性,在切换到新系统时,需要将原系统下截至总账启用日期的所有账户的年初余额、本年累计发生额和期末余额录入到新系统中。由于会计账目遵循特定的平衡规则,即某账户余额在借方,则年初余额+本年累计借方发生额－本年累计贷方发生额=期末余额;如果某账户余额在贷方,则年初余额+本年累计贷方发生额－本年累计借方发生额=期末余额。因此一般只需要向计算机输入其中三个数据,另外一个可以根据平衡关系自动计算。

选择年初启用总账还是年中启用总账,在准备期初数据时有着明显的不同。

如果企业选择年初建账,所需准备的期初数据相对简单。年初是新一年的起点,上年年末的余额将直接作为新一年的期初余额。例如,某企业决定在2024年1月启用总账系统,此时它只需要汇总和整理2023年12月末各账户的期末余额。这些余额将作为2024年1月初的期初余额录入系统。需注意的是,由于年初没有发生任何累计数据,因此年初余额和月初余额是相同的。

如果企业选择在年中建账,准备工作会复杂许多。在这种情况下,除了需要准备启用会计期间上一期的期末余额作为启用期的期初余额外,还必须整理从本年度开始到启用期为止的各账户累计发生数据。例如某企业在2024年8月开始启用总账系统,那么它需要整理出2024年7月末各科目的期末余额,以及从年初到7月末的累计发生额。这些数据将作为期初数据录入到总账系统中,系统将基于这些数据自动计算出年初余额。

当科目设置了特定的辅助核算时,除了基本的期初余额数据,还需要额外准备辅助项目的期初余额。以应收账款科目为例,如果设置了客户往来辅助核算,则在准备应收账款总账科目的期初数据之外,还需详细记录每笔应收账款对应的客户销售未收款情况。这意味着需要按照客户分类,整理出详细的应收余额数据,以确保财务信息的准确性和完整性。

2. 录入期初数据

录入期初余额时,根据科目性质不同,可分为以下几种情况:

(1) 末级科目的余额可以直接输入。

(2) 非末级科目的余额数据由系统根据末级科目数据逐级向上汇总而得。

(3) 科目有数量或外币核算时,在输入完本位币金额后,还要在下面一行输入相应的数量和外币信息。

(4) 科目有辅助核算时,不能直接输入该账户的期初余额,必须先输入辅助账的期初余额,然后自动带回总账。

3. 进行试算平衡

当所有期初数据输入完成后,应进行试算平衡检查。如果试算结果显示期初余额不平衡，则继续进行凭证的填制和审核工作，但暂时不能进行记账处理。企业在信息化的过程中，初始设置工作通常较为烦琐且耗时较长。为了确保日常业务的正常进行，系统允许在初始化工作尚未完成的情况下，提前进行凭证的填制。

凭证一旦记账，期初数据便不能再修改了。

3.3 案例解析

案例素材

以系统管理员admin的身份登录用友U8系统管理，引入"案例素材\第3章"文件夹下的账套文件Y3_01。

以2011账套主管的身份（密码为空）登录201账套企业应用平台，登录日期为"2017-01-01"，进行总账初始化设置。

1. 设置选项

选项设置如表3-1所示。

表3-1　选项设置

选项卡	选项设置
凭证	可以使用应付受控科目； 取消"现金流量科目必录现金流量项目"
权限	出纳凭证必须经由出纳签字

2. 录入总账科目期初余额

总账科目期初余额如表3-2所示。

表3-2　总账科目期初余额

科目编码	科目名称	方向	期初余额
1001	库存现金	借	12 000
10020101	银行存款/中行存款/人民币户	借	340 000
1122	应收账款	借	95 940（明细见辅助账期初余额）
140303	原材料/主板	借	144 000（450个）
1601	固定资产	借	39 500
1602	累计折旧	贷	5 190
2001	短期借款	贷	200 000
4001	实收资本	贷	426 250

3. 录入辅助账科目期初余额

应收账款科目期初余额如表3-3所示。

表3-3 应收账款科目期初余额

日期	凭证号	客户	摘要	方向	金额
2016-10-27	转-89	慧童	期初	借	32 760
2016-11-11	转-35	苏华	期初	借	63 180

4.试算平衡

5.输出账套

将操作结果输出至"案例解析\第3章\X3_01"文件夹中。

操作步骤

在"案例解析\第3章"下新建一个文件夹,命名为X3_01。

以系统管理员身份登录系统管理,引入"案例素材\第3章"文件夹下的账套文件Y3_01。

1.以2011操作员的身份登录201账套

(1)执行"开始"→"所有程序"→"用友U8+V13.0"→"企业应用平台"命令,打开"登录"对话框。

(2)录入操作员为"2011",密码为空,单击"账套"栏的下三角按钮,选择"[201] (default)中诚通讯",操作日期设置为"2017-01-01"。单击"登录"按钮,进入"企业应用平台"窗口。窗口状态栏中显示当前操作员为"彭飞(账套主管)"。

(3)在"业务工作"中,执行"财务会计"→"总账"命令,可以看到总账下的主要功能,如图3-14所示。

图3-14 总账主要功能

2.设置总账选项

(1)在总账系统中,执行"设置"→"选项"命令,打开"选项"对话框。

(2)单击"编辑"按钮,进入修改状态。

（3）在"凭证"选项卡中，勾选"可以使用应付受控科目"前的复选框，弹出系统提示如图3-15所示。

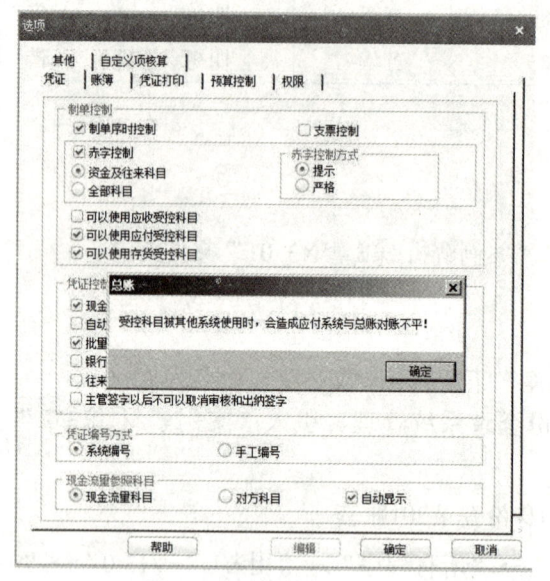

图3-15　设置总账选项 - 可以使用应付受控科目

> **提示**
>
> 　　总账选项设置中提到三种受控科目：应收受控科目、应付受控科目和存货受控科目，仅以应收受控科目为例阐释受控科目的意义。应收系统的受控科目是指只能在应收款管理系统制单使用的科目。在总账系统与应收款管理系统集成应用的前提下，企业与客户之间的往来业务均在应收款管理系统处理，业务处理的结果通过自动凭证机制生成凭证传递给总账。涉及客户往来业务处理的科目包括应收票据、应收账款和预收账款科目，既然与此相关的业务在应收款管理系统生成，那么总账中不再填制这类业务凭证，否则就重复处理业务了。这几个科目也称为应收受控科目。

（4）单击"确定"按钮关闭系统提示，在"凭证"选项卡中取消"现金流量科目必录现金流量项目"的勾选标记。

（5）单击"权限"选项卡，勾选"出纳凭证必须经由出纳签字"复选框，如图3-16所示。

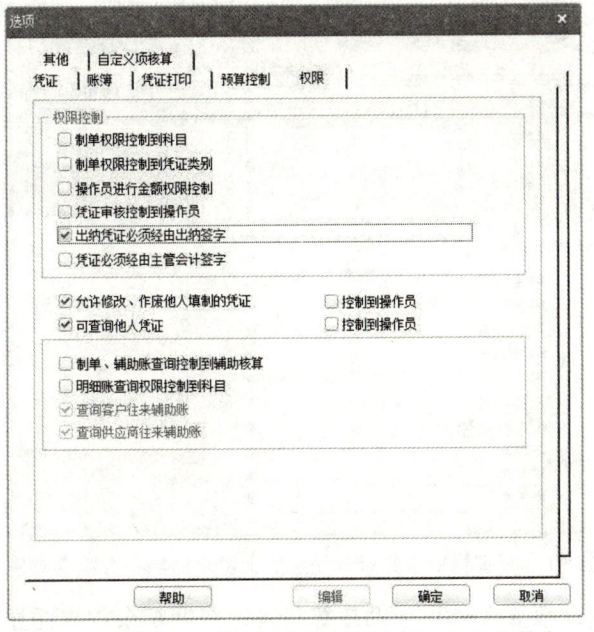

图3-16　设置总账选项 - 出纳凭证必须经由出纳签字

（6）单击"确定"按钮完成选项设置。

> **提示**
> - 出纳凭证是指凭证上包含在指定会计科目环节指定为现金科目和银行科目的凭证。
> - 选中"出纳凭证必须经由出纳签字"选项后，总账日常业务处理程序由原来的"填制凭证→审核凭证→记账"改变为"填制凭证→出纳签字→审核凭证→记账"，出纳签字和审核凭证没有先后顺序。

3.录入期初余额

（1）无辅助核算的科目余额录入

①在总账系统中，执行"总账"→"期初"→"期初余额"命令，进入"期初余额录入"窗口。期初余额列有3种底色。

②底色为白色单元格为末级科目，期初余额直接录入，如库存现金、工行存款、工程物资、短期借款、实收资本。当末级科目期初余额录入之后，上级科目的期初余额自动汇总生成，如"银行存款"科目，如图3-17所示。

059

图3-17 明细科目余额录入完成后上级科目期初余额自动生成

③如果是数量辅助核算或外币辅助核算科目，在期初余额界面显示两行，第1行录入人民币期初余额，第2行录入数量或外币，且必须先录入本位币期初金额再录入数量或外币。如"原材料"科目，如图3-18所示。

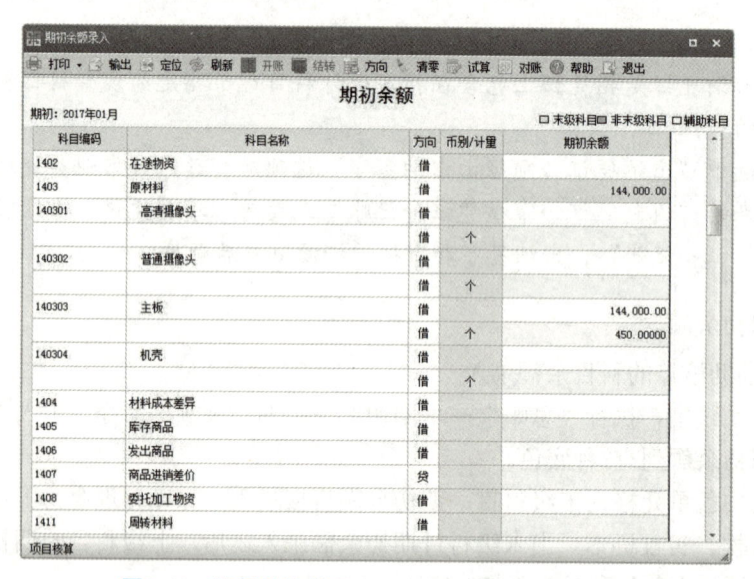

图3-18 数量核算科目先录金额期初再录数量期初

> **提示**
> - 如果要修改余额的方向，可以在未录入余额的情况下，单击"方向"按钮，改变余额的方向。
> - 总账科目与其下级科目的方向必须一致。如果所录入明细余额的方向与总账余额方向相反，则用"-"号表示。如"应交税金/应交增值税/进项税额"科目借方余额3 832，需要录入"-3 832"。

(2)客户往来辅助核算科目录入。

底色为黄色的单元是设置了客户往来、供应商往来、部门核算、个人往来、项目核算核算的科目。如本题应收账款期初余额为95 940。

①双击"应收账款"科目期初余额栏,进入"辅助期初余额"窗口。

②单击"往来明细"按钮,进入"期初往来明细"窗口。

③单击"增行"按钮,按明细资料录入应收账款往来明细,如图3-19所示。

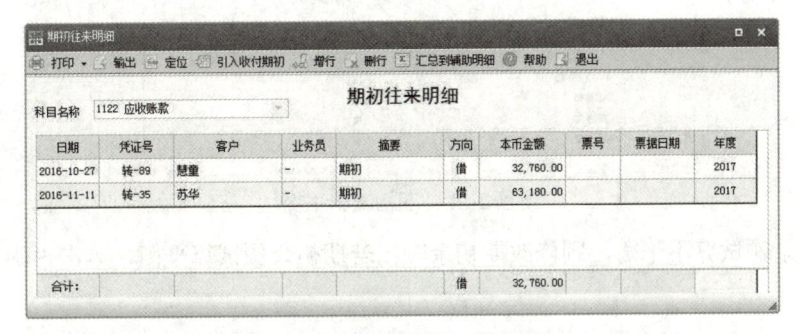

图3-19 应收账款期初往来明细

④单击"汇总到辅助明细"按钮,系统自动汇总并弹出"完成了往来明细到辅助期初表的汇总!"信息提示框,单击"确定"按钮。

⑤单击"退出"按钮,返回到"辅助期初余额"窗口,如图3-20所示。

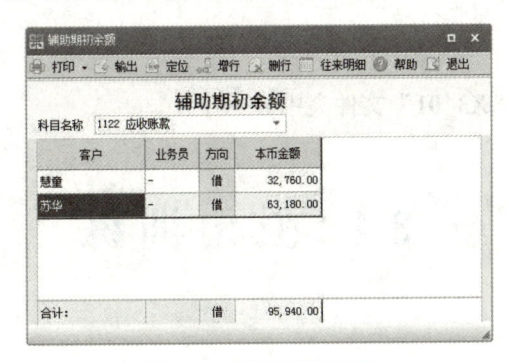

图3-20 辅助期初余额

⑥单击"退出"按钮,返回"期初余额录入"窗口,应收账款科目余额已自动生成。

4. 试算平衡

输完所有科目余额后,单击"试算"按钮,打开"期初试算平衡表"对话框,如图3-21所示。

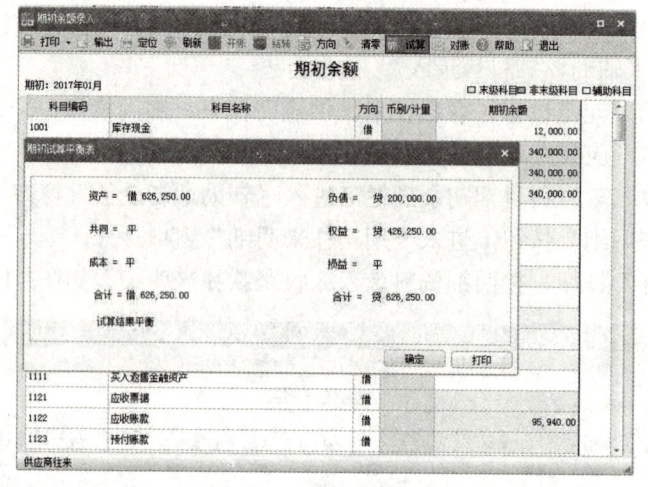

图3-21 期初试算平衡

若期初余额试算不平衡,则修改期初余额;若期初余额试算平衡,单击"确定"按钮。

> **提示**
> - 系统只能对期初余额的平衡关系进行试算,而不能对年初余额进行试算。
> - 如果期初余额不平衡,可以填制凭证、审核凭证,但是不允许记账。
> - 凭证记账后,期初余额变为"只读和浏览"状态,不能再修改。

5. 输出账套

将操作结果输出至"X3_01"文件夹中。

3.4 强化训练

实训1

在"强化训练\第3章"文件夹下新建一个文件夹,命名为X3_01。

以2021账套主管的身份(密码为1)登录202账套企业应用平台,登录日期为"2017-01-01",进行总账初始化设置。

1. 设置选项

选项设置如表3-4所示。

表3-4 选项设置

选项卡	选项设置
凭证	可以使用存货受控科目 取消"支票控制"选项
权限	出纳凭证必须经由出纳签字

2. 录入总账科目期初余额

总账科目期初余额如表3-5所示。

表3-5　总账科目期初余额

科目编码	科目名称	方向	期初余额（元）
1001	库存现金	借	8 000
10020101	银行存款/中行存款/人民币户	借	150 000
140304	原材料/机壳	借	30 000（600个）
1601	固定资产	借	188 000
1602	累计折旧	贷	71 998
2001	短期借款	贷	200 000
2202	应付账款	贷	16 380 （明细见辅助账期初余额）
4001	实收资本	贷	48 620.74
4002	资本公积	贷	39 001.26

3. 录入辅助账科目期初余额

辅助科目期初余额如表3-6所示。

表3-6　辅助科目期初余额

日期	凭证号	供应商	摘要	方向	金额（元）
2016-10-10	转-62	美安	期初	贷	16 380

4. 试算平衡

5. 输出账套

将操作结果输出至"X3_01"文件夹中。

实训2

在"强化训练\第3章"文件夹下新建一个文件夹，命名为X3_02。

以2031账套主管的身份（密码为1）登录203账套企业应用平台，登录日期为"2017-01-01"，进行总账初始化设置。

1. 设置选项

选项设置如表3-7所示。

表3-7　选项设置

选项卡	选项设置
凭证	可以使用应收受控科目 可以使用应付受控科目
权限	出纳凭证必须经由出纳签字

2. 录入总账科目期初余额

总账科目期初余额如表3-8所示。

表3-8 总账科目期初余额

科目编码	科目名称	方向	期初余额（元）
1001	库存现金	借	8 000
10020101	银行存款/中行存款/人民币户	借	224 000
140304	原材料/机壳	借	30 000（600个）
1601	固定资产	借	232 000
1602	累计折旧	贷	82 600
1604	在建工程	借	70 000（明细见辅助账期初余额）
2001	短期借款	贷	200 000
4001	实收资本	贷	250 000
410414	利润分配/未分配利润	贷	31 400

3. 录入辅助账科目期初余额

辅助账科目期初余额如表3-9所示。

表3-9 辅助账科目期初余额

项目	期初余额（元）
车间改扩建	40 000
热电改造	30 000

4. 试算平衡

5. 输出账套

将操作结果输出至"X3_02"文件夹中。

实训3

在"强化训练\第3章"文件夹下新建一个文件夹，命名为X3_03。

以2041账套主管的身份（密码为空）登录204账套企业应用平台，登录日期为"2017-01-01"，进行总账初始化设置。

1. 设置选项

选项设置如表3-10所示。

表3-10 选项设置

选项卡	选项设置
凭证	取消"支票控制"选项； 取消"可以使用应付受控科目"选项

2．录入总账科目期初余额

总账科目期初余额如表3-11所示。

表3-11 总账科目期初余额

科目编码	科目名称	方向	期初余额（元）
1001	库存现金	借	12 000
10020101	银行存款/中行存款/人民币户	借	23 000
1221	其他应收款	借	7 000（明细见辅助账期初余额）
140303	原材料/主板	借	144 000（450个）
1601	固定资产	借	33 500
1602	累计折旧	贷	4 526
2001	短期借款	贷	200 000
4001	实收资本	贷	14 974

3．录入辅助账科目期初余额

辅助账科目期初余额如表3-12所示。

表3-12 辅助账科目期初余额

日期	凭证号	部门	个人	摘要	方向	金额（元）
2016-12-19	付-98	总经办	马国华	出差借款	借	4 000
2016-12-24	付-137	销售一部	高文庆	出差借款	借	3 000

4．试算平衡

5．输出账套

将操作结果输出至"X3_04"文件夹中。

实训4

在"强化训练\第3章"文件夹下新建一个文件夹，命名为X3_04。

以2051账套主管的身份（密码为空）登录205账套企业应用平台，登录日期为"2017-01-01"，进行总账初始化设置。

1．设置选项

选项设置如表3-13所示。

表3-13 选项设置

选项卡	选项设置
凭证	取消"支票控制"选项； 不勾选"使用应付受控科目"
权限	不勾选"允许修改、作废他人填制的凭证"

2.录入总账科目期初余额

总账科目期初余额如表3-14所示。

表3-14 总账科目期初余额

科目编码	科目名称	方向	期初余额（元）
1001	库存现金	借	34 000
10020101	银行存款/中行存款/人民币户	借	280 000
140301	原材料/高清摄像头	借	11 000（220个）
1601	固定资产	借	76 900
1602	累计折旧	贷	28 302
2001	短期借款	贷	100 000
2202	应付账款	贷	10 100（明细见辅助账期初余额）
4001	实收资本	贷	263 498

3.录入辅助账科目期初余额

辅助账科目期初余额如表3-15所示。

表3-15 辅助账科目期初余额

日期	凭证号	供应商	摘要	方向	金额（元）
2016-11-10	转-89	美安	期初	贷	10 100

4.试算平衡

5.输出账套

将操作结果输出至"X3_05"文件夹中。

本章小结

本章首先帮助读者对总账系统的基本功能进行深入了解，认识到其核心作用是处理和管理企业的日常财务交易以及生成财务报表。这为进一步理解企业财务运作的自动化和规范化打下了基础。

之后，介绍了总账系统初始化的重要性，以及在系统投入使用前进行一系列设置和准备工作的必要性。这些工作确保了系统能够正常运行，并保障了数据的准确性。初始化过程包括设置总账选项和录入期初数据等关键步骤。

在技能解析部分，详细讲解了如何设置总账选项，包括选择合适的会计期间、确定记账规则等，这些选项对于后续的财务处理流程有着直接影响。同时，还讲解了如何录入期初数据。这一步骤将企业在开始使用总账系统之前的财务状态数字化，为系统后续生成准确的财务报表以及财务分析报告打下了坚实基础。

案例解析部分通过具体例子帮助读者更好地理解总账系统的实际应用和操作流程，将理论知识与实际工作情境相结合，提高了大家的应用能力。

最后，通过强化训练巩固所学知识，通过实操训练提升总账系统的使用方法和技巧。

课后习题

1. **判断题**

（1）选中"出纳凭证必须经由出纳签字"选项后，总账日常业务处理的程序为"填制凭证→审核凭证→记账"。（　　）

（2）在期初余额表中，如果要修改余额的方向，可以在未录入余额的情况下，单击"方向"按钮，改变余额的方向。（　　）

（3）系统可以对期初余额的平衡关系进行试算，也能对年初的余额进行试算。（　　）

2. **简答题**

（1）简述设置总账中的"可以使用应收受控科目"选项的含义。

（2）简述权限控制的种类及其含义。

（3）简述录入期初数据的两种情况。

第 4 章
总账日常业务处理

本章导读

总账日常业务处理模块能够让企业实现财务流程的全面标准化和自动化，并能大幅度减少因手工操作导致的常见错误，如录入错误、计算误差等，可显著提升工作效率。此外，系统的自动化特性确保所有财务数据都能实时更新，保障了数据的精确性和时效性。

这种高效的数据处理不仅使企业能够更加有效地管理其日常的财务操作，如快速处理发票、精确跟踪支付、收款以及高效管理账户余额等，还为企业提供了可靠的数据支持，以便进行深入的财务分析。通过对财务数据的详细审查和分析，企业能够发现成本控制和收益优化的潜在机会。

学习目标

- 理解总账日常业务处理工作流程
- 填制凭证
- 出纳签字
- 审核凭证
- 记账
- 冲销和删除凭证
- 定义和生成转账凭证
- 查询凭证、账簿

数字资源

【本章案例素材】："素材文件\第4章"目录下
【本章强化训练素材】："强化训练素材\第4章"目录下

素质要求

> "十四五"时期，会计改革与发展的总体目标。主动适应我国经济社会发展客观需要，会计审计标准体系建设得到持续加强，会计审计业发展取得显著成效，会计人员素质得到全面提升，会计法治化、数字化进程取得实质性成果，会计基础性服务功能得到充分发挥，以实现更高质量、更加公平、更可持续的发展，更好服务我国经济社会发展大局和财政管理工作全局。
>
> ——《会计改革与发展"十四五"规划纲要》

4.1 基本认知

总账初始设置完成后，就可以进行日常业务处理了。

4.1.1 总账日常业务处理的工作流程

总账日常业务处理的工作流程如图4-1所示。

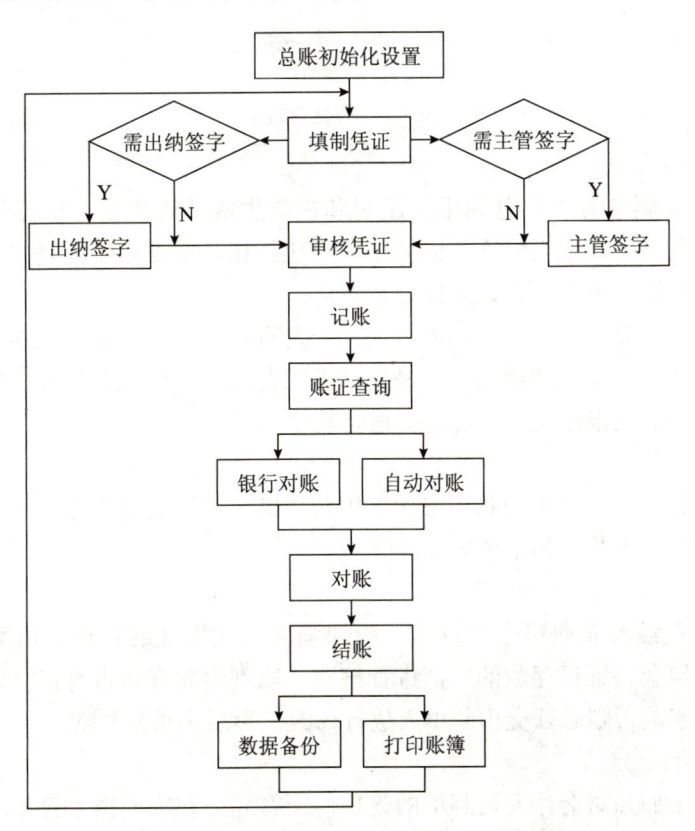

图4-1 总账日常业务处理的工作流程

4.1.2 总账日常业务处理的主要内容

总账日常业务处理的主要包括凭证管理、出纳管理和账证查询。

1. 凭证管理

凭证是记录企业各项经济业务发生的载体。在总账系统中，凭证管理是核心职能，主要包括创建凭证、出纳的签字确认、凭证的审核、账目的登记以及凭证的查询和打印等，如图4-2所示。凭证是总账系统数据的唯一输入点，为了确保数据源的准确无误，总账系统设计了严格的制单控制机制来保证凭证填写的正确性。此外，总账系统还提供了一系列增强业务管理和控制的功能，包括资金赤字监控、支票使用监管、预算执行监控、外币兑换差异管理、凭证类别限制以及制单金额的监控等，以加强对企业财务活动的实时管理与控制。

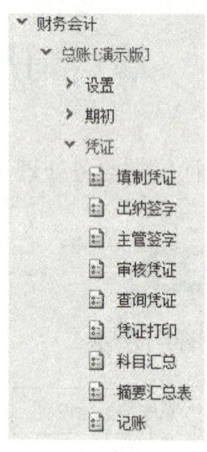

图4-2 凭证管理

（1）填制凭证。

记账凭证的编制来源主要分为手工填写和机器生成两种类型。机器生成的凭证既包括通过总账系统的自动转账功能产生的凭证，也包括在其他子系统创建并传输至总账的凭证。本节内容主要讲述手工填写记账凭证。

手工填制凭证可以采用两种不同的方法：一是直接依据已经审核无误的原始交易文件在总账系统中进行记账凭证的填写；二是先以手工方式准备好记账凭证，随后再批量输入到总账系统中。企业应根据实际情况选择适合的填制方法。

（2）复核凭证。

为了保证会计事项处理正确和记账凭证填制正确，需要对记账凭证进行复核。凭证复核包括出纳签字、主管签字和审核凭证。

①出纳签字。

由于出纳凭证涉及企业资金的收支，应加强对出纳凭证的管理。出纳签字功能使得出纳可以对涉及现金、银行存款的凭证进行核对，以判定凭证是否有误。如果凭证正确无误，出纳便可签字，否则必须交由制单人进行修改，然后再重新核对。

②主管签字。

有的企业为了加强对会计人员制单的管理，所有凭证都需要由主管签字，为了满足这一应用需求，总账系统提供主管签字功能。凭证是否需要主管签字才能记账，取决于系统参数的设置。

③审核凭证。

审核凭证是审核人员按照相关规定，对制单人填制的记账凭证进行检查核对，如是否与原始凭证相符、会计分录是否正确等。凭证审核无误后，审核人便可签字，否则必须交由制单人修改，然后再重新审核。

所有凭证必须审核后才能记账。注意，审核人与制单人不能是同一人。

如果设置了凭证审核明细权限，审核凭证还会受到明细权限的制约。

（3）记账。

记账是以会计凭证为依据，将经济业务全面、系统、连续地记录到账簿中的一种方法。手工状态下，记账是由会计人员根据已审核的记账凭证及其所附的原始凭证逐笔或汇总登记有关的总账和明细账。在信息系统中，记账是由有权限的用户发出指令，由计算机按照预先设定的记账规则自动登记。

记账凭证经过审核签字后，便可以记账了。记账时可以选择要记账的凭证范围。

在用友U8系统中，记账是由系统自动进行的。如果记账后发现输入的记账凭证有错误需要进行修改，需要人工调用"恢复记账前状态"功能。系统提供了两种恢复记账前状态的方式，将系统恢复到最后一次记账前状态和将系统恢复到月初状态。只有主管才能选择将数据"恢复到月初状态"。

（4）修改凭证。

如果发生凭证填制错误的情况，则涉及修改凭证。在信息化方式下，凭证的修改分为有痕迹修改和无痕迹修改。

①无痕迹修改。

无痕迹修改是指系统内不保存任何修改线索和痕迹。对于尚未审核和签字的凭证可以直接进行修改；对于已经审核或签字的凭证应该先取消审核或签字，然后才能修改。这两种情况都没有保留任何审计线索。

②有痕迹修改。

有痕迹修改是指系统通过保存错误凭证和更正凭证的方式来保留修改痕迹，因而可以留下审计线索。对于已经记账的错误凭证，一般应采用有痕迹修改，即红字更正法或补充更正法。前者适用于更正记账金额大于应记金额的错误或者会计科目的错误，后者适用于更正记账金额小于应记金额的错误。

能否修改他人填制的凭证，取决于系统参数的设置。其他子系统生成的凭证，只能在账务系统中进行查询、审核、记账，不能修改和作废，只能在生成该凭证的原子系统中进行修改和删除，以保证记账凭证和原子系统中的原始单据一致。

修改凭证时，凭证类别及编号一般是不能修改的。修改凭证日期时，为了保持序时性，日期应介于前后两张凭证日期之间，同时日期月份不能修改。

（5）删除凭证。

在用友U8系统中，没有直接删除凭证的功能。对于尚未审核和签字的凭证，如果不需要，可以直接将其作废，作废凭证仍保留凭证内容及编号，仅显示"作废"字样。作废凭证不能修改、不能审核，但应参与记账，否则月末无法结账。记账时不对作废凭证进行数据处理，相当于一张空凭证。账簿查询时，查不到作废凭证的数据。

与作废凭证相对应，系统也提供恢复作废凭证的功能，将已标识为作废的凭证恢复为正常凭证。如果作废凭证没有保留的必要时，可以通过"整理凭证"彻底将其删除。

（6）凭证查询。

查询是用友U8系统强于手工方式的优势之一。既可以查询已记账凭证，也可以查询未记账凭证；既可以查询作废凭证，也可以查询标错凭证；既可以按凭证号范围查询，也可以按日期查询；既可以按制单人查询，也可以按审核人或出纳员查询。通过设置查询条件，可以按科目、摘要、金额、外币、数量、结算方式或各种辅助项查询，快捷方便。

（7）凭证汇总。

凭证汇总时，可按一定条件对记账凭证进行汇总并生成凭证汇总表。进行汇总的凭证可以是已记账凭证，也可以是未记账凭证，可供财务人员随时查询凭证汇总的信息，及时了解企业的经营状况及其他财务信息。

（8）设置常用凭证。

企业发生的经济业务都有其规律性，有些业务在一个月内会重复发生若干次，在填制凭证的过程中，经常会有许多凭证完全相同或部分相同，因而可以将这些经常出现的凭证进行预先设置，以便将来填制凭证时随时调用，这样便简化了凭证的填制过程。

2. 出纳管理

资金收付的核算与管理是企业的重要日常工作，也是出纳的一项重要工作内容。总账系统中的出纳管理为出纳人员提供了一个集成办公环境，可完成现金日记账、银行存款日记账的查询和打印，随时能出最新的资金日报表，进行银行对账并生成银行存款余额调节表。

出纳管理是总账系统为出纳人员提供的一套管理工具和工作平台，主要包括现金和银行存款日记账的查询打印、资金日报、支票登记簿以及银行对账，如图4-3所示。

如果企业在总账选项中选择了"出纳凭证必须经由出纳签字"，则当凭证上使用了指定为库存现金或银行存款属性的科目，需要出纳对该类业务进行确认。出纳签字在凭证管理中已有介绍，此处不再赘述。

（1）现金日记账和银行日记账的查询打印。

现金日记账和银行存款日记账不同于一般科目的日记账，它们属于出纳管理，因此将其查询和打印功能放置于出纳管理平台上。

现金、银行日记账一般可按月或按日查询，查询时也可以包含未记账凭证在内。

（2）资金日报表。

资金日报表可以反映现金和银行存款的日发生额及余额情况。手工环境下，资金日报表由出纳员逐日填写，以反映当天营业结束时的现金、银行存款的收支情况及余额。在用友U8系统中，资金日报表可由总账系统根据记账凭证自动生成，及时掌握当日借/贷金额合计、余额以及当日业务量等信息。资金日

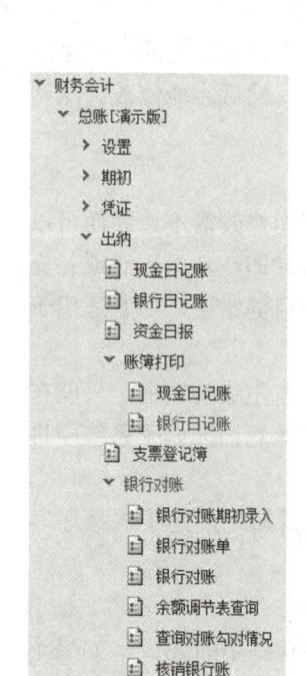

图4-3 出纳管理

报表既可以根据已记账凭证生成，也可以根据未记账凭证生成。

（3）支票登记簿。

加强支票的管理对于企业来说非常重要，因此总账系统提供了支票登记簿功能，以供出纳员详细登记支票领用及报销情况，如领用日期、领用部门、领用人、支票号、用途、预计金额、报销日期、实际金额、备注等。

一般而言，使用支票登记簿时，应注意以下问题：

①只有在总账系统的初始设置选项中选择了"支票控制"，并在结算方式设置中设置了"票据结算"标志，且在"会计科目"中已指定银行账的科目，才能使用支票登记簿。

②领用支票时，银行出纳必须据实填写领用日期、领用部门、领用人、用途、预计金额、备注等信息。

③支票支出后，经办人持原始单据报销，会计人员据此填制记账凭证。在录入该凭证时，系统要求录入结算方式和支票号，填制完凭证后，在采用支票控制的方法下，系统自动在支票登记簿中将该支票填上报销日期，表示该支票已报销，否则出纳员需要自己填写报销日期。

（4）银行对账。

银行对账是出纳在期末应进行的一项工作，企业为了了解未达账项的情况，通常会定期与开户银行进行对账。在信息化方式下，银行对账的流程如下。

①录入银行对账期初数据。

在第一次利用总账系统进行银行对账前，应该录入银行启用日期时的银行对账期初数据。银行对账的启用日期是指使用银行对账功能前最后一次手工对账的截止日期，银行对账不一定和总账系统同时启用，银行对账的启用日期可以晚于总账系统的启用日期。

银行对账期初数据包括银行对账启用日的单位方银行日记账与银行方银行对账单的调整前余额，以及启用日期之前的单位日记账和银行对账单的未达账项。

录入期初数据后，应保证银行日记账的调整后余额等于银行对账单的调整后余额，否则会影响以后的银行对账。

②录入银行对账单。

在开始对账之前，须将银行开出的银行对账单录入系统中，以便将其与企业银行日记账进行核对。有些系统还提供了银行账单导入的功能，避免了烦琐的手工录入过程。

③银行对账。

银行对账可采用自动对账和手工对账相结合的方式，先进行自动对账，然后在此基础上进行手工对账。

自动对账是指系统根据设定的对账依据，将银行日记账（银行未达账项文件）与银行对账单进行自动核对和核销。对于已核对上的银行业务，系统将自动在银行日记账和银行对账单双方打上两清标志，视为已达账项，否则视为未达账项。

对账依据可由用户自己设置，但"方向+金额"是必要条件，通常可设置为"结算方式+结算号+方向+金额"。

采用自动对账后，可能还有一些特殊的已达账项没有对上而被视为未达账项，为了保证对账的彻底性和正确性，在自动对账的基础上还要进行手工补对。例如，自动对账只能针对"一对一"的情况进行对账，而对于"一对多""多对一"或"多对多"的情况，只能由手工对账来实现。

④输出余额调节表。

在进行对账后，系统会根据对账结果自动生成银行存款余额调节表，以供用户查询打印或输出。

对账后，还可以查询银行日记账和银行对账单对账的详细情况，包括已达账项和未达账项。

⑤核销银行账。

为了避免文件过大，占用磁盘空间，可以利用核销银行账功能将已达账项删除。企业银行日记账已达账项的删除不会影响企业银行日记账的查询和打印。

⑥长期未达账项审计。

有的软件还提供长期未达账项审计的功能。通过设置截止日期以及至截止日期未达天数，系统可以自动将至截止日期未达账项未达天数超过指定天数的所有未达账项显示出来，以便企业了解长期未达账项的情况，从而采取措施对其追踪、加强监督，避免不必要的损失。

3.账簿管理

总账系统提供了强大的账证查询功能。可以查询打印总账、明细账、日记账、发生额余额表、多栏账、序时账等，如图4-4所示。不仅可以查询到已记账凭证的数据，而且查询的账表中也可以包含未记账凭证的数据，可以轻松实现总账、明细账、日记账和凭证的联查。

总账中的辅助核算，不仅可以使业务得到全面、详细的记录，还提供了各种维度的辅助信息查询功能，为管理人员提供了多方位的管理信息。

（1）基本会计账簿查询。

基本会计账簿就是手工处理方式下的总账、明细账、日记账、多栏账等。凭证记账后，所有的账簿资料自动生成。

①总账。

查询总账时，显示指定查询科目的年初余额、各月累计发生额合计、全年累计发生额和月末余额。

②发生额余额表。

发生额余额表可以显示全部科目的期初余额、本期发生额、累计发生额和期末余额。

③明细账。

明细账以凭证为单位显示各账户的明细发生情况，包括日期、凭证号、摘要、借方发生额、贷方发生额和余额。

明细账的格式包括金额式、数量金额式、外币金额式、数量外币式。

④序时账。

序时账根据记账凭证以流水账的形式反映各账户的信息，包括日期、凭证号、摘要、方向、数量、外币及金额。

⑤日记账。

手工状态下，限于会计人员的劳动强度及科目重要性，一

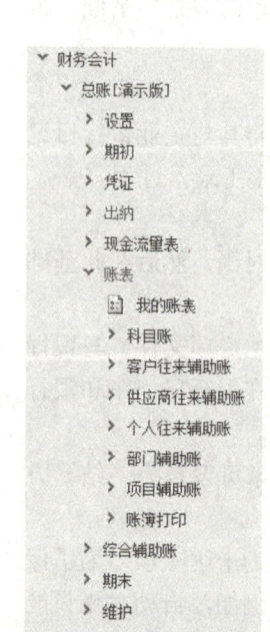

图4-4　账簿管理

般只对库存现金和银行存款科目记日记账。信息化环境下，记账工作不再成为负担，只需在会计科目界面选中"日记账"选项，可以对任何需要的科目记日记账。

日记账的内容包括日期、凭证号、摘要、对方科目、借方发生额、贷方发生额和余额。

⑥多栏账。

在查询多栏账之前，必须先定义多栏账的格式。多栏账格式设置有两种方式：自动编制栏目和手工编制栏目。

（2）辅助核算账簿查询。

辅助账在手工环境下一般作为备查账存在。信息化环境下，设置了辅助核算的科目可以查询其相应的辅助账。

①个人核算。

个人核算主要进行个人借款、还款管理工作，及时地控制个人借款，完成清欠工作。个人核算可以提供个人往来明细账、催款单、余额表、账龄分析报告及自动清理核销已清账等功能。

②部门核算。

部门核算主要为了考核部门收支的发生情况，及时地反映控制部门费用的支出，对各部门的收支情况加以比较分析，便于部门考核。部门核算可以提供各级部门的总账、明细账，以及对各部门收入与费用进行部门收支分析等功能。

③项目核算。

项目核算用于收入、成本、在建工程等业务的核算，以项目为中心为使用者提供各项目的成本、费用、收入、往来等汇总与明细信息，以及项目计划执行报告等。

④客户核算和供应商核算。

客户核算和供应商核算主要进行客户和供应商往来款项的发生、清欠管理工作，及时掌握往来款项的最新情况，可以提供往来款的总账、明细账、催款单、对账单、往来账清理、账龄分析报告等功能。如果用户启用了应收款管理系统和应付款管理系统，可以分别在这两个系统中对客户往来款和供应商往来款进行更为详细的核算与管理。

4. 转账定义

（1）自动转账的分类。

转账分为内部转账和外部转账。外部转账是指将其他专项核算子系统自动生成的凭证转入到总账系统，如工资系统有关工资费用分配的凭证、固定资产系统有关固定资产增减变动及计提折旧的凭证、应收款管理系统有关应收账款发生、收回及坏账准备的凭证、应付款管理系统有关应付账款发生及偿还的凭证。内部转账是指在总账系统内部通过设置凭证模板而自动生成相应的记账凭证。一些期末业务具有较强的规律性，而且每个月都会重复发生，例如费用的分配、费用的分摊、费用的计提、税金的计算、成本费用的结转、期间损益的结转等。这些业务的凭证分录是固定的，金额来源和计算方法也是固定的，因而可以利用自动转账功能将处理这些经济业务的凭证模板定义下来，期末时通过调用这些模板来自动生成相关凭证。

（2）定义自动转账。

用友U8中提供了自定义转账、对应结转、销售成本结转、售价结转、汇兑损益结转、自定义比例转账、费用摊销和预提几种类型的转账定义。

5. 生成转账凭证

定义好凭证模板后，每个月发生相关经济业务时则不必再通过手工录入凭证，直接调用已定义好的凭证模板来自动生成相关的记账凭证即可。

利用凭证模板生成记账凭证需要各月重复进行。

利用自动转账生成的凭证属于机制凭证，它仅仅代替了人工查账和填制凭证的环节，自动转账生成的凭证仍然需要审核记账。

6. 对账

对账是对账簿数据进行核对，以检查记账是否正确，是否账账相符。对账包括总账与明细账的核对、总账与辅助账的核对。试算平衡时，系统会将所有账户的期末余额按会计平衡公式"借方余额=贷方余额"进行平衡检验，并输出科目余额表。正常情况下，系统自动记账后，应该是账账相符，账户余额也平衡。但非法操作或计算机病毒等原因，可能会造成数据被破坏，因而引起账账不符。为了检查是否账证相符、账账相符以及账户余额是否平衡，应经常使用对账及试算平衡功能。结账时，一般系统会自动进行对账和试算平衡。

7. 结账

每月工作结束后，月末都要进行结账。结账前最好进行数据备份。

本月结账时，系统会进行下列检查工作。

（1）检查本月业务是否已全部记账，有未记账凭证时不能结账。

（2）检查上月是否已结账，上月未结账，则本月不能结账。实际上，上月未结账的话，本月也不能记账，只能填制和复核凭证。

（3）核对总账与明细账、总账与辅助账，账账不符不能结账。

（4）对科目余额进行试算平衡，试算结果不平衡将不能结账。

（5）核对损益类账户是否已结转至本年利润，否则不能结账。

（6）当各子系统集成应用时，总账系统必须在其他各子系统结账后才能结账。

结账后，当月不能再填制凭证，并终止各账户的记账工作。同时，系统会自动计算当月各账户发生额合计及余额，并将其转入下月月初。

4.2 技能解析

4.2.1 填制凭证

在用友U8中，记账凭证（如图4-5所示）是登记账簿的依据，是总账系统的唯一数据源，填制凭证也是最基础和最频繁的日常工作。在总账系统中，账簿的准确与完整完全依赖于记账凭证，因此必须确保录入的记账凭证正确无误，U8系统也提供了一些控制手段，用于检查凭证上的各个项目是否正确。

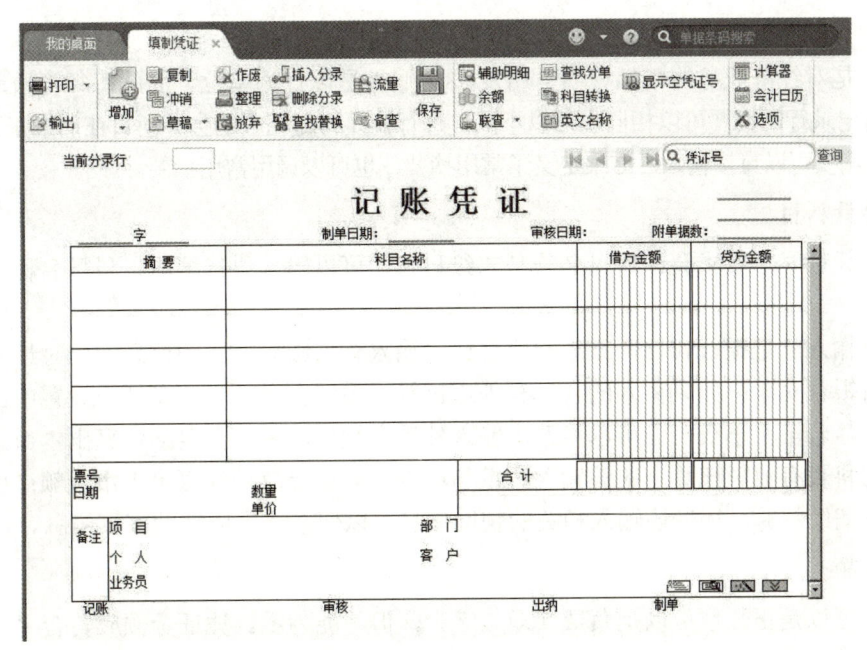

图4-5 "填制凭证"窗口

凭证上应填制的项目及注意事项如下。

1. 凭证类别

按照企业在基础档案设置中设置的凭证类别默认显示，如企业只选择了"记账凭证"凭证类别，则默认显示"记"；如果企业选择了"收款凭证、付款凭证、转账凭证"三种凭证类别，增加凭证时系统自动显示"收"，如果当前录入的是付款凭证，则需要更换凭证类别。

如果在设置凭证类别时设置了凭证的限制类型，则必须符合限制类型的要求，否则系统会给出错误提示。例如，企业选择了"收、付、转"三种凭证，且设置了收款凭证的限制类型为"借方必有"科目"1001，1002"，如果企业发生了"销售产品，货款未收"的业务，应借记应收账款科目，贷记主营业务收入科目，如果误选择了"收款凭证"类别，保存时系统会提示"不满足借方必有条件"。

2. 凭证编号

如果选择了凭证编号方式为"系统编号"，系统则按凭证类别按月自动排编号，即每月都从"收-0001""付-0001""转-0001"重新排号。如果选择"手工编号"方式，需要手工输入凭证号，凭证号必须具有连续性和唯一性。

3. 凭证日期

填制凭证时，日期一般自动利用登录系统时的业务日期。选择"制单序时控制"的情况下，凭证日期应大于等于该类凭证最后一张凭证日期，但不能超过机内系统日期。

4. 附单据数

记账凭证打印出来后，应将相应的原始凭证粘附其后，这里的附单据数就是指将来该记账凭证所附的原始单据数量。

077

5. 摘要

摘要是对经济业务的概括说明。用友U8记账时是以行为单位，因此每行记录都要有摘要，不同记录行的摘要可以相同也可以不同，每行摘要将随相应的会计科目在明细账和日记账中出现。摘要可以直接输入，如果定义了常用摘要，也可以调用常用摘要。

6. 会计科目

填制凭证时，要求会计科目必须是末级科目，可以输入科目编码、科目名称、科目助记码。

如果输入的是银行科目，系统一般会要求输入有关结算方式的信息，此时最好输入，以便日后银行对账；如果输入的科目有外币核算，系统会自动带出在外币设置中已设置的相关汇率，若汇率不正确还可以修改，输入外币金额后，系统会自动计算出本币金额；如果输入的科目有数量核算，应该输入数量和单价，系统会自动计算出本币金额；如果输入的科目有辅助核算，还应该输入相关的辅助信息，以便系统生成辅助核算信息。

7. 金额

金额可以是正数也可以是负数（即红字），但不能为零。凭证金额应符合"有借必有贷，借贷必相等"原则，否则不能保存。

另外，如果设置了常用凭证，可以在填制凭证时直接调用常用凭证，从而提升凭证录入的速度和规范性。

4.2.2 出纳签字

出纳凭证是否必须由出纳签字取决于总账选项的设置，如果选择了"出纳凭证必须由出纳签字"的选项，则出纳凭证必须经过出纳签字才能够记账。

出纳签字时需要由出纳执行"出纳签字"（如图4-6所示），对涉及现金科目或银行存款科目的凭证进行审核，现金科目和银行存款科目需要事先在指定科目中设置。

出纳签字和审核凭证没有先后顺序。

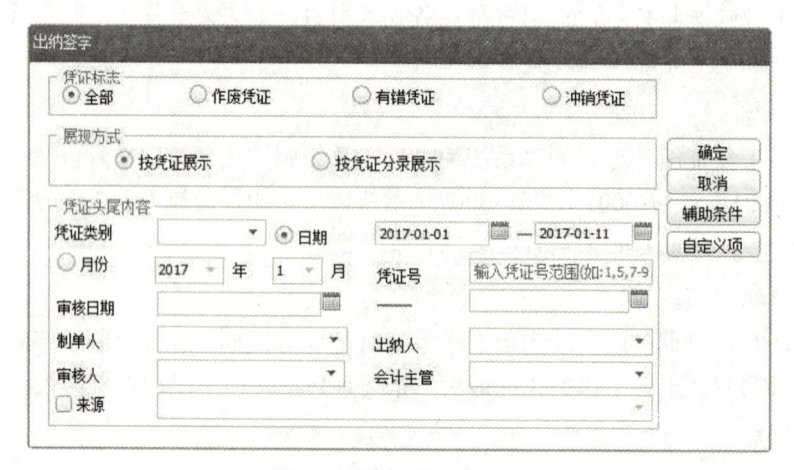

图4-6 "出纳签字"窗口

4.2.3 审核凭证

凭证填制完后，必须经过审核才能记账，如图4-7所示。按照内部控制要求，审核人与制单人不能为同一人。

图4-7 "凭证审核"窗口

用友U8提供单张审核和成批审核两种方式。

审核过程中，如果审核通过，则单击"审核"按钮，在凭证下方的审核处签署当前登录用户的姓名；如果发现错误，可单击"标错"按钮，系统打开"填写凭证错误原因"对话框，输入错误描述，单击"确定"按钮返回，凭证左上角标注"有错"字样，之后制单人在查询凭证环节可以只查看有错的凭证。

4.2.4 记账

凭证审核之后可以进行记账处理，如图4-8所示。用友U8中，记账由系统自动将已审核凭证数据登记总账、日记账、明细账、辅助账，大大提高了工作效率和质量。

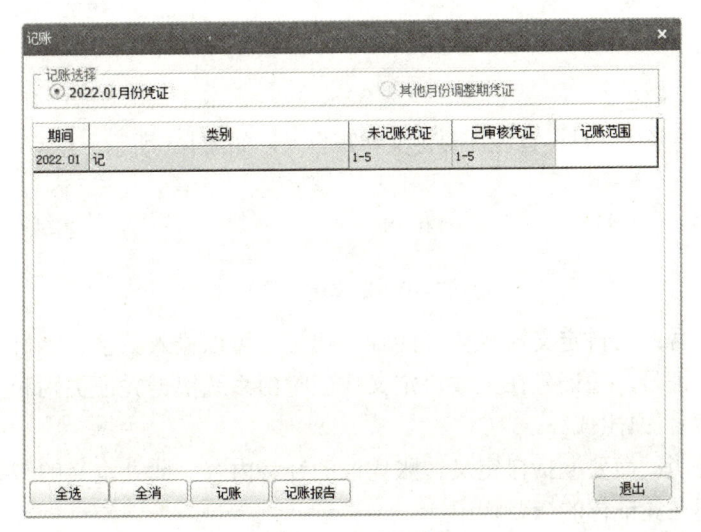

图4-8 "记账"窗口

4.2.5 冲销凭证

冲销凭证指采用红字冲销方式对已经记账的凭证做出有痕迹的改正，如图4-9所示。

可以手工填制红字凭证，也可以提供会计期间、凭证类别和凭证号，由系统自动生成一张与该凭证相同但金额为红字（负数）的凭证。

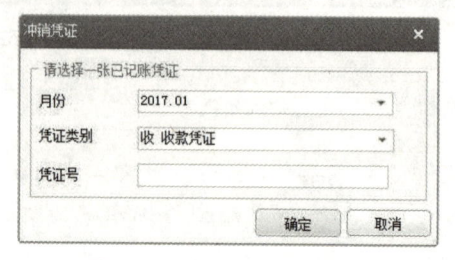

图4-9 "冲销凭证"对话框

4.2.6 删除凭证

删除凭证分两步，先作废凭证，然后对作废凭证进行整理，即完成删除。

作废凭证只能是对未经复核的凭证而言，凭证作废后相当于一张空凭证。作废凭证可以查询但不能审核，需要参与记账。如果无需保留作废凭证，可以通过整理凭证将其删除。

4.2.7 定义转账凭证

企业各会计期间的许多期末业务具有较强的规律性，对于这类业务，可以设计由计算机进行自动处理，不但可以规范会计业务处理，还可以大大提高工作效率。

转账包括自定义转账、对应结转、销售成本结转、汇兑损益结转和期间损益结转5种类型。

1. 自定义转账

（1）转账目录定义。

增加自定义转账凭证时，首先需要定义转账目录，如图4-10所示，包括以下3项内容。

图4-10 定义转账目录

- 转账序号：指自定义转账凭证的唯一代号，可以输入数字、字母。注意转账序号不是凭证号，凭证号在生成自定义凭证时由系统根据凭证类别和当前凭证类别的最后序号加1生成。
- 转账说明：简要概括自定义转账凭证的经济内容。此处定义的转账说明内容会默认出现在凭证体的摘要栏中。
- 凭证类别：根据所定义的凭证内容选择。

（2）转账内容定义。

转账内容包括以下几项内容，如图4-11所示。

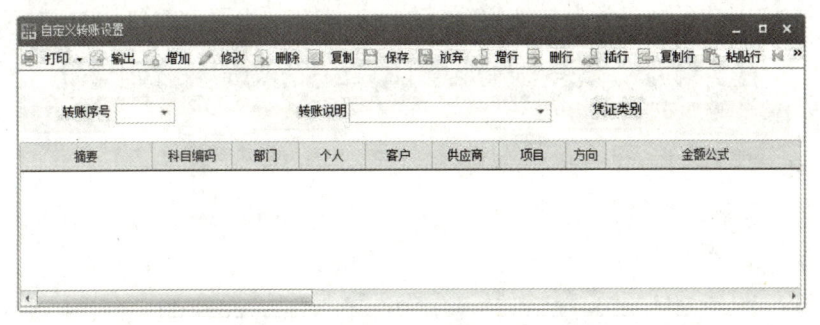

图4-11 "自定义转账设置"对话框

- 摘要：系统自动带入转账说明中录入的内容，内容可以修改。
- 科目编码：录入或者选择本凭证涉及的科目编码。
- 部门、个人、客户、供应商、项目：如果科目设置了辅助核算，需要选择相应的辅助核算项目。
- 方向：指当前科目是位于凭证的借方还是贷方。
- 金额：直接输入公式或者通过函数向导生成公式。

（3）函数

在自定义转账凭证和后面的编辑报表单元公式的过程中，会用到U8中预定义的函数，这些函数的作用是帮助用户从数据库中获取所需数据或者完成数据计算。常用函数如表4-1所示。

表4-1 常用函数

函数分类	作用	具体函数
账务函数	金额函数	QC 期初余额 QM 期末余额 FS 发生额（分为借方发生和贷方发生） LFS 累计发生额（分为借方发生和贷方发生） JE 净发生额
	数量函数	SQC 数量期初余额 SQM 数量期末余额 SFS 数量发生额（分为借方发生和贷方发生） SLFS 数量累计发生额（分为借方发生和贷方发生） JE 数量净发生额
	取外币函数	WQC 外币期初余额 WQM 外币期末余额 WFS 外币发生额（分为借方发生和贷方发生） WLFS 外币累计发生额（分为借方发生和贷方发生） WJE 外币净发生额
计算函数	计算	JG( ) 取对方科目计算结果 SJG( ) 取对方科目计算结果 WJG( ) 取对方科目计算结果
		CE( ) 借贷平衡差额 SCE( ) 借贷平衡差额 WCE( ) 借贷平衡差额

2. 对应结转

对应结转是将某科目的余额按一定比例转入其他一个或多个科目，可一对一结转，也可一对多结转。对应结转只能结转期末余额。"对应结转设置"窗口如图4-12所示。

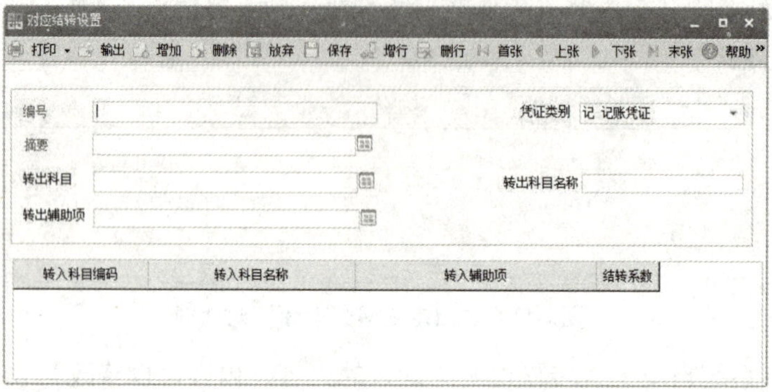

图4-12 "对应结转"窗口

3. 销售成本结转

销售成本结转是将期末商品（或产成品）销售数量乘以库存商品（或产成品）的平均单价，以计算各类商品销售成本并进行结转，"销售成本结转设置"对话框如图4-13所示。销售成本结转只需告知系统库存商品科目、主营业务收入科目和主营业务成本科目，系统将销售成本结转凭证定义为：

借：主营业务成本　　　　　　　（库存商品余额/库存商品数量）×销量
　　贷：库存商品　　　　　　　　（库存商品余额/库存商品数量）×销量

库存商品科目、主营业务收入科目、主营业务成本科目及下级科目的结构必须相同，并且辅助账类必须完全相同。

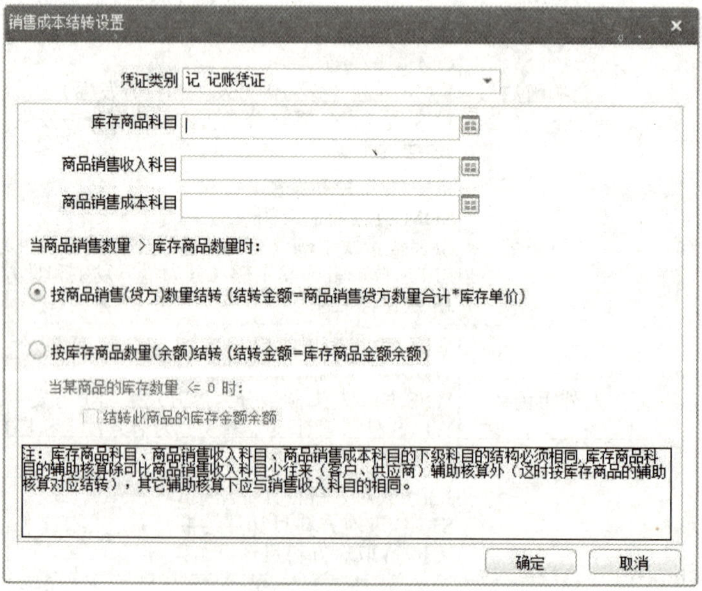

图4-13 "销售成本结转设置"对话框

4. 汇兑损益结转

汇兑损益结转用于期末自动计算外币账户的汇兑损益，并在转账生成中自动生成汇兑损益转账凭证。"汇兑损益结转设置"对话框如图4-14所示。

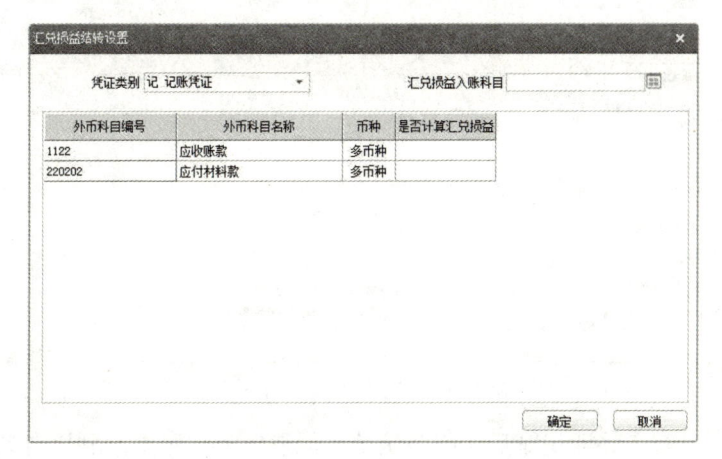

图4-14 "汇兑损益结转设置"对话框

5. 期间损益结转

期间损益结转用于在一个会计期间结束后将损益类科目的余额结转到本年利润科目中，从而及时反映企业利润的盈亏情况。"期间损益结转设置"对话框如图4-15所示。

图4-15 "期间损益结转设置"对话框

4.2.8 生成转账凭证

在定义完成转账凭证后，每月月末只需执行本功能即可快速生成转账凭证（如图4-16所示），在此生成的转账凭证将自动追加到未记账凭证中去。

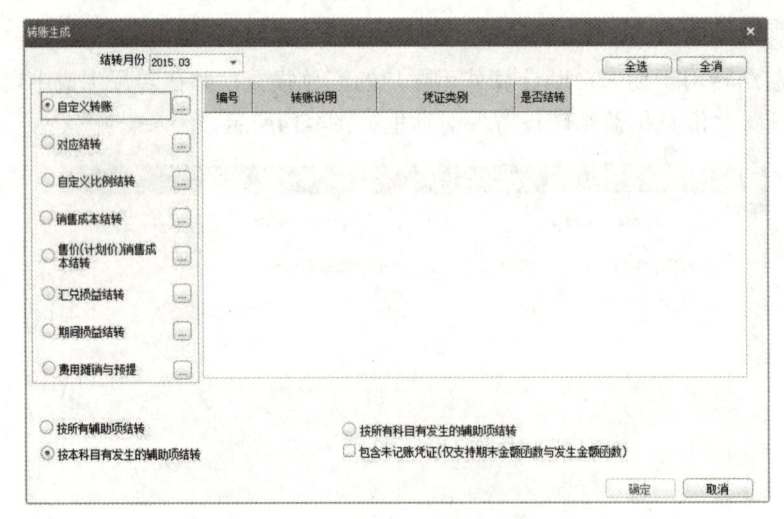

图4-16 "转账生成"对话框

  一般而言，只有在凭证记账后，账务函数才能取出相关数据。利用自动转账生成凭证时，一定要在相关凭证已经全部记账之后，这样才能保证取出完整的数据。例如，定义了一张根据本期利润计提所得税的凭证，此时要生成该张凭证，必须确保有关利润的凭证已经全部记账，否则，就会因为不能取出相应数据导致金额为零而不能生成凭证，或因取出的数据不完整而导致所得税计提错误。

  定义转账凭证时，一定要注意凭证的生成顺序。例如，定义了结转销售成本、计算汇兑损益、结转期间损益、计提所得税、结转所得税等5张自动转账凭证，因为销售成本和汇兑损益是期间损益的一部分，所以一定要先生成结转销售成本和计算汇兑损益的凭证并复核记账后，才能生成结转期间损益的凭证。因为要依据本期利润计提所得税，所以一定要先生成结转期间损益的凭证并复核记账后，才能生成计提所得税的凭证。因为有了所得税费用才能结转所得税至本年利润，所以一定要先生成计提所得税的凭证并复核记账后才能生成结转所得税的凭证。因此，这5张凭证的顺序是结转销售成本→计算汇兑损益→结转期间损益→计提所得税→结转所得税，并且前一张凭证必须复核记账后才能继续生成后一张凭证。

4.3　案例解析

案例素材

  以系统管理员身份登录系统管理，引入"案例素材\第3章"文件夹下的账套文件Y4_01。

1. 填制凭证

  以2012操作员的身份（密码为空）登录201账套，登录日期为"2017-01-11"，填制凭证。

（1）采购部范文芳预借差旅费5 000元。
   借：其他应收款（1221）   5 000
     贷：库存现金（1001）   5 000
（2）财务部开具现金支票（支票号20170001），从中行人民币户提取现金10 000元，作为备用金。
   借：库存现金（1001）   10 000
     贷：银行存款/中行存款/人民币户（10020101）   10 000
（3）总经办报销招待费1 200元，以现金支付。
   借：管理费用/招待费（660205）   1 200
     贷：库存现金（1001）   1 200
（4）生产部领用主板50个，单价320元，用于生产云易手机。
   借：生产成本/直接材料（500101）   16 000
     贷：原材料/主板（140303）   16 000

2．出纳签字

以2013操作员的身份（密码为空）登录201账套，登录日期为"2017-01-11"，出纳签字。

3．审核凭证

以2011操作员的身份（密码为空）登录201账套，登录日期为"2017-01-11"，审核凭证。

4．记账

以2011操作员的身份（密码为空）登录201账套，登录日期为"2017-01-11"，记账。

5．冲销凭证

以2012操作员的身份（密码为空）登录201账套，登录日期为"2017-01-11"，冲销第2笔提现金凭证。

6．删除凭证

以2012操作员的身份（密码为空）登录201账套，登录日期为"2017-01-11"，删除红字冲销凭证。

7．定义转账凭证

以2012操作员的身份（密码为空）登录201账套，登录日期为"2017-01-11"，定义期间损益结转凭证。

8．生成转账凭证

以2012操作员的身份（密码为空）登录201账套，登录日期为"2017-01-11"，生成期间损益结转凭证。

9．对生成的自定义转账凭证进行审核记账

以2011操作员的身份（密码为空）登录201账套，登录日期为"2017-01-11"，对期间损益结转凭证进行审核和记账。

10. 查询凭证

查询本月已记账凭证。

11. 输出账套

将操作结果输出至"案例解析\第4章\X4_01"文件夹中。

操作步骤

在"案例解析\第4章"下新建一个文件夹，命名为X4_01。

以系统管理员身份登录系统管理，引入"案例素材\第4章"文件夹下的账套文件Y4_01。

1. 以2012操作员的身份登录201账套

（1）执行"开始"→"所有程序"→"用友U8+V13.0"→"企业应用平台"命令，打开"登录"对话框。

（2）录入操作员"2012"，密码为空，单击"账套"栏的下三角按钮，选择"[201] (default)中诚通讯"，操作日期设置为"2017-01-11"。单击"登录"按钮，进入"企业应用平台"窗口。窗口状态栏中显示当前操作员为"李霞"。

（3）在业务工作中，显示的功能组如图4-17所示。

图4-17 以2012操作员身份登录201账套

上述窗口与图3-14以账套主管身份登录201账套的窗口有所区别，原因在于2012操作员和2011操作员权限不同。

2. 填制凭证

（1）第1张凭证。

业务特征：科目无辅助核算。

①在企业应用平台"业务工作"中，执行"总账"→"凭证"→"填制凭证"命令，进入"填制凭证"窗口，如图4-18所示。

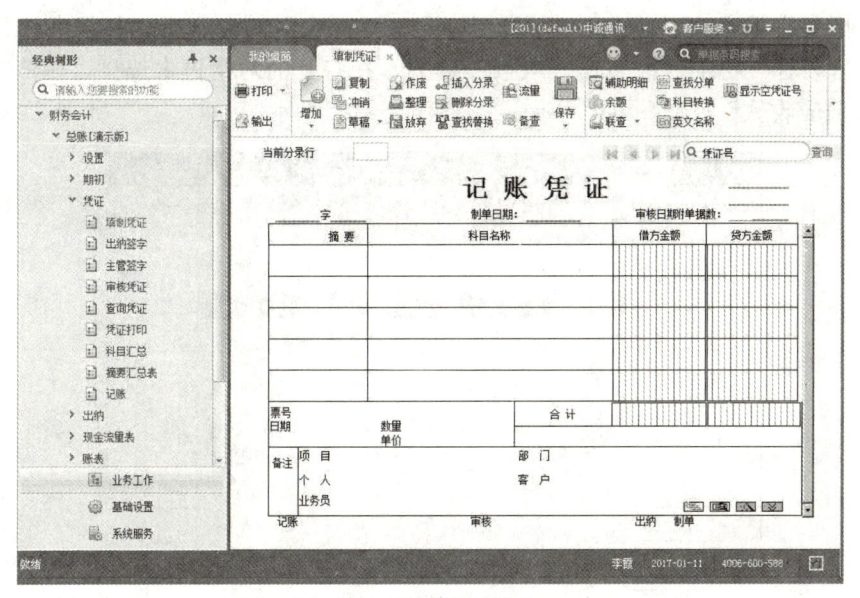

图4-18 "填制凭证"窗口

凭证界面上有5行，在U8中称为分录行，如果是多借多贷超过5行的，在凭证号之后会自动出现分单号，如0001/0002；下方的制单处显示"李霞"，该用户名由系统自动根据登录的用户识别，以明确经济责任。

②单击"增加"按钮或者按F5键，系统自动增加一张空白收款凭证。单击收字旁边的"…"参照按钮，从中选择"付款凭证"，如图4-19所示。按Enter键，凭证号0001自动生成。

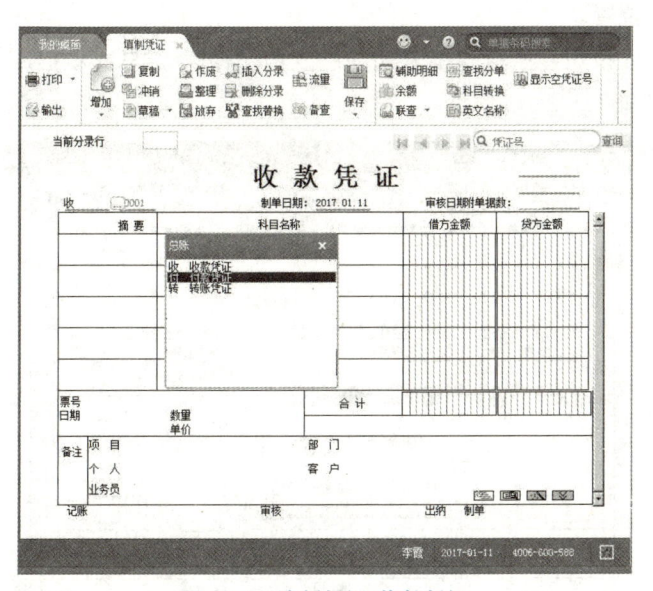

图4-19 填制凭证-收款凭证

③修改凭证日期为"2017.01.11"。按照制单序时控制要求，制单日期不能早于上一张同类型凭证的制单日期，且不能超过系统日期。

④输入附单据数。附单据数是指该记账凭证所附原始单据的张数，可以为空。

087

⑤"摘要"输入"预借差旅费",按Enter键,或用鼠标单击"科目名称"栏,再单击"科目名称"栏的参照按钮(或按F2键),在打开的对话框中选择"资产"类科目"1221其他应收款",如图4-20所示。

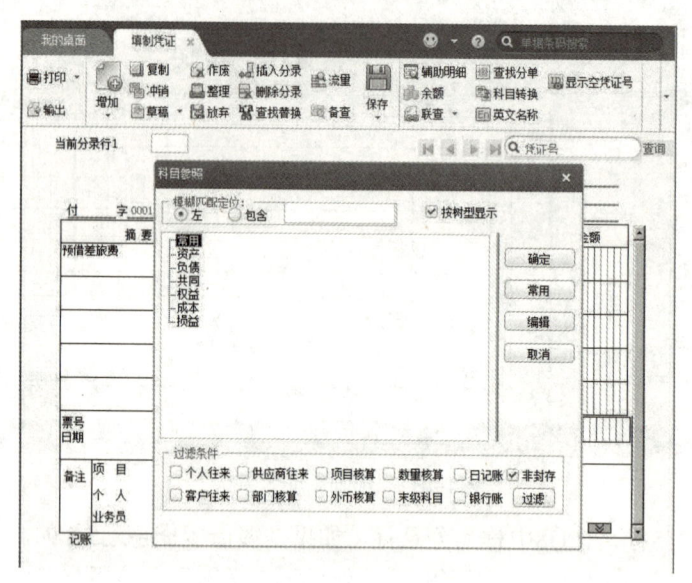

图4-20 选择会计科目

或者直接在"科目名称"栏输入"1221",按Enter键,录入借方金额5 000。

⑥按Enter键,系统自动复制上一行的摘要,可以修改。输入贷方科目1001,按Enter键。录入贷方金额时,可以在"贷方金额"处直接按"="键,系统自动计算目前借贷方差额并放置于当前位置。

⑦单击"保存"按钮,系统弹出"凭证已成功保存!"信息提示框,如图4-21所示,单击"确定"按钮返回。

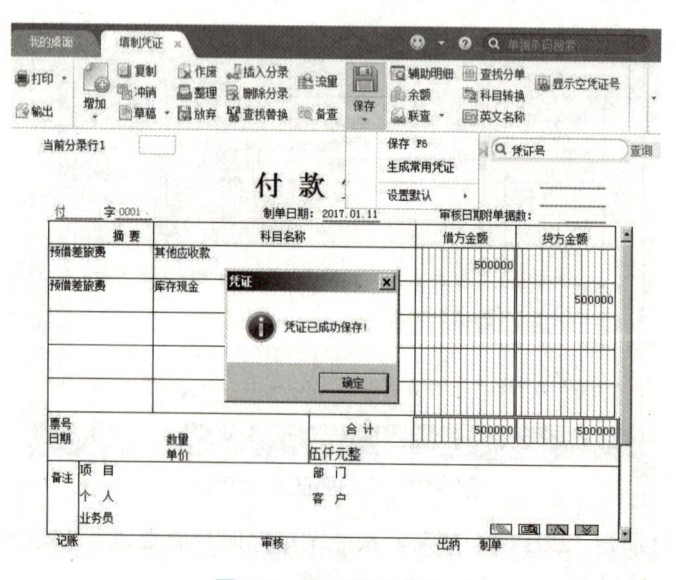

图4-21 凭证保存提示

> **提示**
> - 如果在设置凭证类别时已经设置了不同种类凭证的限制类型及限制科目,那么在填制凭证时,若凭证类别选择错误,则在进入新的状态时系统会提示凭证不能满足的条件,且凭证不能保存。
> - 如果选择了系统编号方式,凭证编号将按凭证类别按月顺序编号。
> - 凭证一旦保存,其凭证类别、凭证编号都不能修改。
> - 正文中不同分录行的摘要可以相同也可以不同,但不能为空。每行摘要将随相应的会计科目在明细账、日记账中出现。
> - 科目编码必须是末级科目编码。
> - 金额不能为"零";红字以"—"号表示。
> - 直接按"="键意为取借贷方差额到当前光标位置。每张凭证上只能使用一次。
> - 如果凭证的金额录错了方向,可以直接按空格键改变金额方向。
> - 每张凭证借贷方金额必须相等。
> - 凭证填制完成后,可以单击"保存"按钮保存凭证,也可以单击"增加"按钮保存并增加下一张凭证。

(2)第2张凭证。

业务特征:"10020101银行存款/中行存款/人民币户"科目设置了"银行账"辅助核算。

①单击"增加"按钮或者按F5键,系统自动增加一张空白付款凭证。修改凭证日期为"2017.01.11"。

②在"摘要"栏直接录入摘要"提取备用金"。按Enter键,或用鼠标单击"科目名称"栏,再单击"科目名称"栏的参照按钮(或按F2键),在打开的对话框中选择"资产"类科目"1001 库存现金"或者直接在"科目名称"栏输入1001,然后录入借方金额10 000。

③按Enter键,系统自动复制上一行的摘要,可以修改。输入贷方科目10020101,按Enter键,打开"辅助项"对话框。按案例要求,输入结算方式为"201现金支票"、票号为"20170001",如图4-22所示。

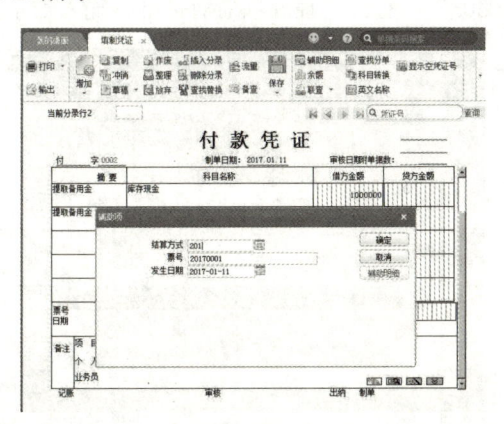

图4-22 与银行账辅助核算科目相关的"辅助项"对话框

④单击"确定"按钮,录入贷方金额时,可以在"贷方金额"处直接按"="键,系

统自动计算目前借贷方差额并放置于当前位置。

⑤单击"保存"按钮，系统弹出"凭证已成功保存!"信息提示框，单击"确定"按钮返回。

（3）第3张凭证。

业务特征："管理费用/招待费"科目设置了"部门核算"辅助核算。

①在"填制凭证"界面中，单击"增加"按钮，增加"付"字0003号凭证。

②"摘要"输入"报销招待费"，"科目"输入"660205"，打开"辅助项"对话框。"部门"选择"总经办"，如图4-23所示。

③单击"确定"按钮，输入凭证上的其他内容，单击"保存"按钮。

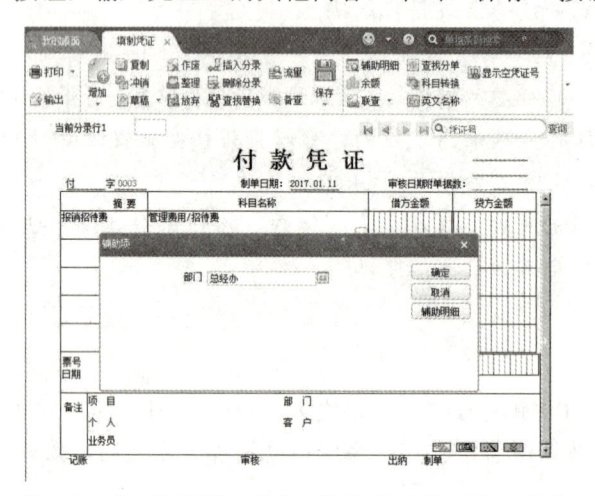

图4-23　与部门辅助核算科目相关的"辅助项"对话框

（4）第4张凭证。

业务特征："原材料/主板"科目设置了数量核算。

①在"填制凭证"界面中，单击"增加"按钮，选择凭证类别"转账凭证"。

②"摘要"输入"领用主板"，"科目"输入"500101"，"金额"输入16 000，按Enter键，摘要带到下一行。

③"科目"输入"140303"，打开"辅助项"对话框，输入数量和单价，如图4-24所示。

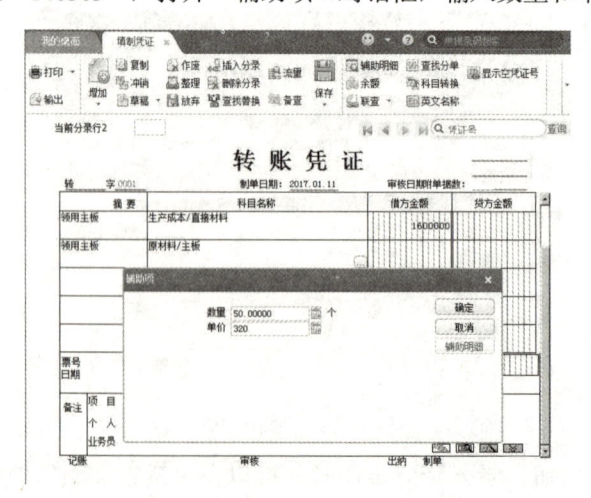

图4-24　与数量辅助核算科目相关的"辅助项"对话框

④单击"确定"按钮,借方金额处显示16 000,单击键盘上的空格键,将借方金额调整到贷方。

⑤单击"保存"按钮。

3．出纳签字

（1）更换操作员。

①在"企业应用平台"窗口,执行"重注册"命令,打开"登录"对话框。

②以"2013 秦岚"的身份注册,再进入总账系统。以出纳身份登录,在总账下只能看到"凭证"和"出纳"两个功能组,如图4-25所示。

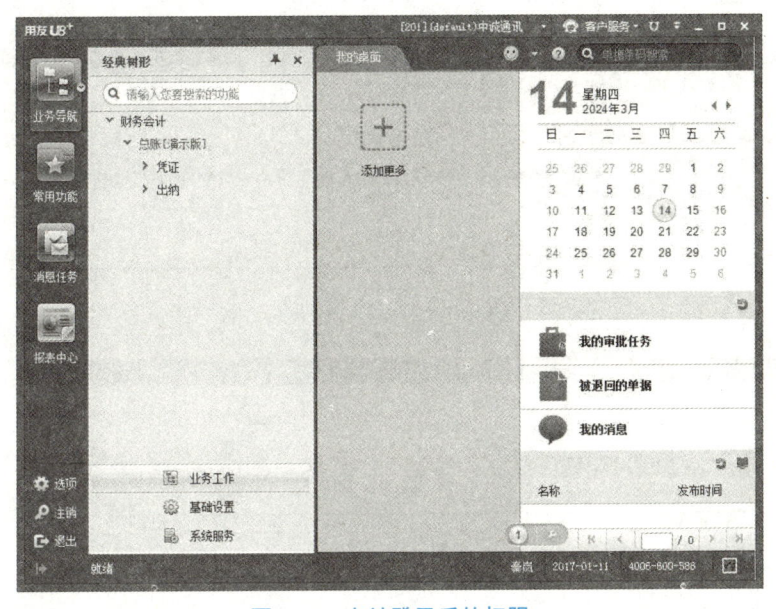

图4-25 出纳登录后的权限

提示

- 凭证填制人和出纳签字人可以为不同的人,也可以为同一个人。
- 按照会计制度规定,凭证的填制与审核不能是同一个人。
- 在进行出纳签字和审核之前,通常需先更换操作员。

（2）出纳签字。

①执行"凭证"→"出纳签字"命令,打开"出纳签字"对话框,如图4-26所示。

②单击"确定"按钮,进入"出纳签字列表"窗口,如图4-27所示。出纳签字列表中只显示出纳凭证,即凭证上含"1001库存现金"或"1002银行存款"科目。

③双击需要签字的凭证,进入"出纳签字"的签字界面。

④单击"签字"按钮,凭证底部的"出纳"处自动签上出纳的姓名,如图4-28所示。

⑤单击下张按钮,对其他凭证签字。

⑥完成后关闭界面,返回企业应用平台。

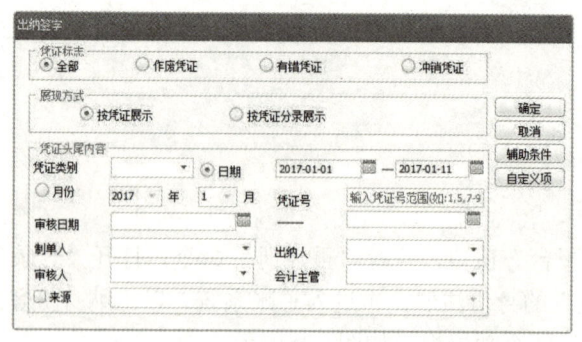

图4-26 "出纳签字"对话框

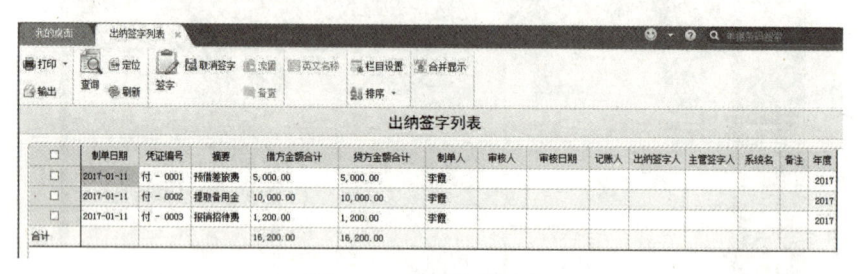

图4-27 出纳签字列表

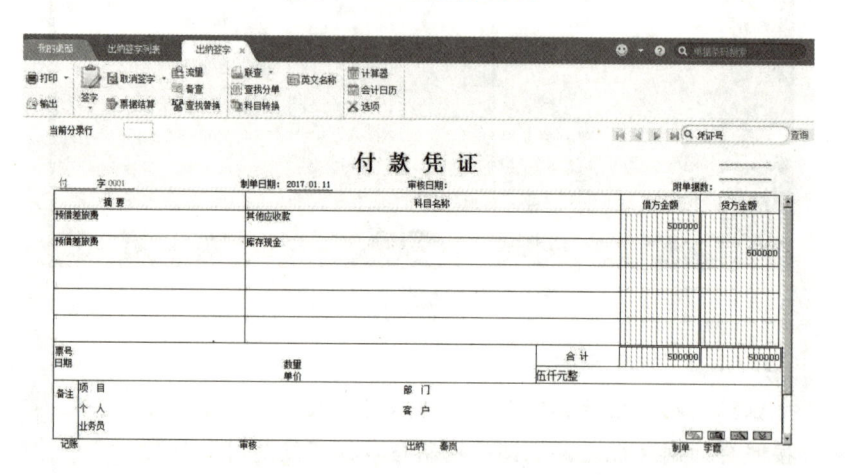

图4-28 出纳签字

> **提示**
> - 出纳签字与审核凭证没有顺序关系，既可以在审核凭证前进行，也可以在审核凭证后进行。
> - 涉及指定为现金科目和银行科目的凭证才需出纳签字。
> - 凭证一经签字，就不能被修改、删除，只有取消签字后才可以修改或删除，取消签字只能由出纳本人进行。
> - 凭证签字并非审核凭证的必要步骤。若在设置总账参数时，不选择"出纳凭证必须经由出纳签字"，则可以不执行"出纳签字"功能。
> - 执行"批处理"→"成批出纳签字"命令可以对所有凭证执行出纳签字的操作。

4．审核凭证

（1）更换操作员。

会计内部控制要求，制单人与审核人不能为同一人。因此，李霞制单后，需要由其他操作员进行审核，本案例中由账套主管彭飞审核。

①在"企业应用平台"窗口，单击左上角"重注册"按钮，打开"登录"对话框。

②以"2011 彭飞"的身份重新登录企业应用平台，密码为空。

（2）审核凭证。

①执行"凭证"→"审核凭证"命令，打开"凭证审核"对话框，如图4-29所示。

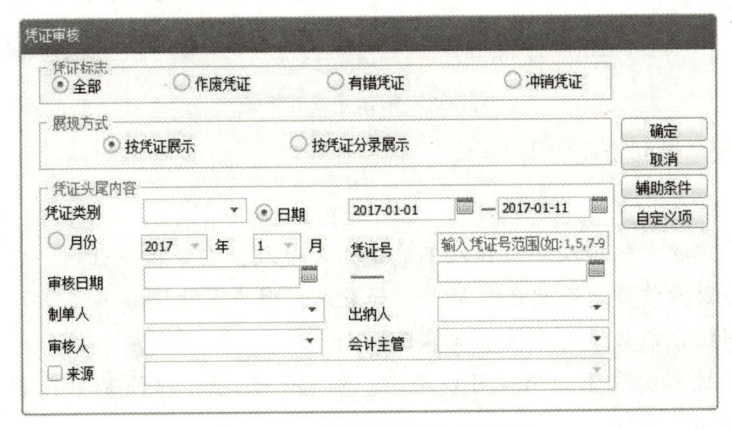

图4-29 "凭证审核"对话框

②可以按需要根据对话框中给定的条件来查找要审核的凭证，如可以按凭证类别、日期范围、凭证的制单人等。本案例直接单击"确定"按钮，进入"凭证审核列表"界面，如图4-30所示。

制单日期	凭证编号	摘要	借方金额合计	贷方金额合计	制单人	审核人	审核日期	记账人	出纳签字人	主管签字人
2017-01-11	付－0001	预借差旅费	5,000.00	5,000.00	李霞				秦岚	
2017-01-11	付－0002	提取备用金	10,000.00	10,000.00	李霞				秦岚	
2017-01-11	付－0003	报销招待费	1,200.00	1,200.00	李霞				秦岚	
2017-01-11	转－0001	领用主板	16,000.00	16,000.00	李霞					
合计			32,200.00	32,200.00						

图4-30 "凭证审核列表"窗口

③双击待审核的第1张记账凭证，进入"审核凭证"界面。

④检查无误后，单击"审核"按钮（第1张收款凭证审核完成后，系统自动翻页到第2张待审核的凭证），再单击"审核"按钮，直到将已经填制的凭证全部审核签字。审核完成的凭证在凭证底部的审核处已签署审核人的姓名，如图4-31所示。

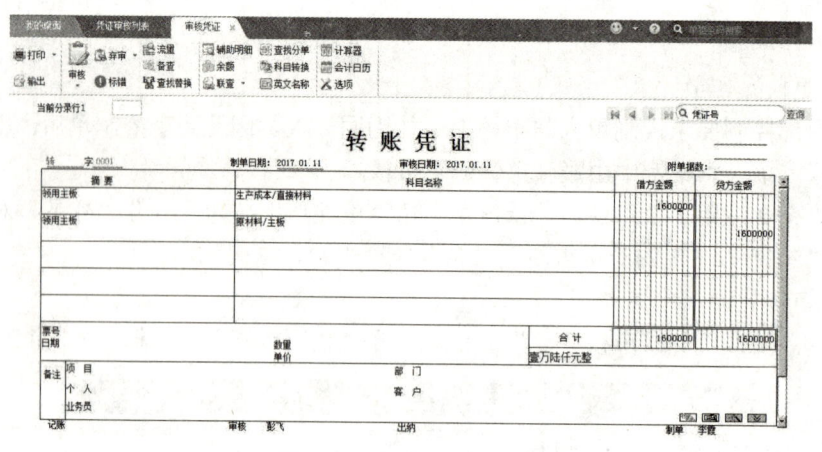

图4-31 审核完成的凭证

⑤关闭界面，返回企业应用平台。

> **提示**
> - 系统要求制单人和审核人不能是同一个人，在审核凭证前一定要事先检查当前操作员是否就是制单人，如果是，则应更换操作员。
> - 审核日期必须大于等于制单日期。
> - 审核中发现凭证错误可以进行"标错"处理，以便制单人准确定位错误凭证并修改。
> - 作废凭证不能被审核，也不能被标错。
> - 凭证一经审核，则不能再修改和删除，只有原审核签字人取消审核签字后才可进行修改或删除。
> - 执行"批处理"→"成批审核凭证"命令，可以对所有凭证进行审核签字。

5. 记账

由操作员2011对已审核凭证进行记账。

（1）执行"凭证"→"记账"命令，打开"记账"对话框。如图4-32所示。

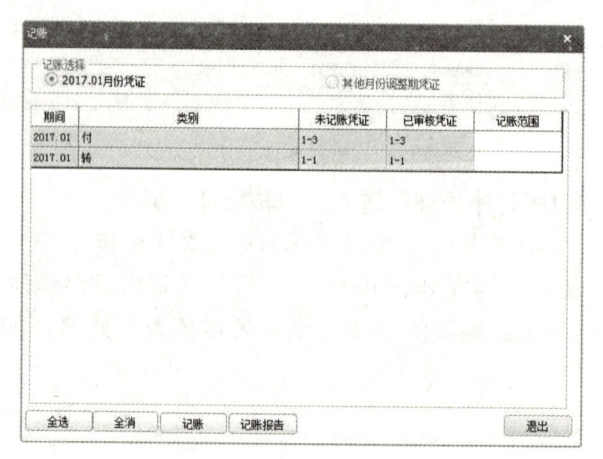

图4-32 "记账"对话框

（2）单击"全选"按钮，选择对所有已审核凭证进行记账。

（3）记账之前要进行期初试算平衡。单击"记账"按钮，打开"期初试算平衡表"对话框，如图4-33所示。

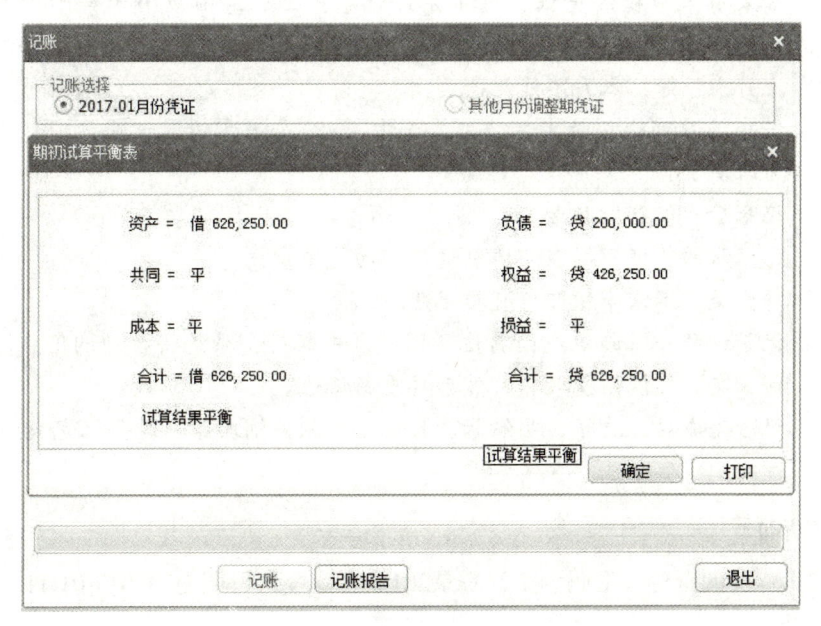

图4-33 "期初试算平衡"对话框

（4）单击"确定"按钮，系统自动进行记账，记账完成后，系统弹出"记账完毕！"信息提示框，如图4-34所示。

（5）单击"确定"按钮，然后单击"退出"按钮。

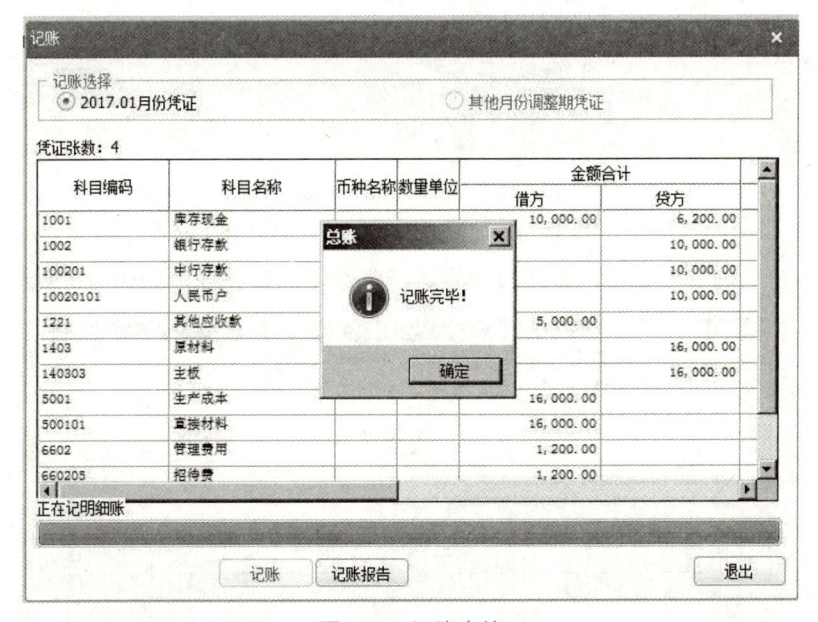

图4-34 记账完毕

> **提示**
> - 如果期初余额试算不平衡不允许记账。
> - 如果有未审核的凭证，则不允许记账；记账范围应小于等于已审核凭证范围。
> - 上月未结账，本月不能记账。
> - 记账范围可输入数字、"—"和"，"，如果不输入记账范围，系统默认为所有凭证。
> - 记账后不能整理断号。
> - 已记账的凭证不能在"填制凭证"功能中查询。
> - 作废凭证不需审核即可直接记账。
> - 记账过程一旦断电或因其他原因造成中断后，系统将自动调用"恢复记账前状态"功能恢复数据，然后再重新记账。
> - 记账完成后，总账、明细账、日记账、相关辅助账同时登记完成。

6. 冲销凭证

以2012操作员的身份（密码为空）登录201账套，登录日期为"2017-01-11"，冲销第2笔提现金凭证。

（1）执行"总账"→"凭证"→"填制凭证"命令，进入"填制凭证"界面。

（2）单击 冲销凭证 按钮，打开"冲销凭证"对话框。

（3）输入条件：选择"月份"为"2017.01"，选择"凭证类别"为"付 付款凭证"，输入"凭证号"为"0002"，如图4-35所示。

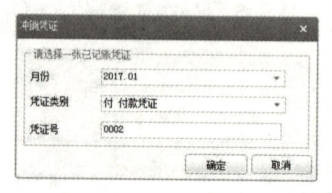

图4-35 "冲销凭证"对话框

（4）单击"确定"按扭，系统自动生成一张红字冲销凭证，如图4-36所示。

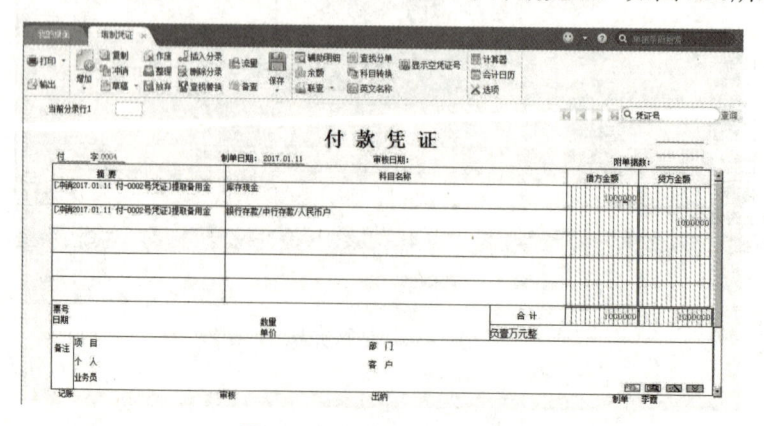

图4-36 生成红字冲销凭证

> **提示**
> - 冲销凭证相当于填制了一张凭证，不需保存，只要进入新的状态就由系统将冲销凭证自动保存。
> - 通过红字冲销法增加的凭证，应视同正常凭证进行保存和管理。
> - 红字冲销只能针对已记账凭证进行。
> - 红字冲销凭证也可以手工填制。
> - 已冲销凭证仍需审核，在出纳签字后记账。

7. 删除凭证

以2012操作员的身份（密码为空）登录201账套，登录日期为"2017-01-11"，删除红字冲销凭证。

（1）在"填制凭证"界面中，找到红字冲销凭证。

（2）单击"✕作废/恢复"按钮，凭证左上角显示红色"作废"字样，如图4-37所示。

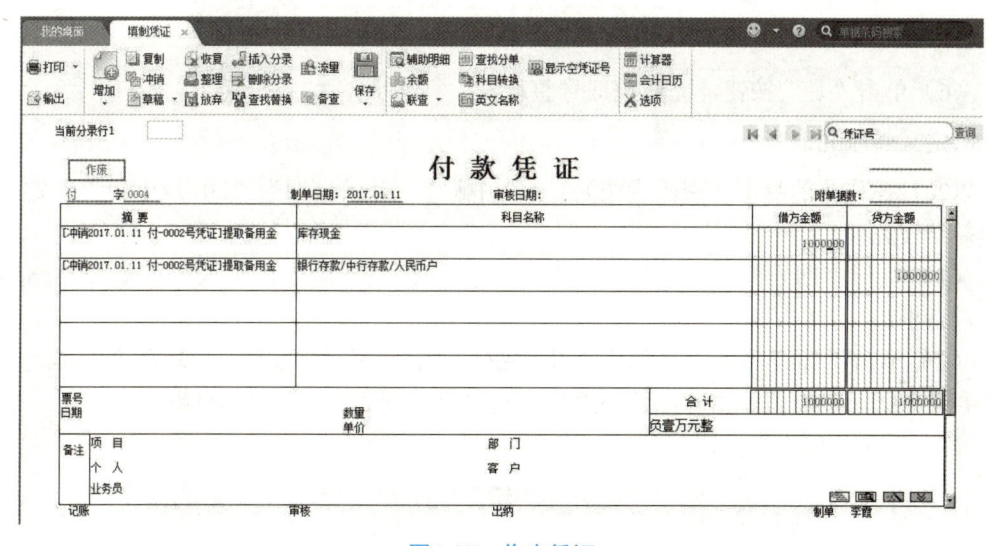

图4-37 作废凭证

（3）单击"整理凭证"按钮，系统弹出"凭证期间选择"对话框，默认"2017.01"，如图4-38所示。

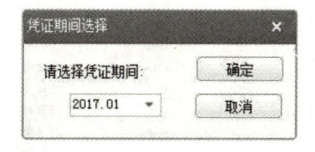

图4-38 "凭证期间选择"对话框

（4）单击"确定"按钮，打开"作废凭证表"对话框。单击"全选"按钮，"删除？"栏出现"Y"标记，如图4-39所示。

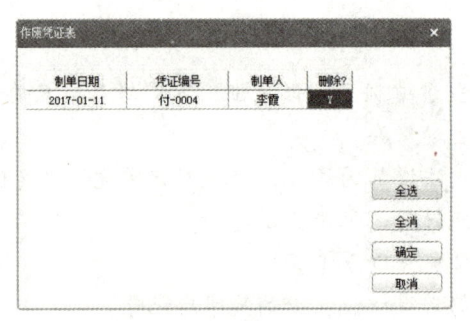

图4-39 "作废凭证表"对话框

（5）单击"确定"按钮，系统进行删除处理，完成后弹出信息提示框，如图4-40所示。

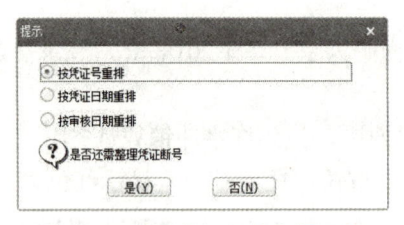

图4-40 整理凭证号信息提示框

（6）单击"是"按钮，完成凭证号整理。

8．定义转账凭证

以2012操作员的身份（密码为空）登录201账套，登录日期为"2017-01-11"，定义期间损益结转凭证。

（1）执行"期末"→"转账定义"→"期间损益"命令，进入"期间损益结转设置"对话框。

（2）单击"凭证类别"栏的下三角按钮，选择"转 转账凭证"，在"本年利润科目"栏录入"4103"或单击参照按钮选择"4103本年利润"，如图4-41所示。

（3）单击"确定"按钮。

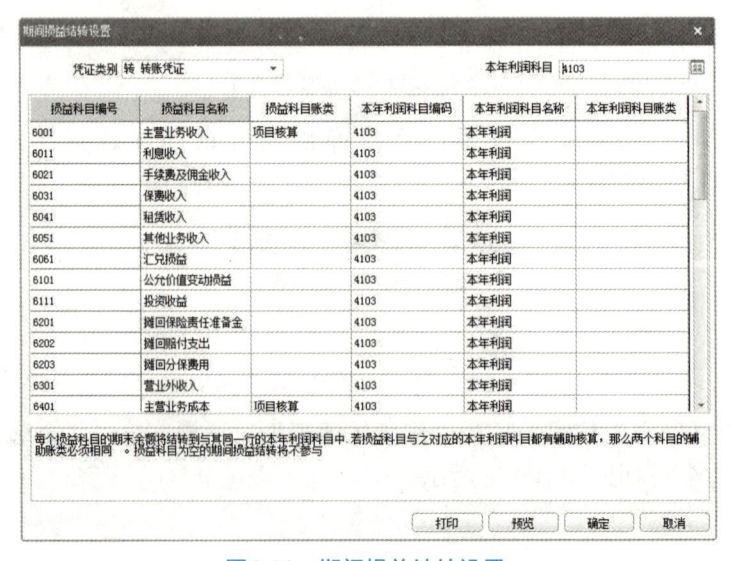

图4-41 期间损益结转设置

> **提示**
>
> 损益科目结转表中的本年利润科目必须为末级科目，且为本年利润入账科目的下级科目。

9. 生成转账凭证

以2012操作员的身份（密码为空）登录201账套，登录日期为"2017-01-11"，生成期间损益结转凭证。

（1）执行"期末"→"转账生成"命令，打开"转账生成"对话框。

（2）选中"期间损益结转"单选按钮，单击"全选"按钮，如图4-42所示。

图4-42 选择期间损益结转凭证

（3）单击"确定"按钮，生成期间损益结转凭证，如图4-43所示。

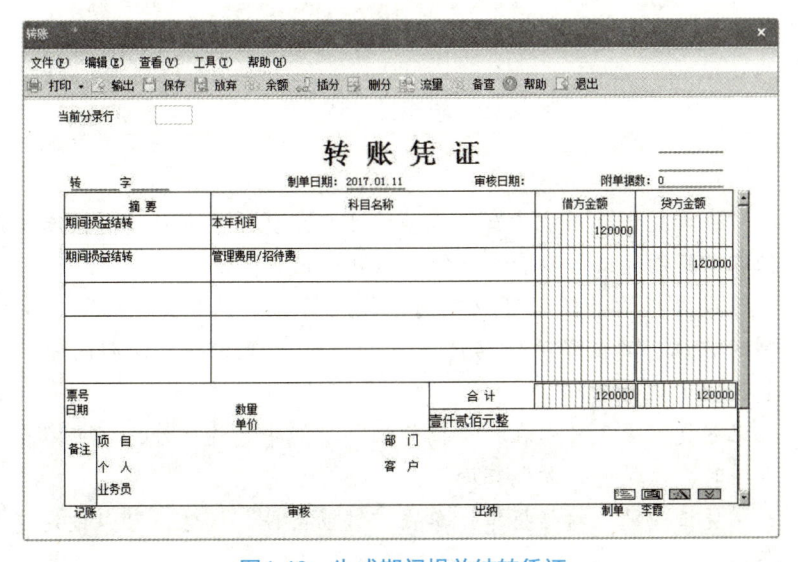

图4-43 生成期间损益结转凭证

（4）单击"保存"按钮，凭证左上角将显示红色的"已生成"字样。
（5）单击"退出"按钮退出。

10．对生成的自定义转账凭证进行审核记账

以2011操作员的身份（密码为空）登录201账套，登录日期为"2017-01-11"，对期间损益结转凭证进行审核、记账。

11．查询凭证

以2011操作员身份登录201账套，查询本月已记账凭证。
（1）执行"凭证"→"查询凭证"命令，打开"凭证查询"对话框，如图4-44所示。
（2）选择记账范围"已记账凭证"。

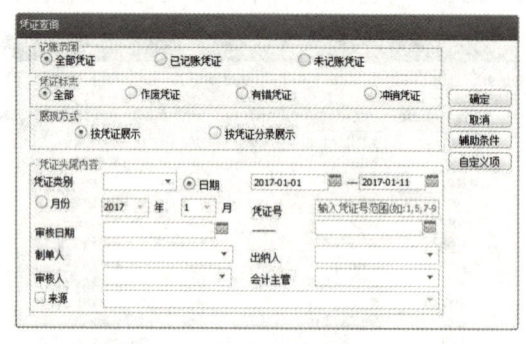

图4-44 "凭证查询"对话框

（3）单击"确定"按钮，进入"查询凭证列表"窗口，如图4-45所示。

图4-45 "查询凭证列表"窗口

> **提示**
> - 在"查询凭证"功能中既可以查询已记账凭证，也可以查询未记账凭证，但在"填制凭证"功能中只能查询到未记账凭证。
> - 通过设置查询条件还可以查询"作废凭证""有错凭证"、某制单人填制的凭证、其他子系统传递过来的凭证，以及一定日期区间、一定凭证号区间的记账凭证。
> - 已记账凭证除了可以在"查询凭证"功能中查询之外，还可以在查询账簿资料时，以联查的方式查询。
> - 在"凭证查询"对话框中，单击"辅助条件"按钮，可以设定更多的查询条件。

12. 输出账套

将操作结果输出至"X4_01"文件夹中。

4.4 强化训练

实训1

在"强化实训\第4章"文件夹下新建一个文件夹，命名为X4_01。

以系统管理员admin的身份登录用友U8系统管理，引入"强化训练素材\第4章"文件夹下的账套文件Y4_01。

1. 填制凭证

以2022操作员的身份（密码为2）登录202账套，登录日期为"2017-01-01"，填制凭证。

（1）财务部开具现金支票（支票号20170002）从中行人民币户提取现金8 000元，作为备用金。

借：库存现金（1001）　　　　　　　　　　　　　　8 000
　　贷：银行存款/中行存款/人民币户（10020101）　　　 8 000

（2）总经办马国华预借差旅费4 000元。

借：其他应收款（1221）　　　　　　　　　　　　　4 000
　　贷：库存现金（1001）　　　　　　　　　　　　　4 000

（3）生产部领用机壳100个，单价50元，用于生产云米手机。

借：生产成本/直接材料（500101）　　　　　　　　　5 000
　　贷：原材料/机壳（140304）　　　　　　　　　　　5 000

2. 出纳签字

以2023操作员的身份（密码为3）登录202账套，登录日期为"2017-01-01"，出纳签字。

3. 审核凭证

以2021操作员的身份（密码为1）登录202账套，登录日期为"2017-01-01"，审核凭证。

4. 记账

以2021操作员的身份（密码为1）登录202账套，登录日期为"2017-01-01"，记账。

5. 冲销凭证

以2022操作员的身份（密码为2）登录202账套，登录日期为"2017-01-01"，冲销第1笔提现金凭证。

6. 删除凭证

以2022操作员的身份（密码为2）登录202账套，登录日期为"2017-01-01"，删除红字冲销凭证。

7. 定义转账凭证

以2022操作员的身份（密码为2）登录202账套，登录日期为"2017-01-01"，自定义转账凭证。

按短期借款期初余额计提短期借款利息（年利率8%）。

借：财务费用/利息支出（660301）　　　短期借款2001科目的期初余额*0.08/12
　　贷：应付利息（2231）　　　　　　　　CE( )取借贷平衡差额

8. 生成转账凭证

以2022操作员的身份（密码为2）登录202账套，登录日期为"2017-01-01"，生成自定义转账凭证。

9. 对生成的自定义转账凭证进行审核记账

以2021操作员的身份（密码为1）登录202账套，登录日期为"2017-01-01"，对自定义凭证进行审核、记账。

10. 查询凭证

查询包含所有一级科目的发生额及余额表。

11. 输出账套

将操作结果输出至"X4_02"文件夹中。

实训2

在"强化实训\第4章"文件夹下新建一个文件夹，命名为X4_02。

以系统管理员admin的身份登录用友U8系统管理，引入"强化训练素材\第4章"文件夹下的账套文件Y4_02。

1. 填制凭证

以2032操作员的身份（密码为空）登录203账套，登录日期为"2017-01-01"，填制凭证。

（1）采购部报销业务招待费500元，以现金支付，附单据一张。

借：管理费用/招待费（660205）　　　　500
　　贷：库存现金（1001）　　　　　　　　　500

（2）收到星旗集团投资资金200 000美元，汇率1：6.2（转账支票号W1703）。

借：银行存款/中行存款/美元户（10020102）　1 240 000
　　贷：实收资本（4001）　　　　　　　　　　　1 240 000

如图4-5所示。

（3）财务部开转账支票一张，票号Z1704，金额10 000元，向供应商深圳美安电子预付新品定金。

  借：预付账款   10 000
   贷：银行存款/中行存款/人民币户（10020101） 10 000

  （4）本月车间改扩建工程应负担的职工薪酬80 000元。

  借：在建工程（1604）   80 000
   贷：应付职工薪酬/应付工资（221101）   80 000

2. 出纳签字

以2033操作员的身份（密码为空）登录203账套，登录日期为"2017-01-01"，出纳签字。

3. 审核凭证

以2031操作员的身份（密码为1）登录203账套，登录日期为"2017-01-01"，审核凭证。

4. 记账

以2031操作员的身份（密码为1）登录203账套，登录日期为"2017-01-01"，记账。

5. 冲销凭证

以2032操作员的身份（密码为空）登录203账套，登录日期为"2017-01-01"，冲销第2笔收外商投资凭证。

6. 删除凭证

以2032操作员的身份（密码为空）登录203账套，登录日期为"2017-01-01"，删除红字冲销凭证。

7. 定义转账凭证

以2032操作员的身份（密码为空）登录203账套，登录日期为"2017-01-01"，定义自定义转账凭证。

按短期借款期初余额计提短期借款利息（年利率8%）。

  借：财务费用/利息支出（660301） 短期借款2001科目的期初余额*0.08/12
   贷：应付利息（2231）   CE( )取借贷平衡差额

8. 生成转账凭证

以2032操作员的身份（密码为空）登录203账套，登录日期为"2017-01-01"，生成自定义转账凭证。

9. 对生成的自定义转账凭证进行审核记账

以2031操作员的身份（密码为1）登录203账套，登录日期为"2017-01-01"，对自定义转账凭证进行审核、记账。

10. 查询余额表

查询包含所有一级科目的发生额及余额表，如图4-7所示。

11. 输出账套

将操作结果输出至"强X4_02"文件夹中。

实训3

在"强化实训\第4章"文件夹下新建一个文件夹，命名为X4_03。

以系统管理员admin的身份登录用友U8系统管理，引入"强化训练素材\第4章"文件夹下的账套文件Y4_03。

1．填制凭证

以2041操作员的身份（密码为空）登录204账套，登录日期为"2017-01-01"，填制凭证。

（1）为研发智能手机芯片购买相关材料1 500元，以库存现金支付（附单据一张）。

借：研发支出（5301）　　　　　　　　　　　　1 500
　　贷：库存现金（1001）　　　　　　　　　　　1 500

（2）总经办马国华出差，报销差旅费3 200元，还回现金800元。

借：管理费用/差旅费（660204）　　　　　　　　3 200
　　库存现金（1001）　　　　　　　　　　　　　800
　　贷：其他应收款（1221）　　　　　　　　　　4 000

（3）生产部领用主板200个，单价320元，用于生产云易手机。

借：生产成本/直接材料（500101）　　　　　　　64 000
　　贷：原材料/主板（140303）　　　　　　　　 64 000

2．出纳签字

以2043操作员的身份（密码为空）登录204账套，登录日期为"2017-01-01"，出纳签字。

3．审核凭证

以2042操作员的身份（密码为空）登录204账套，登录日期为"2017-01-01"，审核凭证。

4．记账

以2041操作员的身份（密码为空）登录204账套，登录日期为"2017-01-01"，记账。

5．冲销凭证

以2042操作员的身份（密码为空）登录204账套，登录日期为"2017-01-01"，冲销第1笔研发支出凭证。

6．删除凭证

以2042操作员的身份（密码为空）登录204账套，登录日期为"2017-01-01"，删除红字冲销凭证。

7．定义转账凭证

以2042操作员的身份（密码为空）登录204账套，登录日期为"2017-01-01"，定义自定义转账凭证。

按短期借款期初余额计提短期借款利息（年利率8%）。

借：财务费用/利息（660301）　　　　　JG( )
　　贷：应付利息（2231）　　　　　　QC(2001,月,贷)*0.08/12

8. 生成转账凭证

以2042操作员的身份（密码为空）登录204账套，登录日期为"2017-01-01"，生成自定义转账凭证。

9. 对生成的自定义转账凭证进行审核记账

以2041操作员的身份（密码为空）登录204账套，登录日期为"2017-01-01"，对自定义转账凭证进行审核、记账。

10. 查询凭证

查询本月已记账凭证。

11. 输出账套

将操作结果输出至"X4_03"文件夹中。

实训4

在"强化实训\第4章"文件夹下新建一个文件夹，命名为X4_04。

以系统管理员admin的身份登录用友U8系统管理，引入"强化训练素材\第4章"文件夹下的账套文件Y4_04。

1. 填制凭证

以2052操作员的身份（密码为空）登录205账套，登录日期为"2017-01-01"，填制凭证。

（1）总经办报销办公费600元，以现金支付，附单据一张。

借：管理费用/办公费（660203）　　　　600
　　贷：库存现金（1001）　　　　　　　　600

（2）采购部范文芳出差，向财务申请借款5 000元，现金支付。

借：其他应收款（1221）　　　　　　　5 000
　　贷：库存现金（1001）　　　　　　　　5 000

（3）中诚通讯为购置某大型设备向银行借入人民币30万元，年利率6%，3年后一次还本付息。

借：银行存款/中行存款/人民币户（10020101）　300 000
　　贷：长期借款（2501）　　　　　　　　　　　300 000

2. 出纳签字

以2053操作员的身份（密码为空）登录205账套，登录日期为"2017-01-01"，出纳签字。

3. 审核凭证

以2051操作员的身份（密码为空）登录205账套，登录日期为"2017-01-01"，审核凭证。

4. 记账

以2051操作员的身份（密码为空）登录205账套，登录日期为"2017-01-01"，记账，如图4-10所示。

5. 冲销凭证

以2052操作员的身份（密码为空）登录205账套，登录日期为"2017-01-01"，冲销第3笔借入长期贷款凭证。

6. 删除凭证

以2052操作员的身份（密码为空）登录205账套，登录日期为"2017-01-01"，删除红字冲销凭证。

7. 定义转账凭证

以2052操作员的身份（密码为空）登录205账套，登录日期为"2017-01-01"，定义期间损益结转凭证。

8. 生成转账凭证

以2052操作员的身份（密码为空）登录205账套，登录日期为"2017-01-01"，生成期间损益结转凭证。

9. 对生成的自定义转账凭证进行审核记账

以2051操作员的身份（密码为空）登录205账套，登录日期为"2017-01-01"，对期间损益结转凭证进行审核和记账。

10. 查询凭证

查询1月份所有已记账凭证。

11. 输出账套

将操作结果输出至"X4_04"文件夹中。

本章小结

总账日常业务处理是会计信息系统中的重要组成部分，本章全面阐述了总账管理的核心流程与关键技术操作，为企业财务的精准化、高效化管理提供了坚实的支撑。

在基本认识部分，本章详细梳理了总账日常业务处理的工作流程，从凭证管理、出纳管理、账簿管理到转账定义、生成转账凭证、对账及结账等各个环节，构建了一个完整的总账管理体系。这一流程不仅体现了会计工作的规范性与系统性，也强调了各环节之间的紧密联系与相互制约，确保了会计信息的准确性和可靠性。

在技能解析部分，深入剖析了总账处理中的关键技能，如填制凭证时需注意的凭证类别、编号、日期、摘要、会计科目及金额等要素，这些要素的正确性是后续会计处理的基础。同时，出纳签字、审核凭证、记账、冲销凭证及删除凭证等操作，则是保证会计信息及时、准确反映企业经济活动的重要环节。特别是转账凭证的定义与生成，涵盖了自定义转账、对应结转、销售成本结转、汇兑损益结转及期间损益结转等多种类型，满足了不同业务场景下的财务处理需求。

在案例解析部分，具体实例的讲解能够直观理解总账业务处理的实际应用，增强对理论知识的理解和运用能力。此外，本章的强化训练环节通过实践操作，进一步提升了业务处理能力和问题解决能力。

课后习题

1. 判断题

（1）凭证即使已保存，其凭证类别和凭证编号也能修改。（   ）

（2）如果凭证的金额录错了方向，可以直接按空格键改变金额方向。（   ）

（3）在"查询凭证"功能中既可以查询已记账凭证，也可以查询未记账凭证，而在"填制凭证"功能中只能查询到未记账凭证。（   ）

2. 简答题

（1）简述审核凭证的注意事项。

（2）简述出纳签字的步骤。

第 5 章
薪资管理

本章导读

薪资管理模块是企业人力资源管理系统中的重要部分，专注于员工工资的计算、分发和管理。该模块支持多种工资类别的管理，如基本工资、奖金、津贴等，并允许针对不同员工或员工群体设置不同的工资项目和计算公式。通过人员档案管理功能，它能够处理员工入职、调动、离职等变动情况，确保薪资数据的准确与及时更新。

薪资管理模块还包括银行代发功能，即直接通过银行系统发放工资，以及工资分摊功能，将工资成本合理分配到相关部门或成本中心。此外，该模块提供了丰富的薪资报表管理工具，包括各类薪资报表的生成、查询和统计分析，帮助企业有效控制人工成本，同时符合税务和财会要求。

整个模块的设计可以简化薪资核算流程，提高薪资发放的效率与准确性，同时确保符合法规要求，为企业提供更加科学和高效的薪资管理解决方案。

学习目标

- 理解薪资管理的功能
- 建立工资账套
- 工资类别管理
- 工资核算
- 工资费用分摊

数字资源

【本章案例素材】："素材文件\第5章"目录下

【本章强化训练素材】："强化训练素材\第5章"目录下

素质要求

> 人才队伍结构持续优化。以经济发展需求和行业发展趋势为导向，建立健全分层次、分类型的会计人才能力框架体系，持续创新会计人才培养方式方法，持续改进会计人才评价体系和评价手段，持续丰富会计人员继续教育内容，推动会计人员专业技能和职业道德素养全面提升，会计人才结构更加优化、会计人才队伍不断壮大。
>
> ——会计改革与发展"十四五"规划纲要

5.1 基本认知

5.1.1 薪资管理基本功能

薪资管理系统是以职工个人的薪资原始数据为基础，计算应发工资、扣款小计和实发工资等，编制工资结算单；按部门和人员类别进行汇总，进行个人所得税计算；提供多种方式的查询、打印薪资发放表、各种汇总表及个人工资条；进行工资费用分配与计提，并实现自动转账处理。薪资管理系统具体包括以下内容。

1. 工资类别管理

薪资管理系统提供处理多个工资类别的功能。如果单位按周或按月多次发放薪资，或者是单位中有多种不同类别（部门）的人员，薪资发放项目不同，计算公式也不同，但需进行统一薪资核算管理，可以选择多个工资类别。

2. 人员档案管理

设置人员的基础信息并对人员变动进行调整，系统同时还提供了设置人员附加信息的功能。

3. 薪资数据管理

薪资管理系统可以根据不同企业的需要设计工资项目和计算公式；管理所有人员的工资数据，并对平时发生的工资变动进行调整；自动计算个人所得税，结合工资发放形式进行扣零处理或向代发的银行传输工资数据；自动计算、汇总工资数据；自动完成工资分摊、计提、转账业务。

4. 薪资报表管理

薪资报表提供多层次、多角度的工资数据查询。

5.1.2 薪资管理系统的应用流程

薪资管理系统的应用流程如图5-1所示。

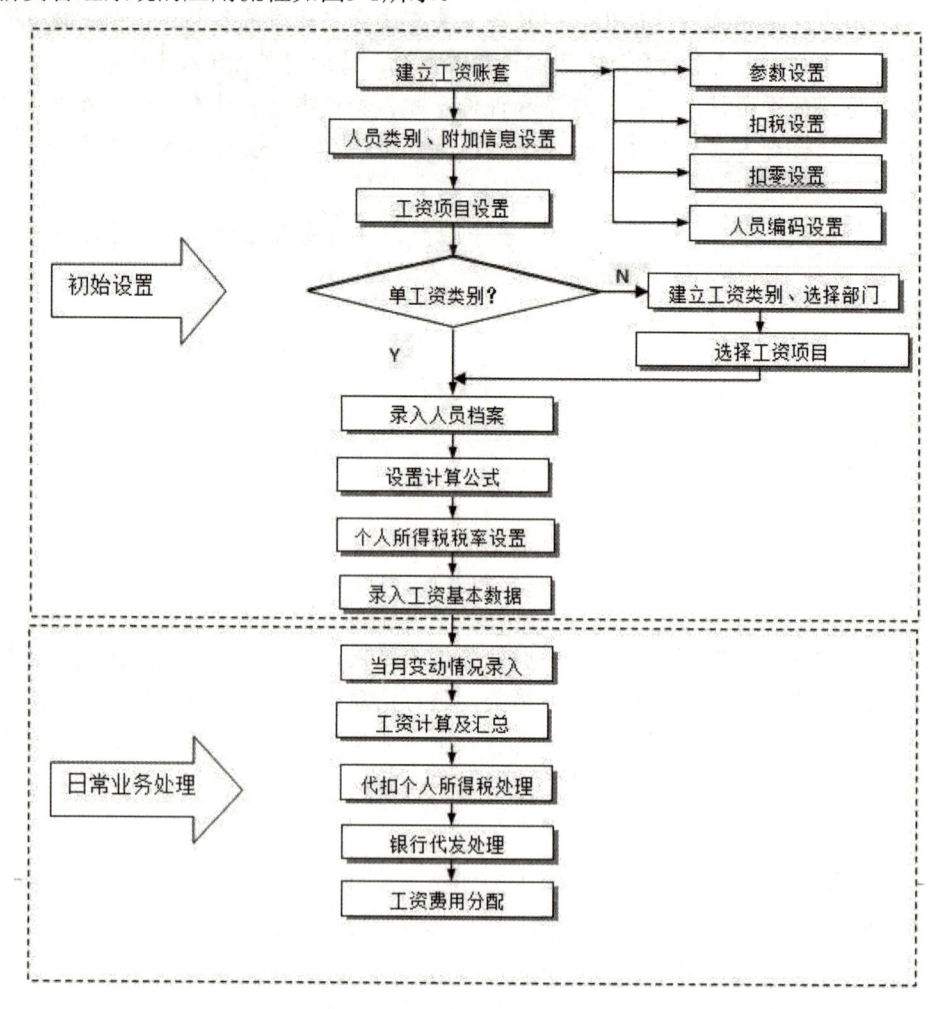

图5-1 薪资管理的应用流程

5.1.3 薪资管理系统初始化

薪资管理系统初始化是指在薪资管理日常业务处理之前设置好基础信息，包括建立工资账套、设置基础信息及录入基本工资数据等。

1.建立工资账套

工资账套与企业核算账套是不同的概念，企业核算账套在系统管理中建立，是针对整个U8系统而言，而工资账套只针对U8中的薪资管理子系统。可以说工资账套是企业核算账套的一个组成部分。要建立工资账套，前提是在系统管理中先建立本单位的核算账套。建立工资账套时可以根据建账向导分4步进行，即参数设置、扣税设置、扣零设置、人员编码设置，分别如图5-2、图5-3、图5-4和图5-5所示。

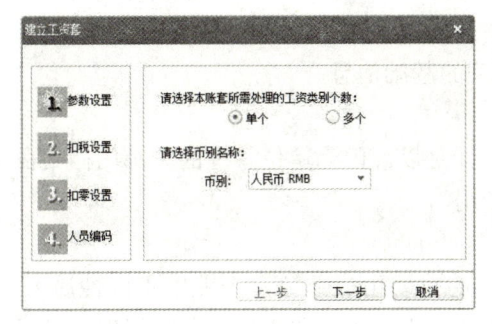

图5-2 参数设置

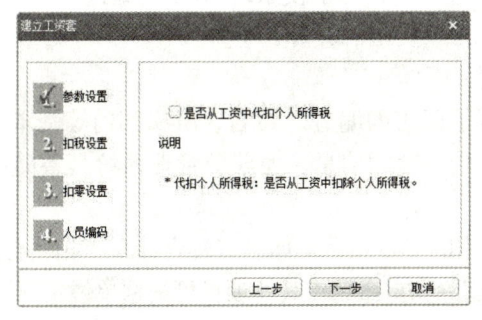

图5-3 扣税设置

图5-4 扣零设置

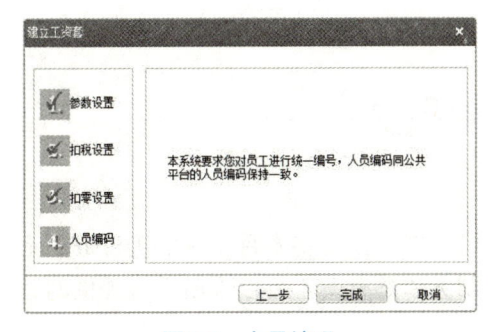

图5-5 人员编码

2.基础信息设置

建立工资账套以后，要对整个系统运行所需的一些基础信息进行设置。有些基础信息可整个工资账套共享，如人员类别、人员附加信息、所有工资项目。如果采用多工资类别核算，有些信息属于某个特定的工资类别，如人员档案、该工资类别的工资项目、计算公

111

式、个人所得税扣税基数及税率等。

（1）与工资账套相关的基础信息。

①部门设置。

职工工资的汇总、统计是以部门为单位管理的。部门档案在企业应用平台中已设置完成，各个子系统可共享使用。

②人员类别设置。

职工工资是企业成本的重要组成部分，企业中不同性质人员的工资费用应计入不同的账户，如生产人员的工资计入"生产成本"，车间管理人员工资计入"制造费用"，管理人员工资计入"管理费用"等。为了使系统自动完成工资费用的分配，需要设置人员类别，以便于按人员类别进行工资汇总计算。

③人员附加信息设置。

薪资系统中已经预置了职工的编号、姓名、所属部门等基本信息。此外，还可以增加职工职称、电话、身份证号等辅助信息，使薪资管理系统具备简单的人事管理系统职能。

④工资项目设置。

对各个企事业单位通用的工资项目，如"应发合计""扣款合计""实发合计"，系统进行预置，这些项目不能删除和重命名。其他项目可根据单位实际情况定义。

⑤银行名称设置。

由银行代发工资的企业应设置银行名称。发放工资的银行可按需要设置多个，这里银行名称设置是对所有工资类别。例如，同一工资类别中的人员由于工作地点不同，需由不同的银行代发工资；或者不同的工资类别由不同的银行代发工资，均需设置相应的银行名称。

（2）与工资类别相关的基础信息。

薪资系统是按工资类别来进行管理。与工资类别相关的基础信息包括人员档案、工资项目选择、公式设置、个人所得税税率设置、基本工资数据录入等。

随着经济的发展和社会的进步，个人所得税起征点、税率等会随之调整，U8系统中目前预置了与软件发布同步的个人所得税税率表，保持默认即可。若与现实情况不符，可对纳税基数和税率表进行修订和调整，以正确计算个人所得税。

5.1.4 薪资管理日常业务处理

1. 工资变动数据录入

在计算和汇总本月工资之前，需要将本月变动的工资数据录入系统，如本月请假天数与扣款有关，职务变动与职务津贴有关。可以采用系统提供的过滤器、筛选、替换等功能快速准确地录入数据。

2. 工资计算

U8系统按照事先定义好的计算公式计算职工的应发合计、扣款合计、实发合计，并按照个人所得税税率表相关设置同时完成代扣个人所得税的计算。

个人所得税计算在工资计算和汇总中同时完成，在个人所得税扣缴申报中可以查看个人所得税扣缴申报表。

3. 银行代发

银行代发是指企业为职工在代发工资的银行中开设储蓄账户，每月企业直接将职工工资划入职工账户。这样做既减轻了财务部门发放工资工作的繁重负担，又有效地避免了财务部门人员去银行提取大笔款项所承担的风险，同时还提升了员工个人工资的保密程度。

4. 工资分摊

工资是费用中人工费最主要的部分，每月需要对工资费用进行工资总额的计提计算、分配及各种经费的计提，并编制转账会计凭证，供记账处理之用。

5. 工资数据查询统计

工资数据处理结果最终通过工资报表的形式反映，工资系统提供了主要的工资报表，包括工资表和工资分析表等。

6. 工资类别汇总

各工资类别日常业务处理完成后，需要进行工资类别汇总，从而实现统一工资核算的功能。

7. 期末处理

期末处理是将当月数据经过处理后结转至下月。每月工资数据处理完毕后均可进行期末结转。由于在工资项目中，有的项目是变动的，即每月的数据均不相同，在每月工资处理时，均需将其数据清零，然后输入当月的数据，此类项目即为清零项目。

因期末处理功能只有主管人员才能执行，所以应以主管的身份登录系统。

期末结转只能在会计年度的1月至11月进行，且只有在当月工资数据处理完毕后才可进行。若要处理多个工资类别，则应打开工资类别，分别进行期末结转。若本月工资数据未汇总，系统将不允许进行月末结转。进行期末处理后，当月数据不允许再变动。

5.2 技能解析

5.2.1 建立工资账套

1. 参数设置

在设置参数时，需要选择工资账套中所需处理的工资类别个数和核算工资的货币币种。

（1）工资类别个数。

如果单位按周或每月多次发放薪资，或者是单位中有多种不同类别（部门）的人员，工资发放项目不尽相同，计算公式也不相同，但需要进行统一工资核算管理，应选择"多个"工资类别。反之，如果单位中所有人员工资按统一标准进行管理，而且人员的工资项目、工资计算公式全部相同，则选择"单个"工资类别。

（2）工资核算币种。

系统默认人民币作为发放工资的币种，也可以选择账套本位币之外的其他币种作为发放工资的货币。

2．扣税设置

依法纳税是每位公民应尽的义务。工资薪金所得是个人所得税的征税内容。U8薪资管理系统中提供了是否在工资核算同时代扣个人所得税选项设置。选择从工资中代扣个人所得税，系统将自动生成工资项目"代扣税"，计算工资时自动计算要代扣的税金。

3．扣零设置

扣零处理是指每次发放工资时将零头扣下，积累取整，在下次发放工资时补上，系统在计算工资时将依据扣零类型（扣零至元、扣零至角、扣零至分）进行扣零计算。一旦选择了"扣零处理"，系统会自动在工资项目中增加"本月扣零"和"上月扣零"两个项目，扣零的计算公式将由系统自动定义，不用设置。

4．人员编码设置

人员编码设置即设定薪资管理系统中企业人员编码的位数。如果企业已有上千名职工，至少设置4位人员编码。

5.2.2 设置工资项目

设置工资项目即定义工资项目的名称、类型、宽度、小数、增减项，如图5-6所示。在工资账套中设置的工资项目应包括所有工资类别的全部工资项目。例如，在职人员可能有22个工资项目，退休人员可能有12个工资项目，如果他们有8个工资项目是共同的，那么在工资账套中需要设置8（共同工资项目）+14（在职人员独有工资项目）+4（退休人员独有工资项目）=26个工资项目。

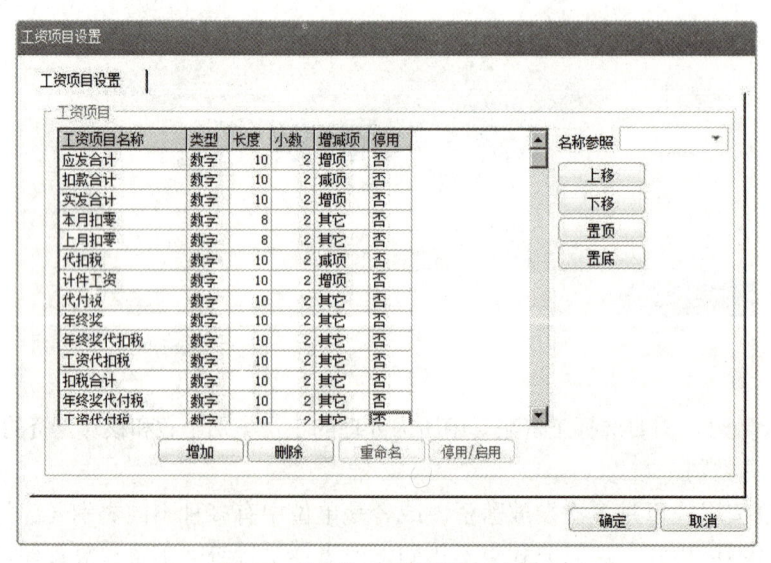

图5-6 "工资项目设置"对话框

系统中一些固定项目是工资账中必不可少的，包括应发合计、扣款合计和实发合计，这些项目不能删除和重命名。其他项目可根据实际情况定义或增减，如基本工资、奖励工资和请假天数等。

5.2.3 工资类别管理

企业中的人员只要是薪资项目不同、计算方法不同就需要设为不同的工资类别，如在职人员、退休人员和临时人员等。企业中的每个员工只能归属于某一个工资类别。

每个工资类别中，需要建立人员档案，设置工资项目和计算公式，进行工资核算、个人所得税扣税处理和工资费用分摊。

工资类别管理包括新建工资类别、打开工资类别、删除工资类别和关闭工资类别。

5.2.4 建立人员档案

在企业应用平台基础档案中，已经建立了企业全部人员。在薪资管理系统中如果设置了多个工资类别，则每个工资类别中都有归属于该类别的职工。在打开工资类别的前提下，需要设置该类别中工资发放人员的姓名、职工编号、所在部门、人员类别等信息，这些人员档案可以参照以前已经设置完成的人员档案生成。

人员档案管理包括增加、修改、删除人员档案、人员调离，也包括停发处理、查找人员等。

5.2.5 选择工资项目并设置计算公式

在薪资账套中设置的工资项目包括本单位各种工资类别所需要的全部工资项目。由于不同的工资类别，工资发放项目不同，计算公式也不同，因此针对某个工资类别，需要从工资项目全集中选定本类别需要使用的工资项目，并定义工资项目之间的计算关系。

1.选择本工资类别的工资项目

这里只能选择薪资账套中已设置的工资项目，不可自行输入。工资项目的类型、长度、小数位数、增减项等均不可更改。

2.设置计算公式

定义某些工资项目的计算公式及工资项目之间的运算关系。例如：缺勤扣款=基本工资/月工作日×缺勤天数。运用公式可直观表达工资项目的实际运算过程，灵活地进行工资计算处理。定义公式可通过选择工资项目、运算符、关系符、函数等组合完成。

系统固定的工资项目应发合计、扣款合计和实发合计等的计算公式，系统根据工资项目设置的"增减项"自动给出。用户在此只能增加、修改、删除其他工资项目的计算公式。

定义工资项目计算公式要符合逻辑，系统将对公式的合法性进行检查，系统将对不符合逻辑的给出错误提示。定义公式时要注意先后顺序，先得到的数据应先设置公式。应发合计、扣款合计和实发合计公式应是公式定义框的最后三个公式，并且实发合计的公式要在应发合计和扣款合计公式之后。可通过单击公式框的上下箭头调整计算公式顺序。如出现计算公式超长，可将所用到的工资项目名称缩短（减少字符数），或设置过渡项目。定义公式时可使用函数公式向导进行参照。

5.2.6 工资数据录入

职工工资数据中有些数据是相对稳定的，如基本工资、职务津贴等，还有一些是每月可能会变动的数据，如病事假扣款、代扣税等。对于相对稳定的工资数据，可以在薪资系统初始化时一次性录入；对于每月变动的数据，则需要在每月进行工资计算前进行编辑。

5.2.7 工资数据计算与汇总

1. 录入本月变动工资数据

职工工资中有一些是每月基本固定的工资项目，还有一些是每月可能发生变化的。为了快速、准确地录入工资数据，U8系统提供以下功能。

（1）筛选和定位数据。

如果要修改部分人员的工资数据，最好采用数据过滤的方法，先将要修改的人员过滤出来，然后修改工资数据。修改完成后进行"重新计算"和"汇总"。

（2）编辑数据。

在工资变动界面提供了"编辑"按钮，可以对选定的个人进行快速录入。单击"上一人""下一人"可变更人员，录入或修改其他人员的工资数据。

（3）替换数据。

将符合条件的人员的某个工资项目的数据统一替换成某个数据。如管理人员的奖金上调100元。

（4）过滤器。

如果是对工资项目中的某一个或几个项目修改，可将要修改的项目过滤出来。例如，只对事假天数、病假天数两个工资项目的数据进行修改则可用过滤器将其过滤出来。对于常用到的过滤项目可以在项目过滤选择后，输入一个名称并将其保存，以后可通过过滤项目名称调用，不用时也可以删除。

2. 工资计算与汇总

完成所有相关基础数据的输入后，单击"计算"按钮，系统自动完成职工工资的计算。

5.2.8 工资费用分摊

人工费是产品成本的主要构成部分，工资费用分摊是对当月发生的工资费用进行分摊，即区分工资总额中哪些计入成本科目，哪些计入费用科目。除此以外，还要完成与工资总额相关的各种经费的计提。

1. 设置工资分摊类型

所有与工资总额相关的均需事先建立分摊类型并进行分摊设置。

建立分摊类型时，需要指定计提类型名称及分摊计提比例。

例如，按应付工资总额的2%计提工会经费，可以定义计提类型名称为"工会经费"，分摊计提比例为"2%"。

2. 进行分摊生成转账凭证

完成以上设置后，每月只需选择相应的计提费用类型及核算部门，即可由系统自动生成转账凭证并自动传递到总账系统。

薪资管理系统生成的凭证可以在薪资管理系统中进行修改、删除、查询处理。在总账系统中对这些外部系统传递过来的凭证可以进行查询、审核、记账，不能修改和删除。

5.3 案例解析

案例素材

以系统管理员admin的身份登录用友U8系统管理，引入"案例素材\第5章"文件夹下的账套文件Y5_01。

以2011账套主管的身份（密码为空）登录201账套，登录日期为"2017-01-11"。

1. 建立工资账套

201账套有多个工资类别，工资核算本位币为人民币，选中"是否核算计件工资"，自动从工资中代扣所得税，不进行扣零设置。

2. 设置工资项目

工资项目参数如表5-1所示。

表5-1 工资项目参数

项目名称	类型	长度	小数位数	增减项
基本工资	数字	8	2	增项
交补	数字	8	2	增项
缺勤扣款	数字	8	2	减项
缺勤天数	数字	8	2	其它

3. 工资类别管理

新建工资类别"在职人员"，该类别包括所有部门，启用日期为"2017-01-01"。

4. 建立人员档案

人员档案如表5-2所示。

表5-2 人员档案

人员编号	人员姓名	部门名称	人员类别	中方人员	是否计税
001	马国华	总经办	企业管理人员	是	是
002	王莉	财务部	企业管理人员	是	是
003	方萌	财务部	企业管理人员	是	是
004	白亚楠	财务部	企业管理人员	是	是
005	范文芳	采购部	企业管理人员	是	是
006	高文庆	销售一部	销售人员	是	是
007	沈宝平	销售二部	销售人员	是	是
008	杜海涛	生产部	车间管理人员	是	是
009	段博	生产部	生产工人	是	是

5.选择工资项目、排列顺序并设置公式

"在职人员"工资类别、工资项目及排列：基本工资、交补、应发合计、缺勤扣款、代扣税、扣款合计、实发合计、缺勤天数。

设置计算公式：缺勤扣款=缺勤天数×50。

6.工资数据录入

基本工资如表5-3所示。

表5-3 基本工资

姓名	基本工资
马国华	10 000
王莉	7 000
方萌	3 500
白亚楠	5 000
范文芳	5 000
高文庆	4 500
沈宝平	4 500
杜海涛	4 000
段博	3 000

本月考勤：方萌请假3天，沈宝平请假1天。

7.数据替换、计算与汇总

计算并汇总2017年1月份的工资数据。

8.工资分摊设置

工资分摊设置如表5-4所示。

表5-4　工资分摊设置

部门	工资分摊	应付工资 借方	应付工资 贷方
总经办、财务部、采购部	企业管理人员	660201	221101
销售一部、销售二部	销售人员	660101	221101
生产部	车间管理人员	510101	221101
生产部	生产工人	500102	221101

9.生成凭证

生成1月份工资分摊的记账凭证并保存。

10.输出账套

将操作结果输出至"案例素材\第5章\X5_01"文件夹中。

操作步骤

在"案例解析\第5章"下新建一个文件夹，命名为X5_01。

以系统管理员admin的身份登录用友U8管理系统，引入"案例素材\第5章"文件夹下的账套文件Y5_01。

以2011账套主管的身份（密码为空）登录201账套，登录日期为"2017-01-11"。

1.建立工资账套

201账套有多个工资类别，工资核算本位币为人民币，选中"是否核算计件工资"，自动从工资中代扣所得税，不进行扣零设置。

（1）在企业应用平台的"业务工作"中，执行"人力资源"→"薪资管理"命令，打开"建立工资套"对话框。

（2）在建账第一步"参数设置"中，"请选择本账套所需处理的工资类别个数"选中"多个"，"币别"默认为"人民币"，如图5-7所示。

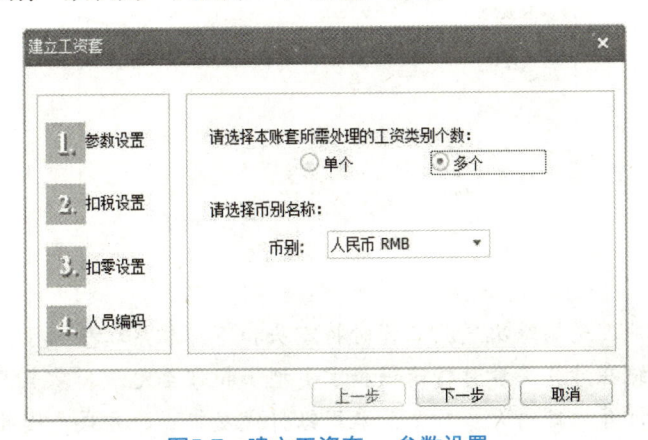

图5-7　建立工资套 - 参数设置

> 提示
> - 本案例中对多个工资类别分别进行核算，所以工资类别应选择"多个"。
> - 如果企业有按计件支付劳动报酬的情况，可以启用"计件工资"系统，然后在该界面中会出现"核算计件工资"复选框，若选中该项，系统在工资项目中自动增加"计件工资"项目。

（3）单击"下一步"按钮，打开"扣税设置"对话框。勾选"是否从工资中代扣个人所得税"复选框，如图5-8所示。

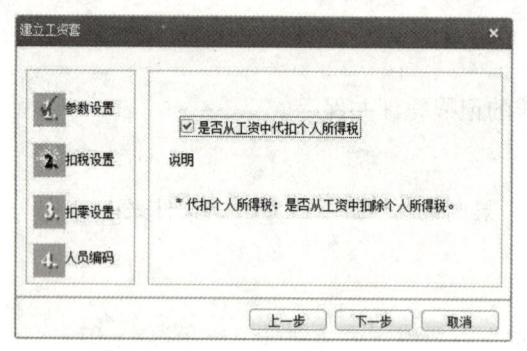

图5-8 "建立工资套"-"扣税设置"

> 提示
> 选择代扣个人所得税后，系统将自动生成工资项目"代扣税"，并在计算工资的同时自动进行代扣个人所得税的计算。

（4）单击"下一步"按钮，进行扣零设置，如图5-9所示。本案例不勾选"扣零"。

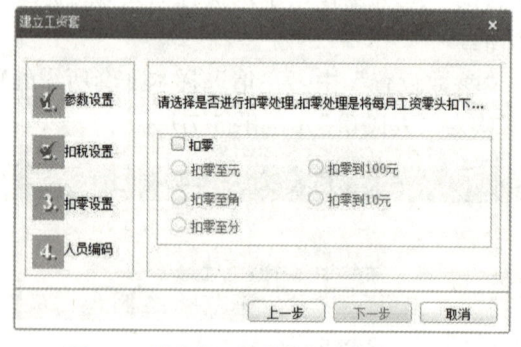

图5-9 "建立工资套"-"扣零设置"

> 提示
> 扣零处理是指每次发放工资时将零头扣下，积累取整，于下次工资发放时补上。系统在计算工资时将依据扣零类型（扣零至元、扣零至角、扣零至分）进行扣零计算。目前大多数企业采用银行代发工资的方式，因此扣零功能已失去最初设计的意义。

（5）单击"下一步"按钮，进行人员编码设置，如图5-10所示。系统要求和公共平台中的人员编码保持一致。

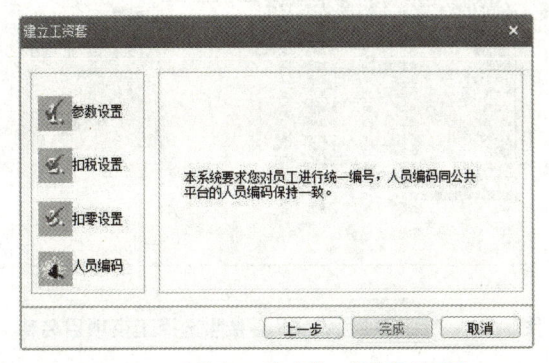

图5-10 "建立工资套"-"人员编码"

（6）单击"完成"按钮，完成工资账套的创建。

> **提示**
>
> 建账完毕后，部分建账参数可以通过执行"设置"→"选项"命令进行修改。

2．设置工资项目

（1）在薪资管理系统中，执行"设置"→"工资项目设置"命令，打开"工资项目设置"对话框。工资项目列表中显示14个系统自动生成的工资项目，这些项目不能删除。

（2）单击"增加"按钮，工资项目列表中增加一空行。输入各栏内容时需注意以下几项：

- 工资项目名称：可以直接录入汉字，也可以从"名称参照"下拉列表中选择。本案例选择"基本工资"，如图5-11所示。
- 类型：包括数字和字符两种，一般需要参与计算的工资项目均为数字型。
- 长度：默认为8位。8位中包含一位小数点和两位小数。
- 小数：设置小数保留几位。
- 增减项：包括"增项""减项"和"其它"3项。选择"增项"，意味本工资项目是应发合计的构成部分，如"岗位津贴"；选择"减项"，意味本工资项目是扣款合计的构成部分，如"缺勤扣款"；选择"其它"，则本工资项目既不计入应发合计也不计入扣款合计，如"缺勤天数"。

（3）按案例输入基本工资的其他内容。如果需要修改某栏目，只需双击栏目，按需要进行修改即可。

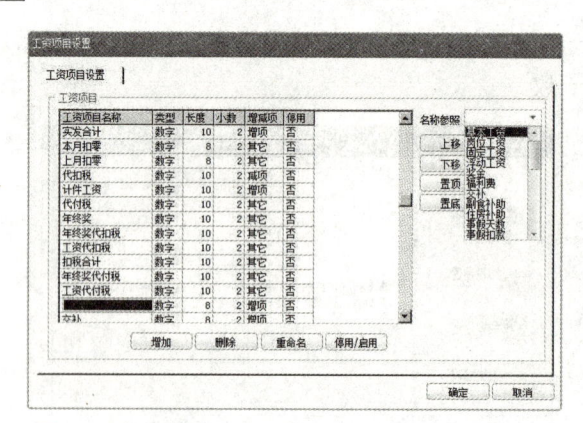

图5-11 "工资项目设置"-参照选择工资项目名称

（4）单击"增加"按钮，增加其他工资项目。利用右侧的"上移"或"下移"按钮可调整工资项目的位置。完成后的效果如图5-12所示。

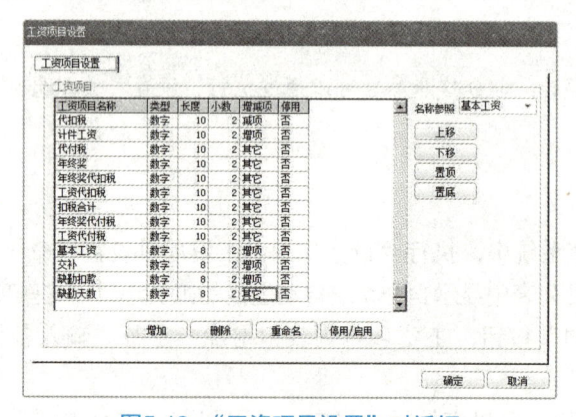

图5-12 "工资项目设置"对话框

（5）单击"确定"按钮，系统弹出信息提示框，如图5-13所示，单击"确定"按钮。

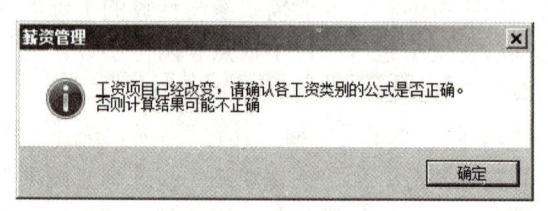

图5-13 信息提示框

> **提示**
> - 系统提供了若干常用工资项目供参考，可直接选择。对于参照中未提供的工资项目，可以通过双击"工资项目名称"一栏直接输入，或先从"名称参照"中选择一个项目，然后单击"重命名"按钮，将其修改为需要的项目名称。
> - 在未进入任何一个工资类别时，设置的工资项目应包括本工资账套中所有工资类别要使用的工资项目。
> - 系统提供的固定工资项目不能修改、删除。

3．工资类别管理

新建工资类别"在职人员"，该类别包括所有部门，启用日期为"2017-01-11"。

（1）在薪资管理系统中，执行"工资类别"→"新建工资类别"命令，打开"新建工资类别"对话框。

（2）在文本框中输入第一个工资类别"在职人员"，如图5-14所示。

（3）单击"下一步"按钮，在打开的对话框中单击"选定全部部门"按钮，如图5-15所示。

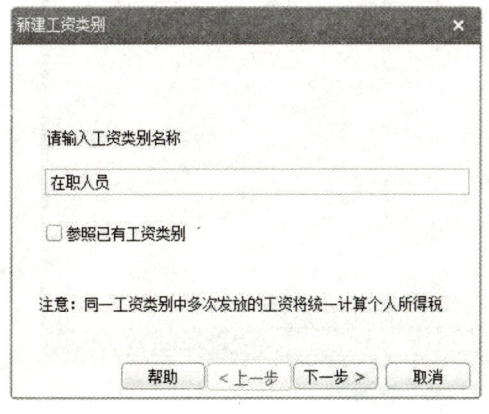

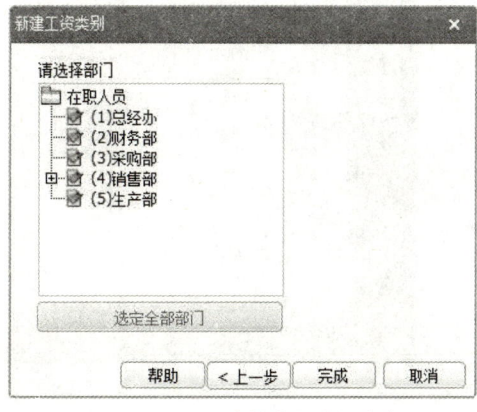

图5-14 "新建工资类别"-输入名称

图5-15 选择在职人员部门

（4）单击"完成"按钮，系统弹出提示"是否以2017-01-11为当前工资类别的启用日期？"，如图5-16所示，单击"是"按钮退出窗口。执行"工资类别"→"打开工资类别"命令，弹出"打开工资类别"对话框，如图5-17所示。

图5-16 信息提示框

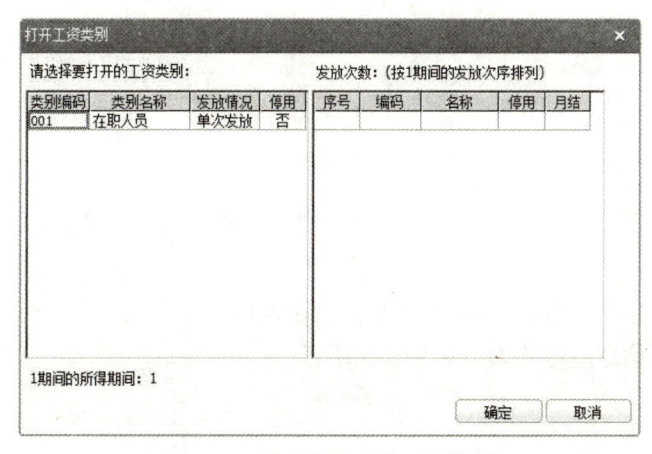

图5-17 进入在职人员工资类别

4. 建立人员档案

（1）执行"设置"→"人员档案"命令，进入"人员档案"界面，如图5-18所示。

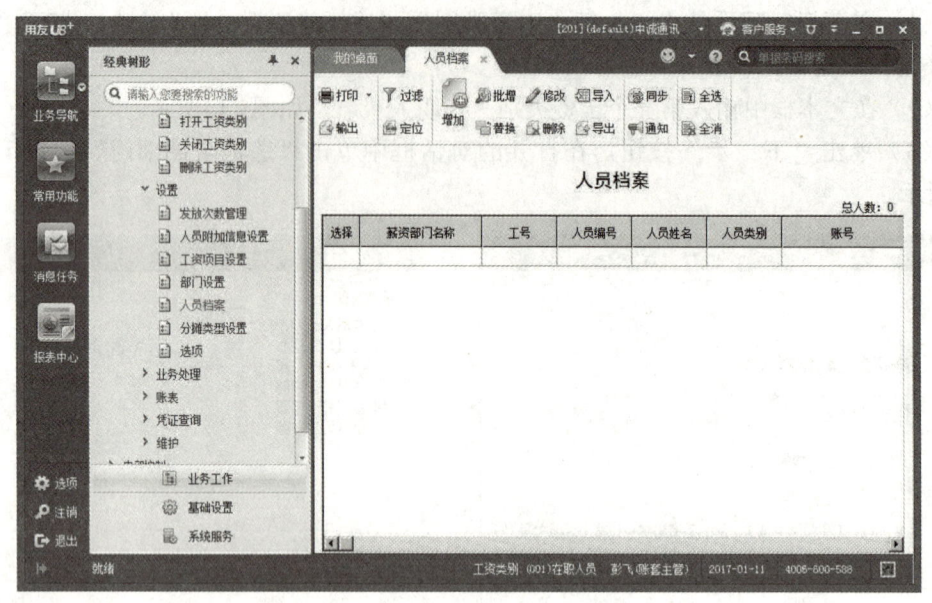

图5-18 "人员档案"界面

（2）单击"批增"按钮，打开"人员批量增加"对话框。

（3）单击"查询"按钮，系统显示在企业应用平台中已经增加的人员档案，且默认"是"的选中状态，如图5-19所示。单击"确定"按钮返回"人员档案"界面。

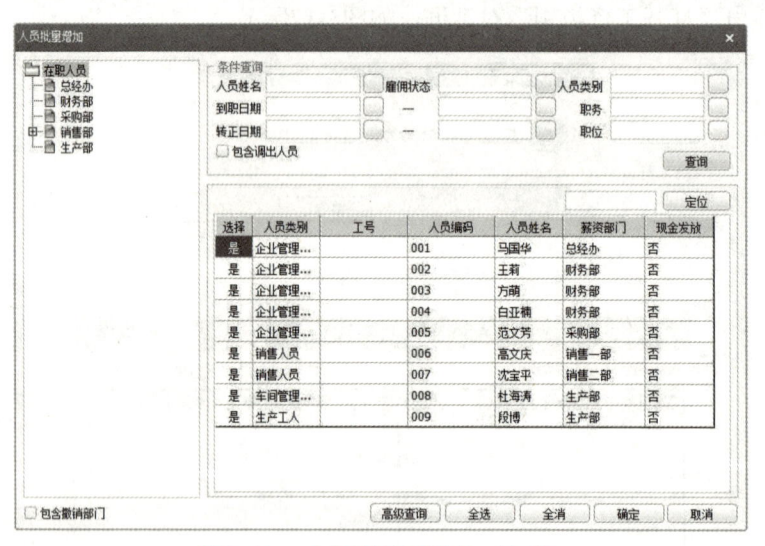

图5-19 "人员批量增加"对话框

（4）单击"修改"按钮，打开"人员档案明细"对话框。在"基本信息"选项卡中，可对人员基本信息进行修改，如图5-20所示。

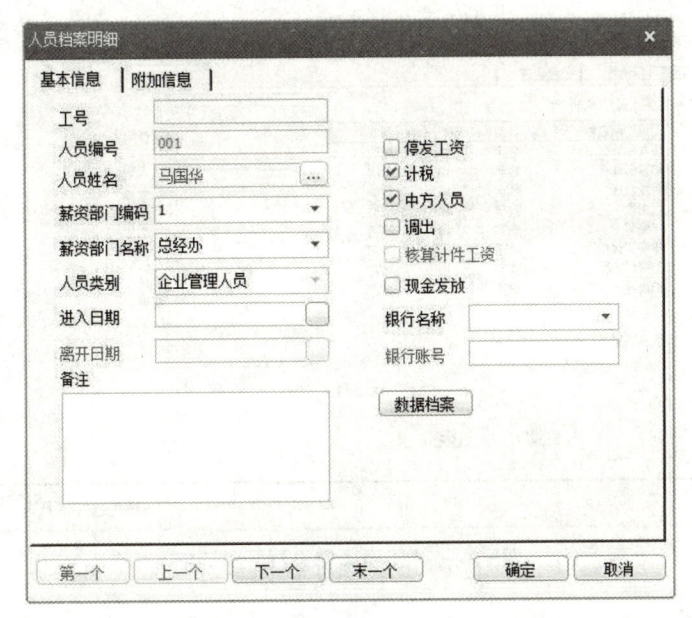

图5-20　人员档案明细 - 基本信息

（5）单击"确定"按钮，系统弹出"写入该人员档案信息吗？"信息提示框，如图5-21所示，单击"确定"按钮，继续修改其他人员的信息。

图5-21　信息提示框

> **提示**
> - 如果需要银行代发工资，则需要设置职工工资代发银行名称和银行账号。
> - 在增加人员档案时，"停发""调出"和"数据档案"项不可选，在修改状态下才能编辑。
> - 在"人员档案明细"对话框中，可以单击"数据档案"按钮，录入薪资数据。如果个别人员档案需要修改，在"人员档案明细"对话框中可以直接修改。如果一批人员的某个薪资项目同时需要修改，可以利用替换功能，将符合条件人员的某个薪资项目的内容统一替换为某个数据。若进行替换的薪资项目已设置了计算公式，则在重新计算时以计算公式为准。

5．选择工资项目、排列顺序并设置公式

（1）选择工资项目并排列。

①执行"设置"→"工资项目设置"命令，打开"工资项目设置"对话框，如图5-22所示。

125

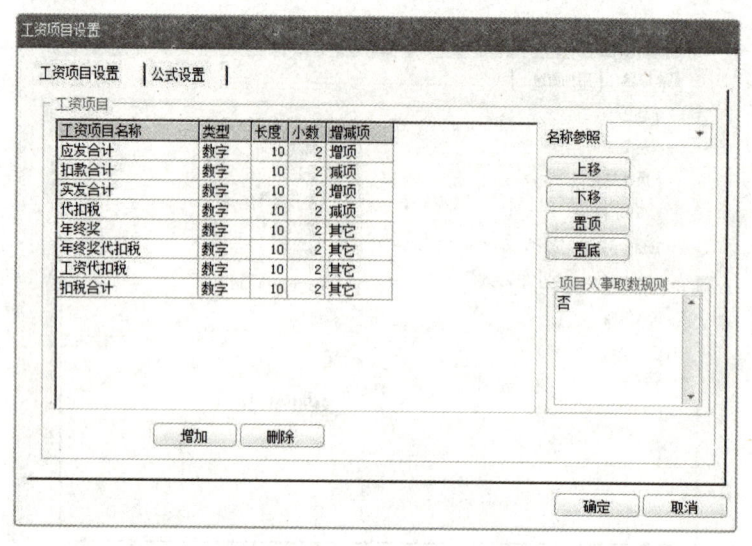

图5-22 "工资项目设置"对话框

> **提示**
>
> 图5-22是进入工资类别后的"工资项目设置"对话框，与图5-12工资账套中的"工资项目设置"对话框不同之处在于：图5-22中有两个选项卡"工资项目设置"和"公式设置"，而图5-12中只有"工资项目设置"1个项选卡。

②单击"工资项目设置"选项卡，单击"增加"按钮，工资项目列表中增加一空行。

③从"名称参照"下拉列表中选择"基本工资"选项，工资项目名称、类型、长度、小数、增减项都自动带出，不能修改。

④单击"增加"按钮，增加其他工资项目。

⑤所有项目增加完后，按钮按照案例要求，通过"上移"和"下移"调整工资项目的排列位置，调整后如图5-23所示。

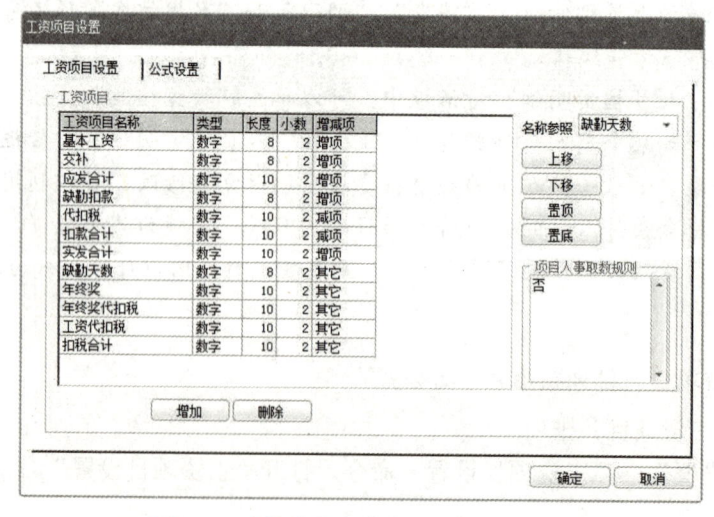

图5-23 在职人员工资项目设置完的效果

> **提示**
> - 工资项目不能重复选择。没有设置的工资项目不允许在计算公式中出现。
> - 不能删除已输入数据的工资项目和已设置计算公式的工资项目。
> - 如果计税工资既不是应发合计也不是实发合计，则需要在工资项目中增加"计税工资"的工资项目，并设置该工资项目的计算公式，在"扣税设置"中设置扣税项目为"计税工资"。
> - 在未打开任何工资账套前可以设置所有的工资项目；当某一工资账套打开后，可以根据本工资账套的需要对已经设置的工资项目进行选择，并将工资项目至到合适的位置。
> - 如果所需要的工资项目不存在，则要关闭本工资类别，然后新增工资项目，再打开此工资类别进行选择。

（2）设置计算公式。

设置公式"缺勤扣款=缺勤天数×50"。

①在"工资项目设置"对话框中单击"公式设置"选项卡。

②单击"增加"按钮，在工资项目列表中增加一空行，从下拉列表中选择"缺勤扣款"。

③单击"缺勤扣款公式定义"文本框，选择"工资项目"列表中的"缺勤天数"，缺勤天数出现在"缺勤扣款公式定义"文本框中。

④选中"运算符"区域中的"*"，在"缺勤扣款公式定义"区域中继续录入50，如图5-24所示，单击"公式确认"按钮。

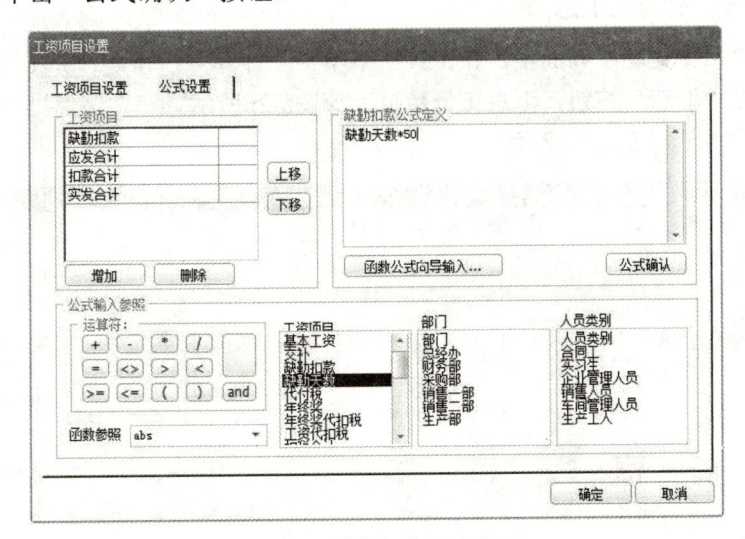

图5-24 缺勤扣款公式设置

> **提示**
> - "×"要输入为"*"。
> - 如果公式输入错误,单击"公式确认"按钮时系统会弹出"非法的公式定义"信息提示框,单击"确定"按钮返回。

6.工资数据录入

(1)执行"业务处理"→"工资变动"命令,进入"工资变动"界面。

(2)按案例要求录入正式职工的基本工资数据和考勤情况,如图5-25所示。

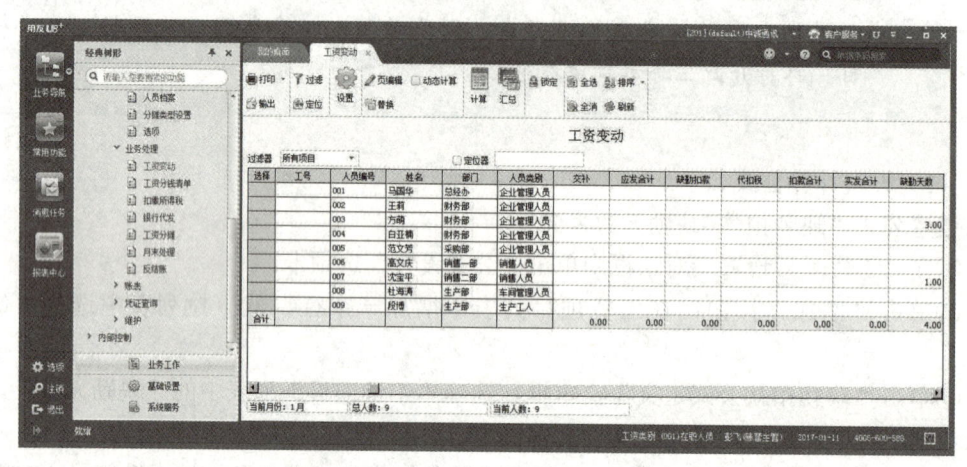

图5-25　录入工资数据

7.数据替换、计算与汇总

(1)在"工资变动"界面中,在工具栏中单击"计算"按钮,计算工资数据。

(2)单击"汇总"按钮,汇总工资数据,如图5-26所示。

(3)退出"工资变动"界面。

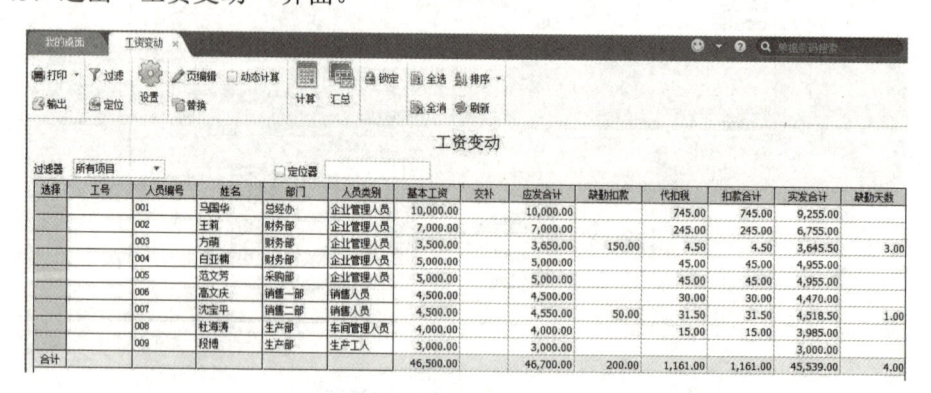

图5-26　工资计算与汇总

8.工资分摊设置

(1)执行"设置"→"分摊类型设置"命令,弹出"分摊类型设置"窗口,如图5-27所示。

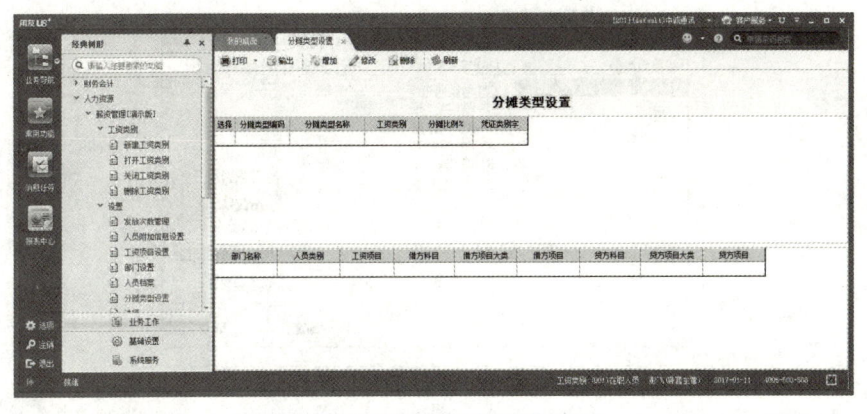

图5-27 "分摊类型设置"窗口

（2）单击"增加"按钮，弹出"分摊类型设置"选项卡，如图5-28所示。

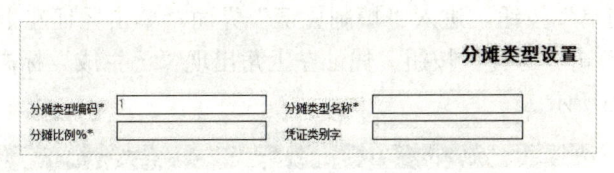

图5-28 "分摊类型设置"选项卡

（3）输入"分摊类型名称"为"应付工资"，"分摊计提比例"默认为100，如图5-29所示。

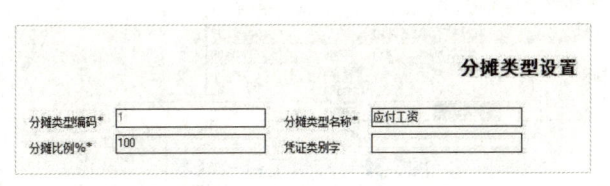

图5-29 "分摊计提比例设置"对话框

（4）按案例要求输入相关内容，完成后如图5-30所示。

部门名称	人员类别	工资项目	借方科目	借方项目大类	借方项目	贷方科目	贷方项目大类	贷方项目
总经办,财务部…	企业管理人员	应发合计	660201			221101		
销售一部,销售…	企业管理人员	应发合计	660101			221101		
生产部	企业管理人员	应发合计	510101			221101		
生产部	生产工人	应发合计	500101			221101		

图5-30 工资分摊构成

（6）单击"保存"按钮。

9. 生成凭证

生成1月份工资分摊的记账凭证并保存。

（1）执行"业务处理"→"工资分摊"命令，打开"工资分摊"对话框。
（2）选择需要分摊的计提费用类型，确定分摊计提的月份"2017.01"。
（3）选择核算部门：总经办、财务部、采购部、销售部、生产部。
（4）勾选"明细到工资项目"复选框，如图5-31所示。

129

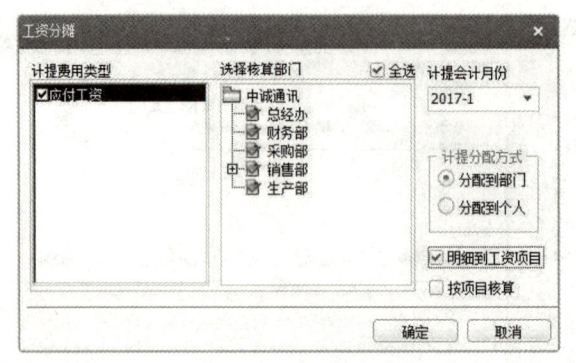

图5-31 进行工资分摊

（5）单击"确定"按钮，打开"应付工资一览表"界面。

（6）勾选"合并科目相同、辅助项相同的分录"复选框，如图5-32所示。

（7）单击"制单"按钮，进入"填制凭证"界面。单击凭证左上角的"字"处，选择"转账凭证"，单击"保存"按钮，凭证左上角出现"已生成"标志，代表该凭证已传送到总账，如图5-33所示。

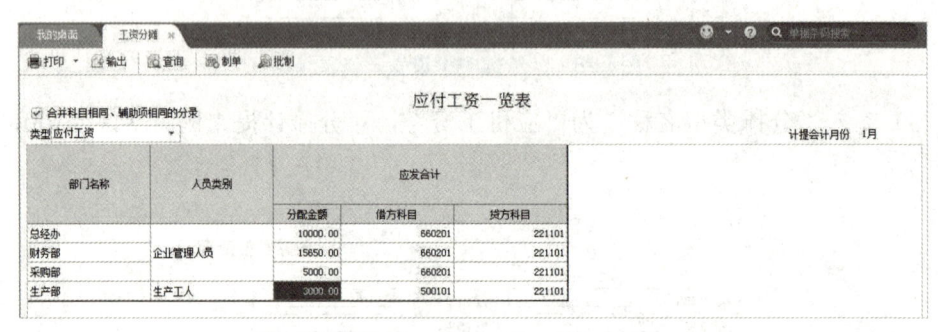

图5-32 应付工资一览表

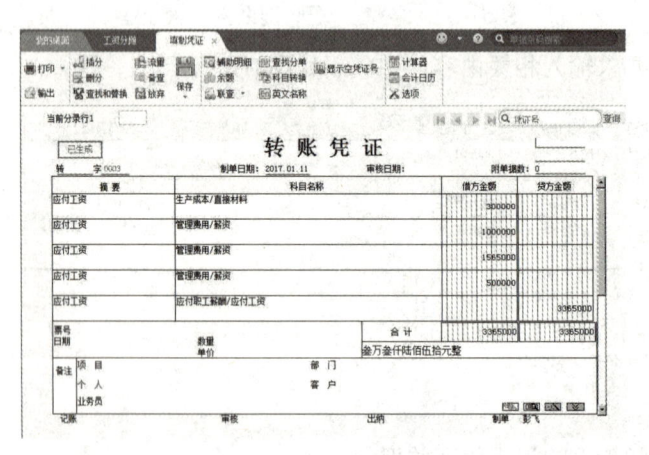

图5-33 工资分摊生成凭证

提示

薪资系统生成的凭证在薪资系统中可以进行查询、删除、冲销等操作。传送到总账后需要在总账中进行审核和记账。

10. 输出账套

将操作结果输出至"X5_01"文件夹中。

5.4 强化训练

实训1

在"强化实训\第5章"文件夹下新建一个文件夹，命名为X5_01。

以系统管理员admin的身份登录用友U8系统管理，引入强化训练素材\第5章文件夹下的账套文件Y5_01。

以2021账套主管的身份（密码为1）登录202账套，登录日期为"2017-01-01"。

1. 建立工资账套

202账套有多个工资类别，工资核算本位币为人民币，选中"是否核算计件工资"，自动从工资中代扣所得税，不进行扣零设置。

2. 设置工资项目

工资项目参数如表5-5所示。

表5-5　工资项目参数

项目名称	类型	长度	小数位数	增减项
基本工资	数字	8	2	增项
奖金	数字	8	2	增项
养老保险	数字	8	2	减项

3. 工资类别管理

新建工资类别"正式工"，该类别包括所有部门，启用日期为"2017-01-01"。

4. 建立人员档案

人员档案如表5-6所示。

表5-6　人员档案

人员编号	人员姓名	部门名称	人员类别	中方人员	是否计税
001	马国华	总经办	企业管理人员	是	是
002	王莉	财务部	企业管理人员	是	是
003	方萌	财务部	企业管理人员	是	是
004	白亚楠	财务部	企业管理人员	是	是
005	范文芳	采购部	企业管理人员	是	是
006	高文庆	销售一部	销售人员	是	是
007	沈宝平	销售二部	销售人员	是	是
008	杜海涛	生产部	车间管理人员	是	是
009	段博	生产部	生产工人	是	是

5.选择工资项目、排列顺序并设置计算公式

"正式工"工资类别的工资项目及排列:基本工资、奖金、应发合计、养老保险、代扣税、扣款合计、实发合计。

设置计算公式:养老保险=基本工资×0.08。

6.工资数据录入

基本工资的情况如表5-7所示。

表5-7 基本工资

姓名	基本工资(元)
马国华	10 000
王莉	7 000
方萌	4 000
白亚楠	5 000
范文芳	5 000
高文庆	4 500
沈宝平	4 500
杜海涛	4 000
段博	4 000

7.数据替换、计算与汇总

本月销售业绩突出,给所有销售部员工发放1 000元奖金,用数据替换实现。

计算并汇总2017年1月份的工资数据。

8.工资分摊设置

工资分摊设置如表5-8所示。

表5-8 工资分摊设置

工资分摊	部门	应付工资 借方	应付工资 贷方
总经办、财务部、采购部	企业管理人员	660201	221101
销售一部、销售二部	销售人员	660101	221101
生产部	车间管理人员	510101	221101
生产部	生产工人	500102	221101

9.生成凭证

生成1月份工资分摊的记账凭证并保存。

10.输出账套

将操作结果输出至"X5_01"文件夹中。

实训2

在"强化实训\第5章"文件夹下新建一个文件夹,命名为X5_02。

以系统管理员admin的身份登录用友U8系统管理,引入"强化训练素材\第5章"文件夹下的账套文件Y5_02。

以2031账套主管的身份(密码为1)登录203账套,登录日期为"2017-01-01"。

1.建立工资账套

203账套有多个工资类别,工资核算本位币为人民币,自动从工资中代扣所得税,不进行扣零设置。

2.设置工资项目

工资项目参数如表5-9所示。

表5-9 工资项目参数

项目名称	类型	长度	小数位数	增减项
基本工资	数字	8	2	增项
岗位津贴	数字	8	2	增项
住房公积金	数字	8	2	减项

3.工资类别管理

新建工资类别"正式工",该类别包括所有部门,启用日期为"2017-01-01"。

4.建立人员档案

人员档案如表5-10所示。

表5-10 人员档案

人员编号	人员姓名	部门名称	人员类别	中方人员	是否计税
001	马国华	总经办	企业管理人员	是	是
002	王莉	财务部	企业管理人员	是	是
003	方萌	财务部	企业管理人员	是	是
004	白亚楠	财务部	企业管理人员	是	是
005	范文芳	采购部	企业管理人员	是	是
006	高文庆	销售一部	销售人员	是	是
007	沈宝平	销售二部	销售人员	是	是
008	杜海涛	生产部	车间管理人员	是	是
009	段博	生产部	生产工人	是	是

5.选择工资项目、排列顺序并设置计算公式

"正式工"工资类别的工资项目及排列:基本工资、岗位津贴、应发合计、住房公积金、代扣税、扣款合计、实发合计。

设置计算公式:住房公积金=基本工资×0.8。

6. 工资数据录入

基本工资情况如表5-11所示。

表5-11　基本工资

姓名	基本工资（元）
马国华	10 000
王莉	7 000
方萌	4 000
白亚楠	5 000
范文芳	5 000
高文庆	4 500
沈宝平	4 500
杜海涛	4 000
段博	4 000

7. 数据替换、计算与汇总

为生产工人发放岗位津贴500元，用数据替换实现。

计算并汇总2017年1月份的工资数据。

8. 工资分摊设置

企业职工福利按应付工资总额的14%提取。工资分摊设置如表5-12所示。

表5-12　工资分摊设置

工资分摊	部门	应付福利费（14%） 借方	应付福利费（14%） 贷方
总经办、财务部、采购部	企业管理人员	660202	221102
销售一部、销售二部	销售人员	660102	221102
生产部	车间管理人员	510101	221102
生产部	生产工人	500102	221102

9. 生成凭证

生成1月份应付职工福利的记账凭证并保存。

10. 输出账套

将操作结果输出至"X5_02"文件夹中。

实训3

在"强化实训\第5章"文件夹下新建一个文件夹，命名为X5_03。

以系统管理员admin的身份登录用友U8系统管理，引入"强化训练素材\第5章"文件夹下的账套文件Y5_03。

以2041账套主管的身份（密码为空）登录204账套，登录日期为"2017-01-01"。

1．建立工资账套

204账套有多个工资类别，工资核算本位币为人民币，自动从工资中代扣所得税，不进行扣零设置。

2．设置工资项目

工资项目参数如表5-13所示。

表5-13　工资项目参数

项目名称	类型	长度	小数位数	增减项
基本工资	数字	8	2	增项
岗位津贴	数字	8	2	增项
社保	数字	8	2	减项

3．工资类别管理

建立"在职"工资类别，该类别包括所有部门，启用日期为"2017-01-01"。

4．建立人员档案

人员档案如表5-14所示。

表5-14　人员档案

人员编号	人员姓名	部门名称	人员类别	中方人员	是否计税
001	马国华	总经办	企业管理人员	是	是
002	王莉	财务部	企业管理人员	是	是
003	方萌	财务部	企业管理人员	是	是
004	白亚楠	财务部	企业管理人员	是	是
005	范文芳	采购部	企业管理人员	是	是
006	高文庆	销售一部	销售人员	是	是
007	沈宝平	销售二部	销售人员	是	是
008	杜海涛	生产部	车间管理人员	是	是
009	段博	生产部	生产工人	是	是

5．选择工资项目、排列顺序并设置计算公式

"在职"工资类别的工资项目及排列：基本工资、岗位津贴、应发合计、社保、代扣税、扣款合计、实发合计。

设置计算公式：社保=基本工资×0.11。

6．工资数据录入

基本工资情况如表5-15所示。

表5-15 基本工资

姓名	基本工资（元）
马国华	12 000
王莉	8 000
方萌	5 000
白亚楠	6 000
范文芳	6 000
高文庆	5 000
沈宝平	5 000
杜海涛	4 000
段博	4 000

7. 数据替换、计算与汇总

为生产工人和销售人员发放岗位津贴1 000元，用数据替换实现。

计算并汇总2017年1月份的工资数据。

8. 工资分摊设置

工资分摊设置如表5-16所示。

表5-16 工资分摊设置

部门	工资分摊	应付工资借方	应付工资贷方
总经办、财务部、采购部	企业管理人员	660201	221101
销售一部、销售二部	销售人员	660101	221101
生产部	车间管理人员	510101	221101
生产部	生产工人	500102	221101

9. 生成凭证

生成1月份工资分摊的记账凭证并保存。

10. 输出账套

将操作结果输出至"X5_03"文件夹中。

实训4

在"强化实训\第5章"文件夹下新建一个文件夹，命名为X5_04。

以系统管理员admin的身份登录用友U8系统管理，引入"强化训练素材\第5章"文件夹下的账套文件Y5_04。

以2051账套主管的身份（密码为空）登录205账套，登录日期为"2017-01-01"。

1. 建立工资账套

205账套有多个工资类别，工资核算本位币为人民币，自动从工资中代扣所得税，进行扣零设置（扣零至角）。

2. 设置工资项目

工资项目参数如表5-17所示。

表5-17　工资项目参数

项目名称	类型	长度	小数位数	增减项
基本工资	数字	8	2	增项
绩效工资	数字	8	2	增项
补贴	数字	8	2	增项
养老金	数字	8	2	减项

3. 工资类别管理

新建工资类别"正式"，该类别包括所有部门，启用日期为"2017-01-01"。

4. 建立人员档案

人员档案如表5-18所示。

表5-18　人员档案

人员编号	人员姓名	部门名称	人员类别	中方人员	是否计税
001	马国华	总经办	企业管理人员	是	是
002	王莉	财务部	企业管理人员	是	是
003	方萌	财务部	企业管理人员	是	是
004	白亚楠	财务部	企业管理人员	是	是
005	范文芳	采购部	企业管理人员	是	是
006	高文庆	销售一部	销售人员	是	是
007	沈宝平	销售二部	销售人员	是	是
008	杜海涛	生产部	车间管理人员	是	是
009	段博	生产部	生产工人	是	是

5. 选择工资项目、排列顺序并设置计算公式

"正式"工资类别的工资项目及排列：基本工资、绩效工资、补贴、应发合计、养老金、代扣税、扣款合计、实发合计。

设置计算公式：养老金=基本工资×0.08。

绩效工资：企业管理人员的绩效工资为1 000元，车间管理人员的绩效工资为800元，销售人员和生产工人的绩效工资为500元。iff(人员类别="企业管理人员",1000,iff(人员类别="车间管理人员",800,500))。

6. 工资数据录入

基本工资情况如表5-19所示。

表5-19 基本工资

姓名	基本工资（元）
马国华	20 000
王莉	1 0000
方萌	6 000
白亚楠	6 000
范文芳	6 000
高文庆	5 000
沈宝平	5 000
杜海涛	4 000
段博	4 000

7. 数据替换、计算与汇总

为生产工人和销售人员发放补贴300元，用数据替换实现。

计算并汇总2017年1月份的工资数据。

8. 工资分摊设置

按应付工资总额的14%计提福利费。工资分摊设置如表5-20所示。

表5-20 工资分摊设置

部门	工资分摊	应付福利费（14%）	
		借方	贷方
总经办、财务部、采购部	企业管理人员	660202	221102
销售一部、销售二部	销售人员	660102	221102
生产部	车间管理人员	510101	221102
	生产工人	500102	221102

9. 生成凭证

生成1月份计提福利费的记账凭证并保存。

10. 输出账套

将操作结果输出至"X5_05"文件夹中。

本章小结

本章主要围绕薪资管理系统的构建和运用进行了详细阐述。在基本认知部分，首先了解了薪资管理的基本功能，这些功能是确保员工工资准确及时发放的核心要素；接着学习了薪资管理系统的应用流程，它指导着整个薪资管理的实施过程；随后讨论了薪资管理初始化的重要性，这一步骤为整个系统的运行奠定了基础；最后探讨了薪资管理的日常业务处理，包括工资的计算、发放和记录等操作。

在技能解析部分，内容逐步深入到薪资管理系统的具体操作。从建立工资账套开始，学习了如何根据企业的实际情况设置合适的工资结构；然后学习了设置工资项目和工资类别管理，这两个步骤是定义员工薪资结构和差异的关键；接下来了解了建立人员档案的方法，这是为了确保每位员工的薪资信息准确无误；最后学习了工资数据录入、工资数据计算与汇总以及工资费用分摊，这些步骤涉及工资的具体计算过程以及如何在各个部门或成本之间进行合理分摊。

案例解析部分将理论与实际相结合，具体分析了薪资管理案例，加深了对知识的理解和应用。强化训练则提供了实际操作的机会，通过实践进一步巩固所学知识。

课后习题

1. 判断题

（1）在未进入工资类别时，设置的工资项目应该包括本工资账套中所有工资类别要使用的工资项目。（　　）

（2）系统提供的固定工资项目可根据单位的实际情况进行修改和删除。（　　）

（3）在增加人员档案时，"停发""调出"和"数据档案"不可选，只有在修改状态下才能编辑。（　　）

（4）已输入数据的工资项目和已设置计算公式的工资项目可根据实际情况进行删除。（　　）

2. 简答题

（1）简述薪资管理系统的应用流程。

（2）简述工资费用分摊的操作步骤。

第 6 章
固定资产管理

本章导读

固定资产是企业资产的重要组成部分,企业中固定资产管理涉及资产管理部门、财务部门和资产使用部门。财务部门主要对固定资产总值、累计折旧进行动态管理,为企业成本核算提供依据。

学习目标

- 理解固定资产管理系统的功能
- 建立固定资产账套
- 固定资产初始设置
- 原始卡片录入
- 固定资产增减
- 固定资产变动
- 计提折旧

数字资源

【本章案例素材】:"素材文件\第6章"目录下
【本章强化训练素材】:"强化训练素材\第6章"目录下

第 6 章　固定资产管理

> **素质要求**
>
> 会计职能实现拓展升级。以数字化技术为支撑，以推动会计审计工作数字化转型为抓手，健全完善各种数据标准和安全使用规范，形成对内提升单位管理水平和风险管控能力、对外服务财政管理和宏观经济治理的会计职能拓展新格局。
>
> ——《会计改革与发展"十四五"规划纲要》

6.1　基本认知

固定资产系统是一套专门为企业和行政事业单位设计的软件，用于核算和管理固定资产。它能动态管理固定资产的净值和累计折旧数据，进行成本核算，协助设备管理部门做好固定资产管理工作。

该系统的主要功能是处理企业固定资产的日常业务核算和管理，生成固定资产卡片，每月更新固定资产的增加、减少、原值变化以及其他变动情况，并输出相应的增减变动明细账。此外，该系统还能按月自动计提折旧，生成折旧分配凭证，并输出相关的报表和账簿。

6.1.1　固定资产系统基本功能

固定资产系统主要提供资产管理、折旧计算、统计分析等功能。其中资产管理主要包括原始设备的管理、新增资产的管理、资产减少的处理、资产变动的管理等，并提供资产评估及计提固定资产减值准备功能，支持折旧方法的变更。可以按月自动计算折旧，生成折旧分配凭证，同时输出有关的报表和账簿。固定资产核算系统可以用于固定资产总值、累计折旧数据的动态管理，协助设备管理部门做好固定资产实体的各项指标的管理、分析工作。具体包括以下内容：

1. 初始设置

根据用户的具体情况，建立一个合适的固定资产子账套。初始设置包括系统初始化、部门设置、类别设置、使用状况定义、增减方式定义、折旧方法定义、卡片项目定义、卡片样式定义等，如图6-1所示。

2. 卡片管理

固定资产管理在企业中分为两部分，一是固定资产卡片台账管理，二是固定资产的会计处理。系统提供了卡片管理的功能，主要从卡片、变动单及资产评估3个方面来实现卡片管理，主要包括卡片录入、卡片修改、卡片删除、资产增加及资产减少等功能，如图6-2所示。卡片管理不仅实现了固定资产文字资料的管理，而且实现了固定资产的图片管理。

3. 折旧管理

自动计提折旧形成折旧清单和折旧分配表，按分配表自动制作记账凭证，并传递到总账系统，如图6-3所示。可以在单位和部门之间对折旧进行分配。

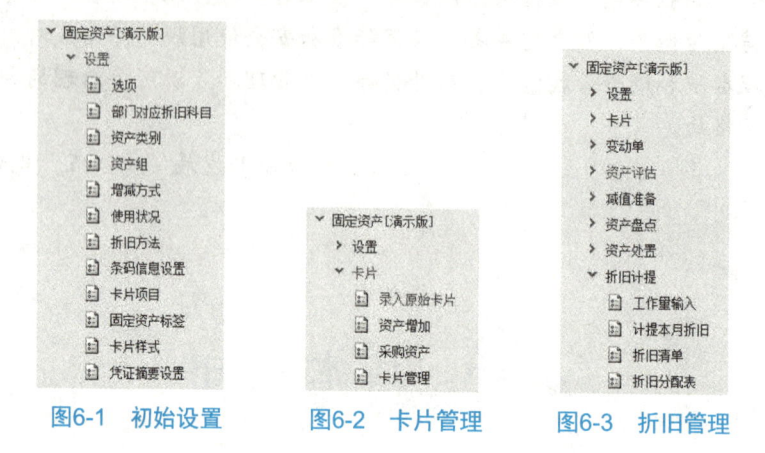

图6-1 初始设置　　图6-2 卡片管理　　图6-3 折旧管理

4. 期末对账结账

期末按照系统初始设置的账务系统接口，自动与总账系统进行对账，并根据对账结果和初始设置决定是否结账。

5. 账表查询

固定资产系统提供多种账表，包括账簿、分析表、统计表、折旧表、减值准备表和资金构成分析表。

账簿包括固定资产总账、单个固定资产明细账、固定资产登记簿和部门类别明细账。

分析表包括部门构成分析表、使用状况分析表、价值结构分析表和类别构成分析表。

统计表包括评估汇总表、评估变动表、固定资产统计表、逾龄资产统计表、盘盈盘亏报告表、役龄资产统计表、（固定资产原值）一览表、固定资产到期提示表和采购资产统计表。

折旧表包括部门折旧计提汇总表、固定资产折旧清单表、固定资产折旧计算明细表、固定资产及累计折旧表一和固定资产及累计折旧表二。

减值准备表包括减值准备总账、减值准备余额表和减值准备明细账。

资金构成分析表包括固定资产资金来源折旧清单表和固定资产原值资金来源一览表。

通过"我的账表"对系统所能提供的全部账表进行管理，资产管理部门可随时查询各类账表，以提高资产管理效率。

6.1.2 固定资产的产品接口

本系统与用友其他产品的接口主要是总账系统。本系统资产增加、资产减少、卡片修改、资产评估、原值变动、累计折旧调整、计提减值准备调整、转回减值准备调整、折旧分配都要将有关数据通过记账凭证的形式传输到总账系统，同时通过对账保持固定资产账目的平衡。

与固定资产相关的接口如图6-4所示。

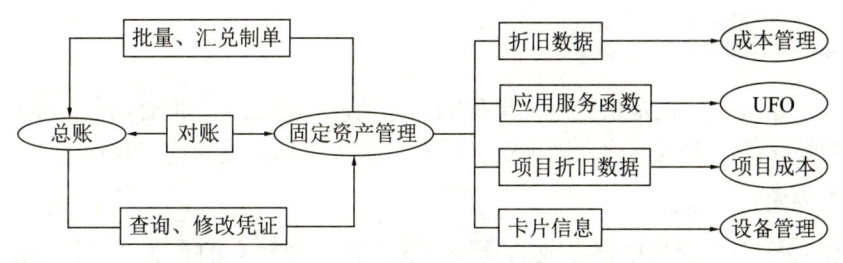

图6-4　固定资产的产品接口

1.固定资产系统与总账系统接口的作用

（1）具有批量制单功能，能够提高工作效率。
（2）具有汇总制单功能。
（3）系统能自动制作凭证，并传送到总账系统。
（4）提供传输到总账系统的凭证的查询功能。
（5）提供固定资产系统和总账的对账功能。
（6）本系统制作的凭证可在本系统修改和删除。

2.固定资产系统与采购管理系统接口的作用

（1）采购管理的入库单传递到本系统后结转生成采购资产卡片。
（2）采购资产卡片可联查入库单列表、结算单列表。

3.固定资产系统与其他产品接口

固定资产系统为成本管理系统和UFO提供数据支持，向项目成本系统传递项目的折旧数据，向设备管理系统提供卡片信息，同时还可以从设备管理导入卡片信息。

6.1.3　固定资产系统的应用流程

固定资产系统的应用流程如图6-5所示。

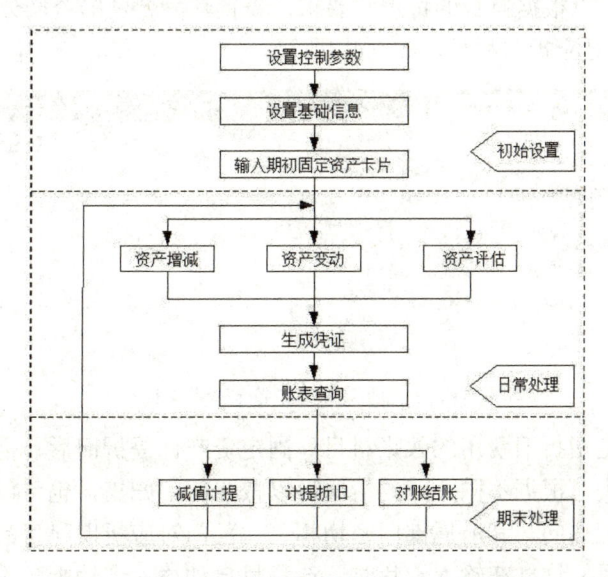

图6-5　固定资产系统的应用流程

6.1.4 固定资产系统初始化

固定资产系统初始化是根据用户单位的具体情况，建立一个适合的固定资产管理系统的过程。初始化的内容包括建立固定资产账套、基础信息设置和期初数据录入。

1. 建立固定资产账套

建立固定资产账套是根据企业的具体情况，在已经建立的企业会计核算账套的基础上，设置企业进行固定资产核算的必须参数，包括关于固定资产折旧计算的一些约定及说明、启用月份、折旧信息、编码方式、账务接口等。

建账完成后，当需要对账套中的某些参数进行修改或补充时，可以在"设置"中的"选项"中修改；但也存在有参数无法通过"选项"修改但又必须改正的情况，这只能通过"重新初始化"功能实现，重新初始化将清空对该固定资产账套所做的一切操作。

2. 设置基础信息

固定资产系统的基础信息设置包括以下几项。

（1）设置资产类别，如图6-6所示。

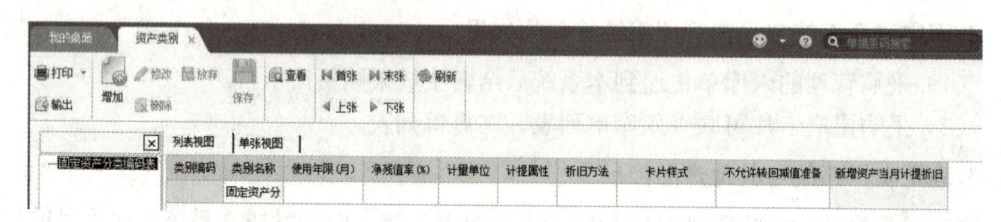

图6-6 "资产类别"窗口

固定资产种类繁多，规格不一，为强化固定资产管理，及时准确地进行固定资产核算，需建立科学的资产分类核算体系，为固定资产的核算和管理提供依据。目前，我国固定资产管理使用的是国家技术监督局1994年1月24日批准发布的《固定资产分类与代码》国家标准（GB/T14885-94），其中规定的类别编码最多可以设置4级，编码总长度是6位。参照此标准，企业可以根据自身的特点和要求，设置较为合理的资产分类方法。

（2）设置部门对应折旧科目，如图6-7所示。

图6-7 "部门对应折旧科目"窗口

对应折旧科目是指折旧费用的入账科目。固定资产计提折旧后，需将折旧费用归入相应的成本或费用中去，根据不同企业的情况可以按照部门归集，也可以按类别归集。固定资产折旧费用的分配去向与其所属部门密切相关。部门对应折旧科目的设置就是给每个部门选择一个折旧科目，这样在输入卡片时，该科目自动添入卡片中，不必一个一个输入。

并且属于该部门的固定资产在计提折旧时，折旧费用将对应分配到其所属的部门。如果对某上级部门设置了对应的折旧科目，下级部门则继承上级部门的设置。

（3）设置增减方式，如图6-8所示。

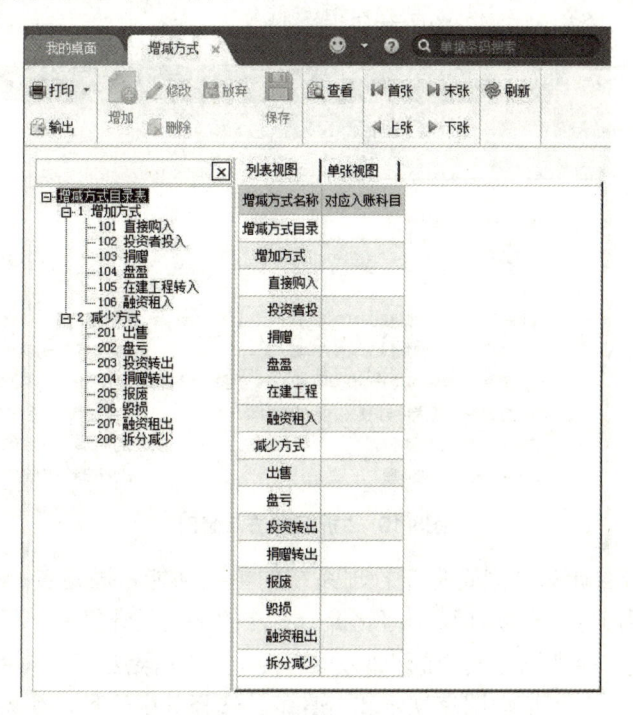

图6-8 "增减方式"窗口

固定资产增减方式设置即资产增加的来源和减少的去向。增减方式包括增加方式和减少方式两大类。增加方式主要包括直接购买、投资者投入、捐赠、盘盈、在建工程转入和融资租入。减少方式主要包括出售、盘亏、投资转出、捐赠转出、报废、毁损、融资租出和拆分减少。增减方式可根据用户的需要自行增加。在增减方式的设置中还可以定义不同增减方式的对应入账科目，当发生相应的固定资产增减变动时可以快速生成转账凭证，减少手工输入数据的工作量。

（4）设置使用状况，如图6-9所示。

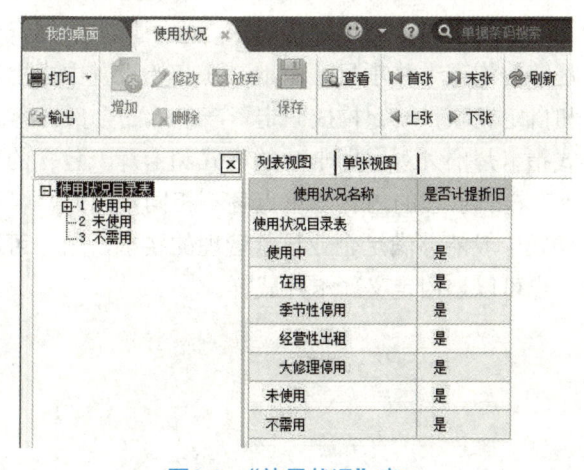

图6-9 "使用状况"窗口

固定资产的使用状况一般分为使用中、未使用和不需用3大类，不同的使用状况决定了固定资产计提折旧与否。因此，正确定义固定资产的使用状况是准确计算累计折旧，进行资产数据统计分析，提高固定资产管理水平的重要依据。

（5）设置折旧方法，如图6-10所示。

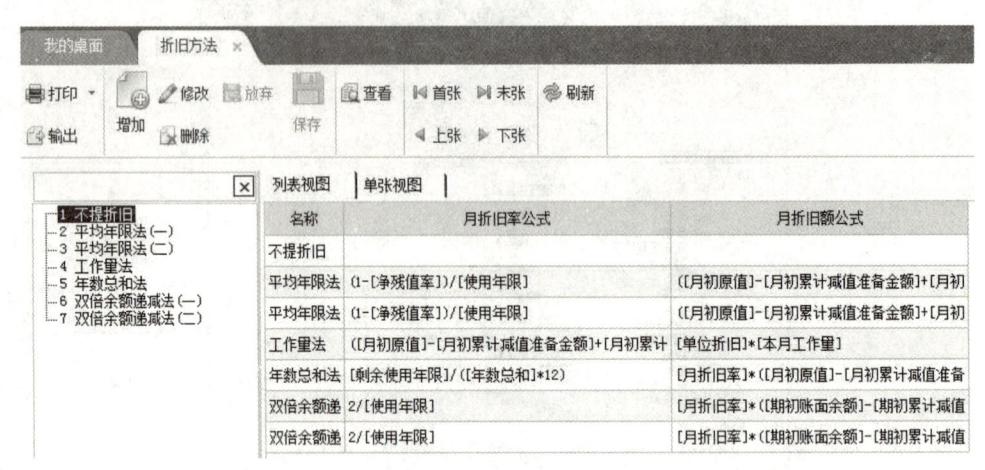

图6-10 "折旧方法"窗口

固定资产折旧的计算是固定资产管理系统的重要功能，固定资产折旧的计提由系统根据用户选择的折旧方法自动计算，因此折旧方法的定义是计算资产折旧的重要基础。根据财务制度的规定，企业固定资产的折旧方法有：平均年限法、工作量法、双倍余额递减法、年数总和法。企业可根据国家规定和自身条件选择其中一种，如果系统中预置的折旧方法不能满足企业管理与核算的需要，用户也可以定义新的折旧方法与相应的计算公式。

计算机系统基本不用考虑数据处理能力的问题，因此在向计算机系统过渡时只需根据企业细化会计核算的需要，在会计制度允许的范围内选择折旧计算方法即可。

（6）设置卡片项目和卡片样式。

固定资产卡片是固定资产管理系统中重要的管理工具，固定资产卡片文件是重要的数据文件。固定资产文件中包含的数据项目形成一个卡片项目，卡片项目也是固定资产卡片上用来记录固定资产资料的栏目，如：原值、资产名称、所属部门、使用年限、折旧方法等是卡片上最基本的项目，如图6-11所示。固定资产系统提供的卡片上常用的项目称为系统项目，但这些项目不一定能满足所有单位的需求。为了增加固定资产系统的通用性，系统一般会为用户留下足够的增减卡片项目的余地，在初始设置中由用户定义的项目称为自定义项目。系统项目和自定义项目一起构成固定资产卡片的全部内容。

固定资产卡片样式指卡片的外观，即卡片的格式和卡片上包含的项目及项目的位置，如图6-12所示。不同资产核算管理的内容与重点各不相同，因此，卡片样式也可能不同。系统提供缺省的卡片样式一般能够满足企业日常管理的要求，用户可以在此基础上略做调整，生成新卡片模板，也可以自由定义新卡片式样。

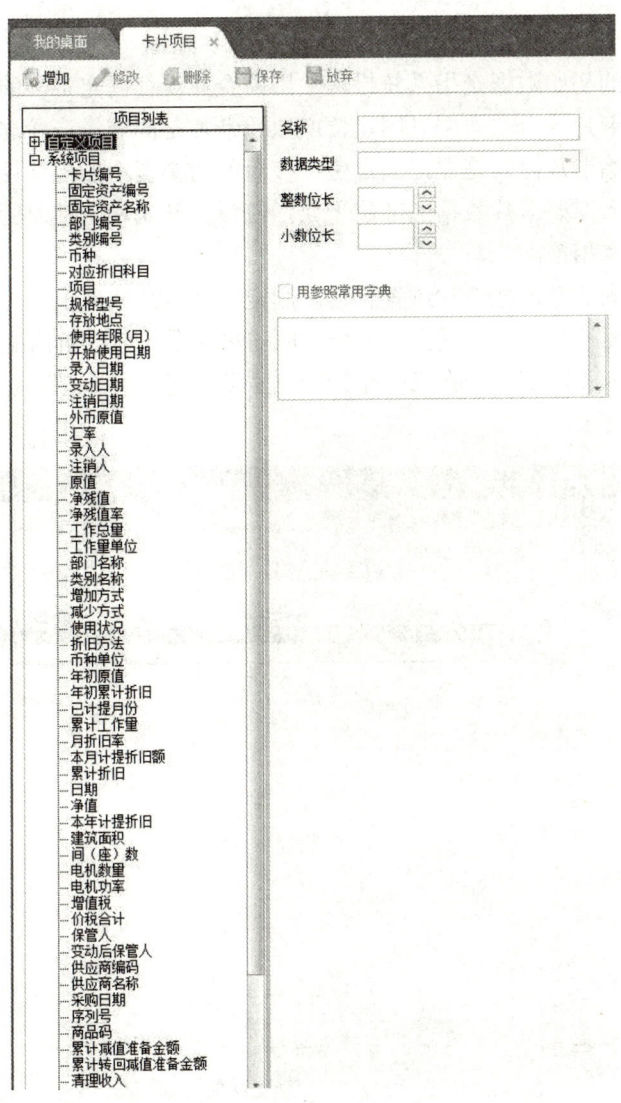

图6-11 "卡片项目"窗口

图6-12 "卡片样式"窗口

3.初始数据录入

固定资产系统的初始数据是指系统投入使用前企业现存固定资产的全部有关数据，主要是固定资产原始卡片的有关数据。固定资产原始卡片是固定资产管理系统处理的起点，因此，准确录入原始卡片内容是保证固定资产核算的历史资料的连续性、正确性的基本要求。为了保证所输入原始卡片数据的准确无误，应该在开始输入前对固定资产进行全面的清查盘点，做到账实相符。

传统方式下，固定资产按卡片进行管理。固定资产卡片的原值合计应与总账系统固定资产科目余额数据相符，卡片已提折旧的合计应与总账系统累计折旧账户的余额相符。

原始卡片的输入不限制必须在第一个期间结账前，任何时候都可以输入原始卡片，如图6-13所示。

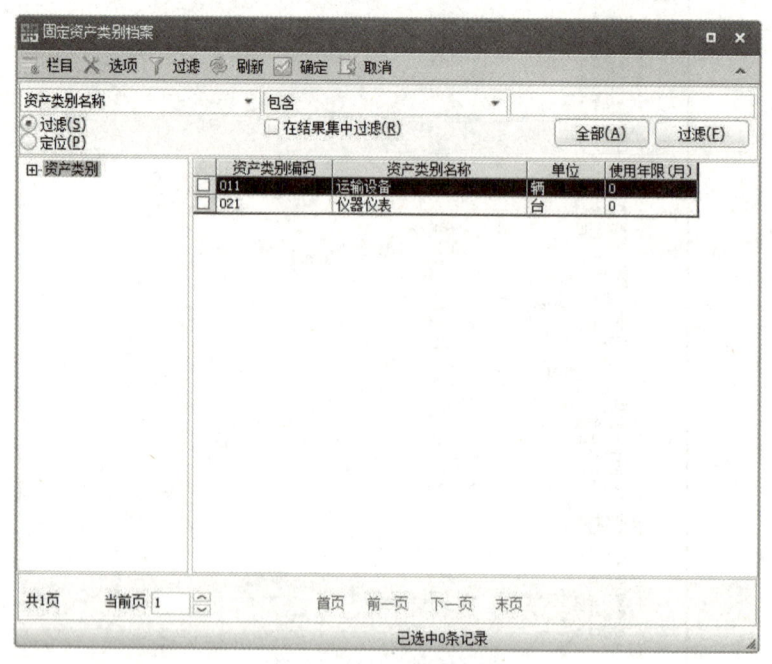

图6-13 录入初始数据

6.1.5 固定资产日常业务处理

固定资产日常业务处理主要包括资产增减、资产变动、折旧计算、资产评估、生成凭证和账簿管理。

1.固定资产增加和减少

当企业增加或减少固定资产时，需要进行相应的增减处理，根据固定资产增减变动记录更新固定资产卡片文件，以保证折旧计算的正确性。

（1）固定资产的增加。

企业通过购买或其他方式取得固定资产时要进行固定资产增加的处理，填制新的固定资产卡片。一方面要求对新增固定资产按经济用途或其他标准分类，并确定其原始价值。另一方面，要求办理交接手续，填制和审核有关凭证，作为固定资产核算的依据。

（2）固定资产的减少。

固定资产的减少是指资产在使用过程中，由于毁损、出售、盘亏等原因被淘汰。此时需进行固定资产减少的处理。

只有当账套开始计提折旧后，才可以使用资产减少功能，否则，资产减少只能通过删除卡片来完成。

对于误减少的资产，可以使用系统提供的纠错功能来恢复。只有当月减少的资产才可以恢复。如果资产减少操作已制作凭证，必须删除凭证后才能恢复。

只要固定资产卡片未被删除，就可以通过卡片管理中"已减少资产"来查看减少的资产。

2．固定资产变动

固定资产的变动包括原值变动、部门转移、使用状况变动、使用年限调整、折旧方法调整、净残值（率）调整、工作总量调整、累计折旧调整、资产类别调整等，需通过变动单进行管理。其他项目的变动包括名称、编号、自定义项目等，可直接在卡片上进行修改。

（1）原值变动。

原值变动包括原值增加和原值减少两类。资产在使用过程中，其原值增减有5种情况：根据国家规定对固定资产重新估价；增加补充设备或改良设备；将固定资产的一部分拆除；根据实际价值调整原来的暂估价值；发现原记录固定资产价值有误的。

（2）部门转移。

资产在使用过程中，因内部调配而发生的部门变动应及时处理，否则将影响部门的折旧计算。

（3）资产使用状况的调整。

资产使用状况分为在用、未使用、不需用、停用和封存5种。资产在使用过程中，可能会因为某种原因，使得资产的使用状况发生变化，这种变化会影响到设备折旧的计算，因此应及时调整。

（4）资产使用年限的调整。

资产在使用过程中，由于资产的重估、大修等原因可能会调整资产的使用年限。进行使用年限调整的资产在调整的当月就按调整后的使用年限计提折旧。

（5）资产折旧方法的调整

一般来说，资产折旧方法一年之内很少改变，但特殊情况需调整改变的也可以调整。例如，所属类别是"总提折旧"的资产调整后的折旧方法不能是"不提折旧"；所属类别是"总不提折旧"的资产折旧方法不能调整。一般而言，调整折旧方法的资产在调整当月就按调整后的折旧方法计提折旧。

本月录入的卡片和本月增加的资产，不允许进行变动处理。

3．资产评估

随着市场经济的发展，企业在经营活动中，根据业务需要或国家要求需要对部分资产或全部资产进行评估和重估，其中固定资产评估是资产评估重要的部分。固定资产评估的主要功能有：将评估机构的评估数据手工录入或定义公式录入到系统、根据国家要求手工录入评估结果或根据定义的评估公式生成评估结果，以及评估单的管理，如图6-14所示。

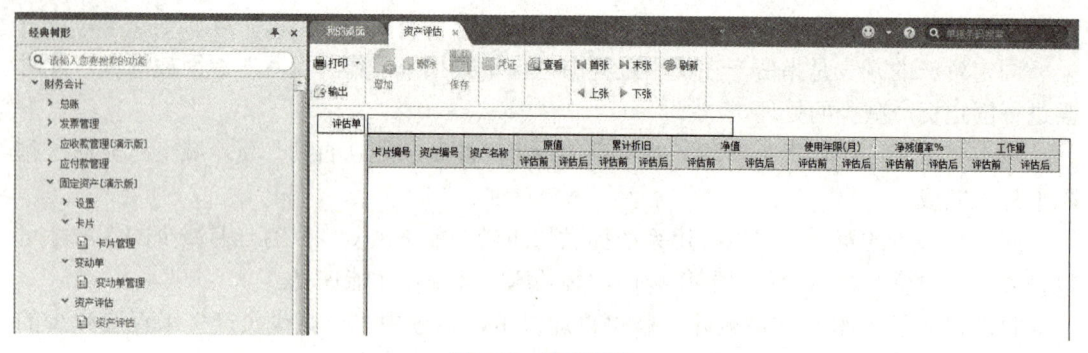

图6-14　资产评估

进行资产评估处理的主要步骤如下。

（1）对需要评估的项目进行选择。可以进行评估的内容包括固定资产的原值、累计折旧、使用年限等，每一次进行评估时可以根据评估的要求进行选择。

（2）对需要进行评估的资产进行选择。资产评估的目的各有不同，因此每次评估涉及的资产也不尽相同，可根据需要进行选择。

（3）制作评估单。选择评估项目和评估资产后，录入评估结果，系统生成评估单，给出资产评估前与评估后的数据。

（4）制作转账凭证。评估后，资产原值和累计折旧与评估前数据不相等时，需通过转账凭证将变动数据传递到总账系统。

4．资产盘点

企业要定期对固定资产进行清查，每年至少清查一次，清查通过盘点实现。

U8固定资产系统中的资产盘点，是在对固定资产进行实地清查后，将清查的实物数据录入固定资产系统然后与账面数据进行比对，由系统自动生成盘点结果清单，如图6-15所示。

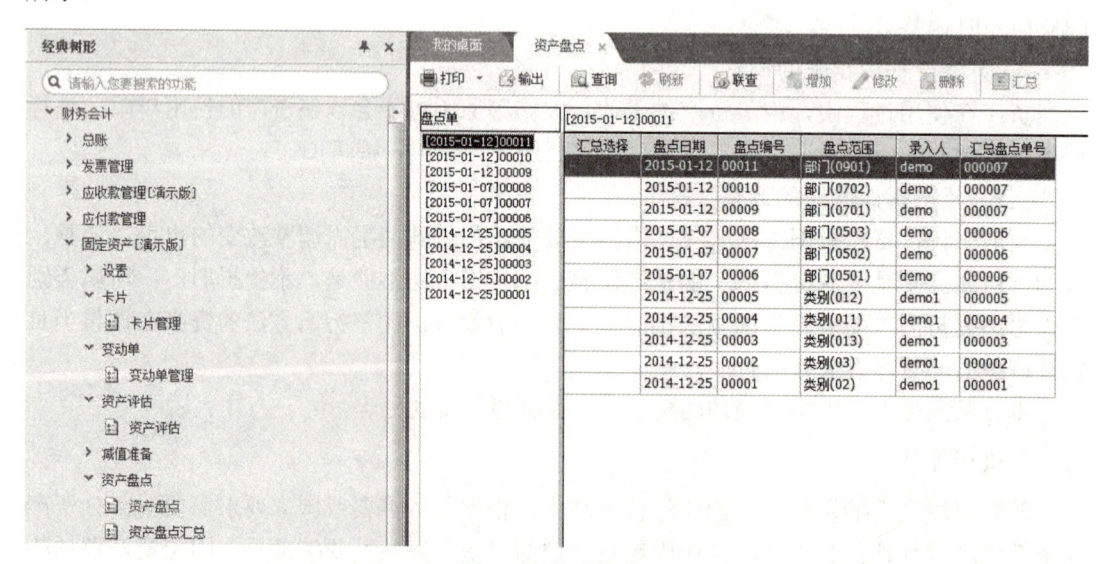

图6-15　资产盘点

盘点固定资产时包括以下3个步骤。

（1）选择要盘点的范围。

可以选择按资产类别盘点、按使用部门盘点、按使用状态盘点。

（2）进行项目设置。

每次盘点的侧重点不同，要录入的盘点数据与要核对的数据也不尽相同，系统会提供相关的卡片项目。

（3）录入盘点数据并生成盘点结果清单。

根据盘点范围以及项目设置，录入盘点数据，生成盘点结果清单供企业对比分析。

5．计提折旧

自动计提折旧是固定资产管理系统的主要功能之一。可以根据录入系统的资料，利用系统提供的"计提折旧"功能，对各项资产每期计提一次折旧，并自动生成折旧分配表，然后制作记账凭证，将本期的折旧费用自动登账。

6．计提减值准备

企业应当在期末或至少每年年度结束时，对固定资产逐项进行检查，如果由于价格持续下跌，或技术陈旧等原因导致其可回收金额低于账面价值的，应当将可回收金额低于账面价值的差额作为固定资产减值准备，固定资产减值准备必须按单项资产计提。

如已计提的固定资产价值得以恢复，应在原计提的减值准备范围内转回。

7．对账

当初次启动固定资产的参数设置，或选项中的参数设置选择了"与账务系统对账"参数，才可使用本系统的对账功能。

为保证固定资产管理系统的资产价值与总账管理系统中固定资产科目的数值相等，可随时使用"对账"功能对两个系统进行审查。系统在执行期末结账时自动对账一次，并给出对账结果。

8．凭证处理

固定资产管理系统的凭证处理功能主要是根据固定资产各项业务数据自动生成转账凭证并传递到总账系统进行后续处理。当固定资产发生资产增加、资产减少、原值变动、累计折旧调整、资产评估（涉及原值和累计折旧时）、计提折旧等业务时，一般都要编制转账凭证。

编制凭证可以采用"立即制单"和"批量制单"两种方法。编制转账凭证的过程中，系统会根据固定资产和累计折旧入账科目设置、增减方式设置、部门对应折旧科目设置以及业务数据来自动生成转账凭证，凭证中不完整的部分可由用户补充。

9．期末结账

当固定资产管理系统完成本月全部制单业务后，可以进行期末结账，每月进行一次。结账后，当期数据不能再修改。如有错必须修改，可通过系统提供的"恢复月末结账前状态"功能反结账，再进行相应修改。

本期不结账，则不能处理下期的数据。结账前一定要进行数据备份，数据一旦丢失，将造成无法挽回的后果。

10. 账簿管理

通过系统提供的账表管理功能，可以及时掌握资产的统计、汇总和其他各方面的信息。账表包括账簿、折旧表、统计表、分析表4大类。另外，如果提供的报表种类不能满足需要，系统还提供了自定义报表功能，可以根据实际要求进行设置。

6.2 技能解析

6.2.1 建立固定资产账套

建立固定资产账套时，需确定以下几项关键信息。

1. 折旧信息

"折旧信息"选项卡界面如图6-16所示。

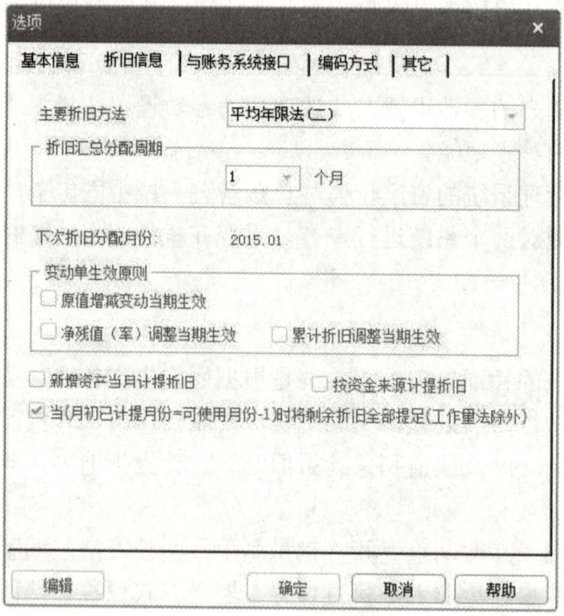

图6-16 "折旧信息"选项卡

确定本单位是否计提折旧：如果是行政事业单位，取消勾选"本账套计提折旧"。

选择折旧方法：系统提供了平均年限法、年数总和法、双倍余额递减法、工作量法、不提折旧供企业选择。用户根据自身情况选择主要折旧方法。

选择折旧汇总分配周期：企业可以根据需要确定资产的折旧分配周期，系统缺省的折旧分配周期为1个月。

2. 编码方式

"编码方式"选项卡界面如图6-17所示。

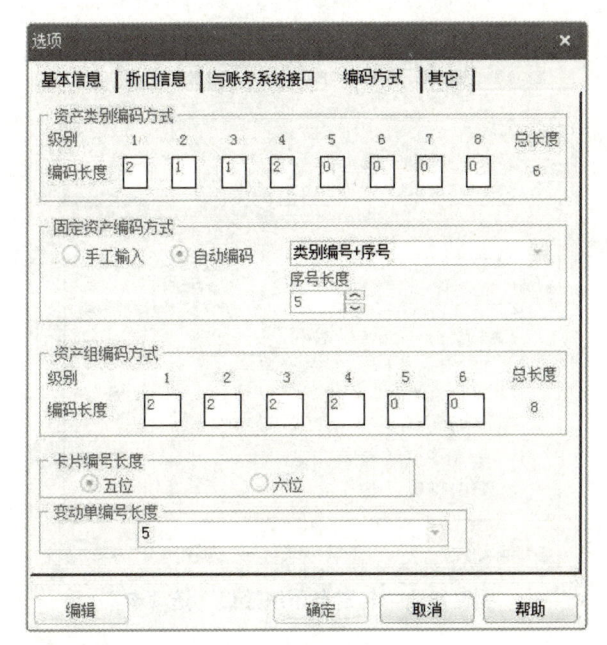

图6-17 "编码方式"选项卡

①资产类别的编码方式。

确定资产类别编码方式：系统默认资产类别设置四级编码，编码长度为2-1-1-2。

资产类别是单位根据管理和核算的需要给固定资产做的分类，可参照国家标准或自己的需要建立分类体系。本系统类别编码最多可设置8级、20位，可以设定每一级的编码长度。系统推荐采用国家规定的4级6位（2112）方式。

当光标停留在编码长度位时，显示向上向下按钮，点击向上向下按钮修改级次编码长度，但总长度不能超过20位。

②固定资产编码方式。

确定固定资产编码方式：固定资产编码可以采用人工编码或系统自动编码。如果设置了系统自动编码，还可以选择编码方式是"类别编码+序号""部门编码+序号""部门编码+类别编码+序号""类别编码+部门编码+序号"中的某一种，且可以自行设定序号的位数。

如果选择了"手工输入"，则在输入卡片时采用手工输入的方式录入资产编号。

如果选择了"自动编号"，可单击下拉键，从"类别编号+序号、部门编号+序号、类别编号+部门编号+序号、部门编号+类别编号+序号"中根据具体单位的实际情况选择一种，系统根据选择的编码原则自动生成固定资产编号。自动编号中序号的长度可自由设定为1~5位。自动编号的优点在于简便快捷，并可根据资产编号了解资产的基本情况，便于资产管理。

3．账务接口

"与财务系统接口"选项卡界面如图6-18所示。

账务系统即总账，总账管理固定资产、累计折旧的总数据，固定资产系统管理每一项资产的明细数据。选择向总账系统传输数据后，固定资产系统日常业务生成的凭证可自动传送到总账系统。为达到上述目的，需要指定固定资产对账科目和累计折旧对账科目。

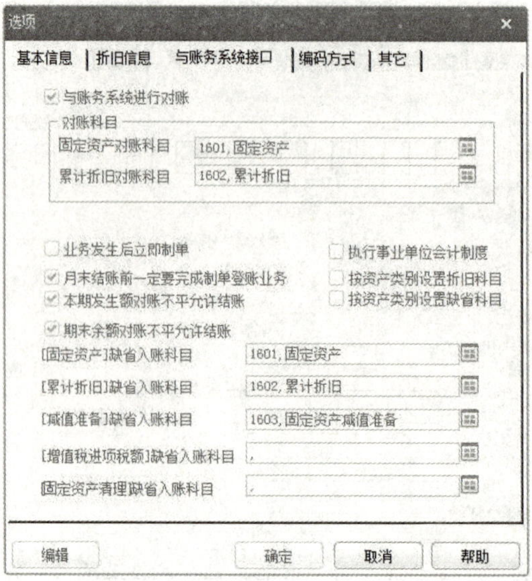

图6-18 "与财务系统接口"选项卡

6.2.2 设置选项

设置选项包括在固定资产账套初始化中设置的参数和其他一些在账套运行中使用的参数。具体包括"基本信息""折旧信息""与账务系统接口""编码方式"和"其它"5个选项卡。

业务发生后立即制单：系统提供"立即制单"和"批量制单"两种方式，两种方式的不同在于制单时间点不同。业务发生后立即制单是指当资产增减变动、计提折旧等业务发生时同步生成财务核算凭证；批量制单是指业务发生时不会立刻处理，而是定期生成凭证。

缺省入账科目：是为固定资产系统根据业务情况自动生成凭证而预先设置的科目。

6.2.3 设置资产类别

固定资产种类繁多，规格不一，要强化固定资产管理，做好固定资产核算，必须科学地设置固定资产分类，为核算和统计管理提供依据。每个企业都应根据自身的运营特点和管理需求，制定出适合的固定资产分类方案。

"资产类别"窗口中各功能的属性如下所述。

- 类别编码：为方便记忆和使用，给资产类别定一个编号，编号由其所有上级类别编码和输入的本级编码共同构成，所有上级编码已定义好并自动带入本级编码中，不允许修改。
- 类别名称：该项资产类别的名称，不可与本级资产类别同名。
- 使用年限：输入所定义的资产类别的使用年限m年n月，缺省值继承其上级所设置的使用年限，可修改。新增资产卡片时：使用年限（月）＝m×12＋n。
- 净残值率：输入定义的资产类别的净残值率，缺省值继承其上级所设置的净残值

- 率，可修改。
- 计量单位：输入定义的资产类别的计量单位，缺省值继承其上级所设置的计量单位，可修改。
- 计提属性：是系统自动计提折旧时计提的基本原则，可以用参照的方式选择。计提属性有3个选项：总计提折旧（一般指房屋建筑物类）、总不提折旧（一般指土地类）、正常计提（一般指设备类），依照现实选择其中一种情况。计提属性一旦选择并使用，则不允许修改，所以要慎重选择。
- 折旧方法：参照折旧方法集合（包括系统缺省的和自定义的），选择该类别常用的折旧方法。
- 卡片样式：从卡片样式目录中选择该资产类别对应的卡片样式，缺省为"通用"，可修改。
- 不允许转回减值准备：若选中了"不允许转回减值准备"选项时，则所有固定资产都无法填制"转回减值准备"变动单；若没选"不允许转回减值准备"选项时，但当前类别的"不允许转回减值准备"选项选中时，则只有当前类别的固定资产不允许填制"转回减值准备"变动单，可以修改。
- 新增资产当月计提折旧：若选中"新增资产当月计提折旧"选项，则该处选项默认选中，可修改；若没选中"新资产当月计提折旧"选项，则该处选项默认不选中，可修改。
- 固定资产缺省入账科目：只有选中"按资产类别设置缺省科目"选项时才可以编辑，缺省值继承其上级所设置的固定资产缺省入账科目，可以修改。
- 累计折旧缺省入账科目：只有选中"按资产类别设置缺省科目"选项时才可以编辑，缺省值继承其上级所设置的累计折旧缺省入账科目，可以修改。
- 减值准备缺省入账科目：只有选中"按资产类别设置缺省科目"选项时才可以编辑，缺省值继承其上级所设置的减值准备缺省入账科目，可以修改。
- 固定资产清理缺省入账科目：只有选中"按资产类别设置缺省科目"选项时才可以编辑，缺省值继承其上级所设置的减值准备缺省入账科目，可以修改。

6.2.4 设置部门及对应折旧科目

固定资产折旧要计入成本或费用科目，分配的依据就是按照固定资产的使用部门，如管理部门使用的固定资产折旧计入管理费用科目、销售部门使用的固定资产折旧计入销售费用科目、生产车间使用的固定资产折旧计入制造费用。为每个部门指定折旧科目是为将来折旧费用分配提供分配依据。

6.2.5 设置增减方式对应科目

增减方式包括增加方式和减少方式两类。增加的方式主要有直接购入、投资者投入、捐赠、盘盈、在建工程转入、融资租入。减少的方式主要有：出售、盘亏、投资转出、捐赠转出、报废、毁损、融资租出、拆分减少等。

对于常用固定资产增减方式设置对应入账科目，如对于"直接购入"方式增加的固定资产设置了其对应入账科目为"10020101人民币户"，在新增资产填制固定资产卡片时需要指明资产增加方式为"直接购入"，保存卡片生成凭证时，系统会借记"固定资产"科目（在建立固定资产账套时定义的固定资产入账科目），贷记"10020101人民币户"（在增减方式对应科目中定义）。

增减固定资产对应科目的步骤如下所述。

（1）选择要增加下级增减方式的上级方式，单击"增加"按钮，弹出"单张视图"选项卡，如图6-19所示。

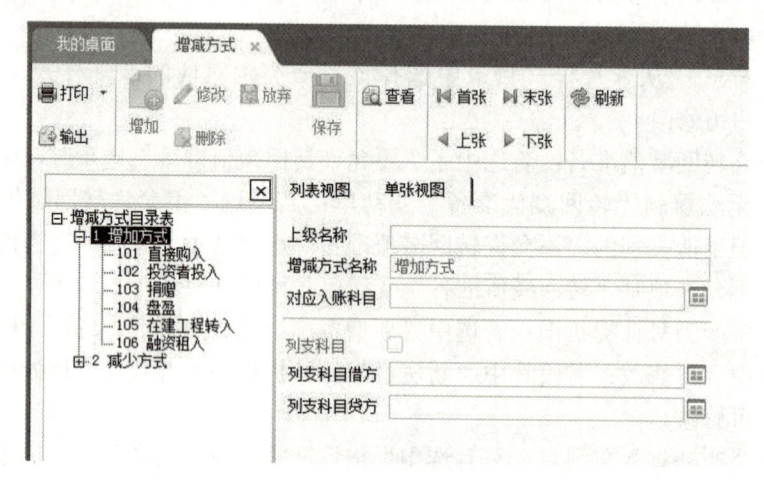

图6-19 "单张视图"选项卡

（2）输入"增减方式名称"和"对应入账科目"。

（3）单击"修改"或"删除"按钮即可修改或删除增减方式。

（4）若选中"执行事业单位会计制度"选项时，还可对增加方式是否使用列支科目进行选择，如选中"列支科目"，还要确定具体的借贷方科目。

6.2.6 录入原始卡片

原始卡片指卡片记录的资产的开始使用日期的月份先于其录入系统的月份。

在使用固定资产系统进行核算前，必须将原始卡片资料录入系统，保持历史资料的连续性。原始卡片的录入不限制必须在第一个期间结账前，任何时候都可以录入原始卡片。

固定资产卡片是固定资产管理的基础数据。原始卡片是指在正式启用用友U8固定资产管理系统之前，企业购入的固定资产的档案资料。固定资产卡片中包括固定资产核算和管理的一些关键信息，重点说明如下。

- 使用部门：与折旧费用分摊相关，选择使用部门后，对应折旧科目自动带出。
- 增加方式：与自动凭证相关，决定了贷方科目。
- 使用年限：与折旧计算相关，用月份数表示。
- 开始使用日期、原值和累计折旧：与折旧计算相关。

录入原始卡片的操作步骤如下所述。

（1）从"卡片"菜单中选择"录入原始卡片"功能菜单，显示资产类别参照界面，如图6-20所示。

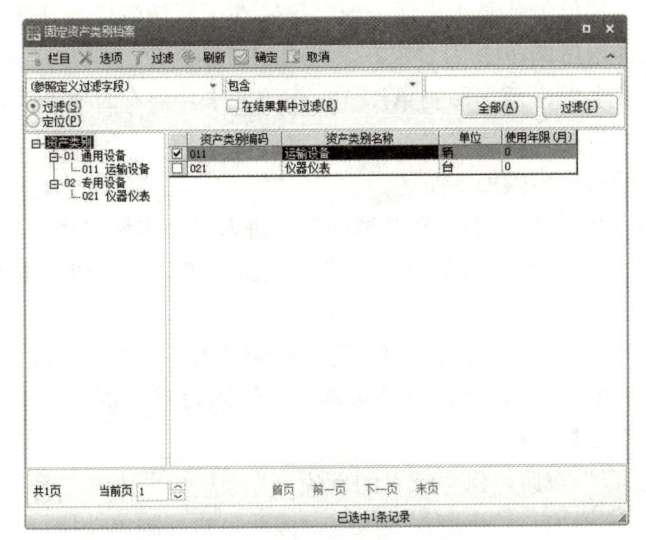

图6-20 "固定资产类别档案"窗口

（2）从中选择要录入的卡片所属的资产类别。

（3）双击选中的资产类别或单击"确定"按钮，显示固定资产卡片录入界面，用户可在此录入或参照选择各项目的内容。

（4）资产的主卡录入后，单击其他页签，输入附属设备和录入以前，资产发生的各种变动。附属页签上的信息只供参考，不参与计算。

（5）单击"保存"按钮，录入的卡片已经存入系统。

（6）先选择资产类别是为了确定卡片的样式。如果在查看一张卡片或刚完成录入一张卡片的情况下，进行原始卡片的录入操作，直接出现卡片界面，缺省的类别为该卡片的类别。

6.2.7 对账

系统在运行的过程中，应该保证本系统管理的固定资产的价值和账务系统中固定资产科目的数值相等。两个系统的资产价值是否相等，可通过执行本系统提供的对账功能查看。

对账操作不限制执行的时间，任何时候均可进行对账。系统在执行期末结账时自动对一次账，给出对账结果，并根据初始化或选项中的判断确定不平情况下是否允许结账。

6.2.8 资产增减、变动处理并生成凭证

1. 增加固定资产

资产增加操作也称为"新卡片录入"，与"原始卡片录入"相对应。

在日常使用过程中，可能会购进或通过其他方式增加企业资产，该部分资产通过"资产增加"操作录入系统。资产通过哪种方式录入，在于资产的开始使用日期，只有当开始

使用日期的期间与录入的期间一致时，才能通过资产增加录入。

新增固定资产与原始卡片录入界面一致，区别在于新增资产的开始使用日期为当月，而原始卡片的开始使用日期在U8固定资产系统启用日期之前。

因为设置了"业务发生后立即制单"选项，因此卡片保存时立即生成财务核算凭证。借记固定资产科目，贷记与增减方式对应的指定科目。

增加固定资产的操作步骤如下所述。

（1）选择"卡片"菜单下的"资产增加"，进入资产类别选择界面。

（2）选择要录入的卡片所属的资产类别，点击"确认"按钮，进入新增资产卡片录入窗口。

（3）录入或参照选择各项目的内容，资产增加录入日期不能修改。

（4）录入资产的主卡后，单击其他选项卡，输入附属设备及其他信息。附属页签上的信息只供参考，不参与计算。

（5）单击"保存"按钮，保存录入的卡片。

（6）由于为资产增加，该资产需要入账，因此可执行制单功能。

2. 减少固定资产

资产在使用过程中，会由于各种原因导致资产减少、毁损、出售、盘亏、退出企业等操作都称为"资产减少"。固定资产系统提供资产减少的批量操作，能同时清理一批资产。在进行减少操作后，可以在该系统中查看已减少的资产，还可以撤销已减少的资产。

固定资产减少时，需要选择对应的固定资产卡片，说明减少方式、减少原因等。若设置了"业务发生后立即制单"选项，保存固定资产卡片的同时，生成财务核算凭证。

固定资产减少的操作步骤如下所述。

（1）选择"卡片"菜单下的"资产减少"。

（2）选择要减少的资产。如果要减少的资产较少或没有共同点，则通过输入卡片编号或资产编号，然后单击"增加"按钮，将资产添加到资产减少表中。如果要减少的资产较多并且有共同点，则可通过"条件"功能，将符合该条件集合的资产挑选出来进行减少操作。

（3）在表内输入资产减少的信息，包括减少日期、减少方式、清理收入、增值税、清理费用、清理原因。若清理收入和费用尚不清楚，可以以后在该卡片的附表的"清理信息"中输入。

（4）单击"确定"按钮即可完成资产减少的操作。

固定资产减少后可查看已减少的资产。

根据会计档案管理规定，原始单据要保留一段时间供查阅，只有过了该期间的才可以销毁。固定资产系统可查阅已减少的资产的卡片，并且可以设置系统将这些资料完全删除的时限。

在卡片管理界面中，从卡片列表上边的下拉框中选择"已减少资产"，列示的是已减少的资产集合，双击任一行，便可查看该资产的卡片。

> **提示**
> - 所输入的资产的清理信息可以通过该资产的附属页签"减少信息"查看。
> - 若当前账套设置了计提折旧，则需在计提折旧后才可执行资产减少。

若要恢复已减少的资产，可使用"撤销减少"功能，但只有当月减少的资产可以通过该功能恢复。下面两个方法可以撤销已减少的资产。

方法一：从卡片管理界面中，选择"已减少资产"，选中要恢复的资产，左树菜单"卡片"菜单下会增加节点"撤销减少"，单击该节点，可以撤销该资产的减少操作。

方法二：在卡片管理列表中，选择"已减少资产"，在显示出的已减少资产列表中，选中要恢复的资产，单击工具栏中的"撤销减少"，可以恢复该资产。

> **提示**
> 如果资产减少的操作已制作凭证，则必须删除凭证后才能恢复。

3. 固定资产变动

资产变动要求输入相应的"变动单"来记录资产调整结果。变动单是指资产在使用过程中因固定资产卡片上某些项目调整而编制的原始凭证。

根据变动原因不同设置了不同的变动单。变动单一般要记录：变动的资产、金额变动的原因等。

如果涉及价值变动（如原值增加），则还要生成相应的财务核算凭证。

6.2.9 折旧处理并生成凭证

计提折旧时，系统将自动计提所有资产当期折旧额，并将当期的折旧额自动累加到累计折旧项目中。计提工作完成后，需要进行折旧分配，形成折旧费用，系统除了自动生成折旧清单外，同时还会生成折旧分配表，从而完成本期折旧费用登账工作。

系统提供的折旧清单显示了所有应计提折旧资产所计提的折旧数据额。

折旧分配表是制作记账凭证，把计提折旧额分配到有关成本和费用的依据，折旧分配表有两种类型：类别折旧分配表和部门折旧分配表。生成折旧分配表由"折旧汇总分配周期"决定，因此，制作记账凭证要在生成折旧分配表后进行。

计提折旧需遵循以下原则。

- 在一个期间内可以多次计提折旧，每次计提折旧后，只是将计提的折旧累加到月初的累计折旧上，不会重复累计。
- 若上次计提折旧已制单并传递到总账管理系统，则必须删除该凭证才能重新计提折旧。
- 计提折旧后，若又对资产进行了折旧计算或分配的操作，则必须重新计提折旧，否则系统不允许结账。
- 若自定义的折旧方法月折旧率或月折旧额出现负数，系统自动中止计提。

- 资产的使用部门和资产折旧要汇总的部门可能不同，为了加强资产管理，使用部门必须是明细部门，而折旧分配部门不一定要分配到明细部门。不同的单位处理可能不同，因此要在计提折旧后、分配折旧费用时做出选择。

6.3 案例解析

案例素材

以系统管理员admin的身份登录用友U8系统管理，引入"案例素材\第6章"文件夹下的账套文件Y6_01。

以2011账套主管的身份（密码为空）登录201账套，登录日期为"2017-01-11"。

1. 建立账套参数

账套参数如表6-1所示。

表6-1 账套参数

建账向导	参数设置
约定与说明	我同意
启用月份	2017.01
折旧信息	本账套计提折旧 折旧方法：年数总和法 折旧汇总分配周期：1个月 当（月初已计提月份 = 可使用月份 - 1）时，将剩余折旧全部提足
编码方式	资产类别编码方式：2 1 1 2 固定资产编码方式：按"类别编码 + 部门编码 + 序号"自动编码 卡片序号长度为3
财务接口	与账务系统进行对账 对账科目： 固定资产对账科目：1601 固定资产 累计折旧对账科目：1602 累计折旧 在对账不平情况下，允许固定资产期末结账

2. 设置选项

业务发生后立即制单。

固定资产缺省入账科目：1601；累计折旧缺省入账科目：1602；增值税进项税额缺省入账科目：22210101。

3. 设置资产类别账套参数

资产类别账套参数如表6-2所示。

表6-2　资产类别账套参数

编码	类别名称	净残值率	单位	计提属性	卡片样式
01	通用设备			正常计提	含税卡片样式
011	运输设备	5%	辆	正常计提	含税卡片样式
02	专用设备			正常计提	含税卡片样式
021	仪器仪表	3%	台	正常计提	含税卡片样式

4.设置部门及对应折旧科目

部门与对应折旧科目如表6-3所示。

表6-3　部门对应的折旧科目

部门	对应折旧科目
总经办、财务部、采购部	660206 管理费用/折旧费
销售部	660106 销售费用/折旧费
生产部	510102 制造费用/折旧费

5.设置增减方式对应科目

增减方式的对应入账科目如表6-4所示。

表6-4　增减方式的对应入账科目

增减方式目录	对应入账科目
增加方式	
直接购入	10020101，中行存款/人民币户
减少方式	
毁损	1606，固定资产清理

6.录入原始卡片

原始卡片信息如表6-5所示。

表6-5　原始卡片信息

固定资产名称	类别编号	所在部门	增加方式	使用年限（月）	使用状况	开始使用日期	原值	累计折旧
长城货车	011	销售一部	直接购入	72	在用	2016-07-01	31 500	3 985
检测仪器	021	生产部	直接购入	60	在用	2016-07-01	80 00	1 205
合计							39 500	5 190

7.期初对账

执行"处理"→"对账"命令，与账务对账，验证期初余额录入的正确性。

8.资产增减、变动处理并生成凭证

长城货车添置新配件,费用为6 000元,用中行转账支票支付,票号17105。变动原因:增加配件,录入变动单并生成凭证。

9. 折旧处理并生成凭证

计提本月固定资产折旧并生成凭证。

10. 输出账套

将操作结果输出至"案例解析\第6章\X6_01"文件夹中。

操作步骤

在"案例解析\第6章"下新建一个文件夹,命名为X6_01。

已经以系统管理员身份引入账套Y6_01,并以2011账套主管的身份(密码为空)登录201账套,登录日期为"2017-01-11"。

1. 建立固定资产账套

(1)在企业应用平台"业务工作"选项卡中,执行"财务会计"→"固定资产"命令,系统弹出提示"这是第一次打开此账套,还未进行过初始化,是否进行初始化?",如图6-21所示,单击"是"按钮,打开"初始化账套向导"对话框。

图6-21　信息提示框

(2)在"初始化账套向导"-"约定及说明"对话框中,仔细阅读U8固定资产管理的相关原则,选中"我同意"单选按钮,如图6-22所示。

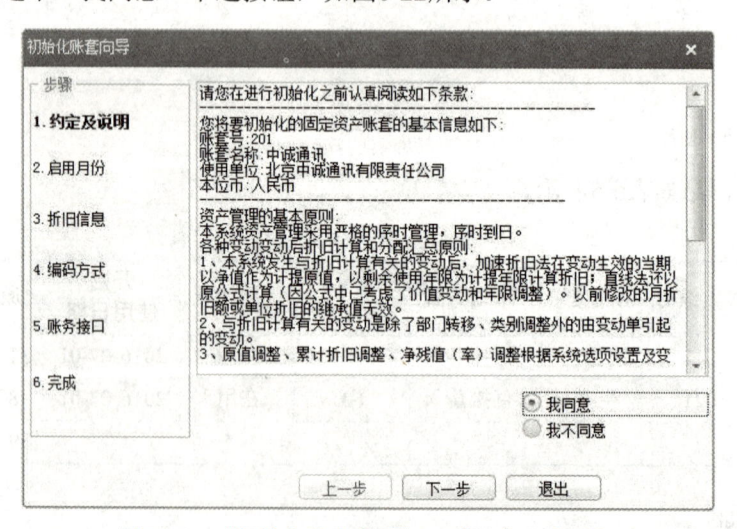

图6-22　"初始化账套向导"-"约定及说明"

(3)单击"下一步"按钮,打开"初始化账套向导"-"启用月份"对话框,确认账套启用月份为"2017.01",如图6-23所示。

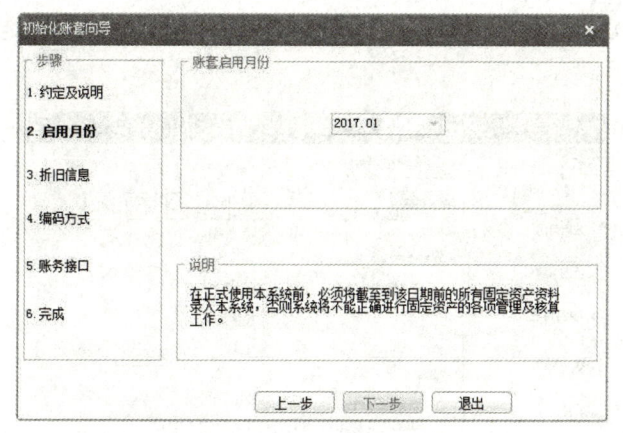

图6-23 "初始化账套向导"-"启用月份"

（4）单击"下一步"按钮，打开"初始化账套向导"-"折旧信息"对话框。勾选"本账套计提折旧"复选框；选择主要折旧方法"年数总和法"，折旧汇总分配周期"1个月"；勾选"当（月初已计提月份=可使用月份－1）时将剩余折旧全部提足（工作量法除外）"复选框，如图6-24所示。

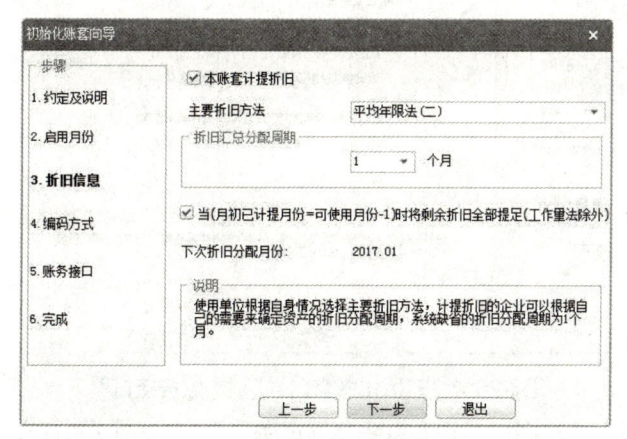

图6-24 "初始化账套向导"-"折旧信息"

> **提示**
> - 如果是行政事业单位，不勾选"本账套计提折旧"复选框，则账套内所有与折旧有关的功能都会被屏蔽，该选项在初始化设置后不能修改。
> - 虽然这里选择了某种折旧方法，但在设置资产类别或定义具体固定资产时可以更改该设置。

（5）单击"下一步"按钮，打开"初始化账套向导"-"编码方式"对话框，输入"编码长度"为"2112"；选中"自动编号"单选按钮，选择固定资产编码方式"类别编号+部门编号+序号"，"序号长度"设置为3，如图6-25所示。

（6）单击"下一步"按钮，打开"初始化账套向导"-"财务接口"对话框。勾选"与账务系统进行对账"复选框；固定资产对账科目选择"1601，固定资产"，累计折旧

163

对账科目选择"1602，累计折旧"；勾选"在对账不平情况下允许固定资产月末结账"复选框，如图6-26所示。

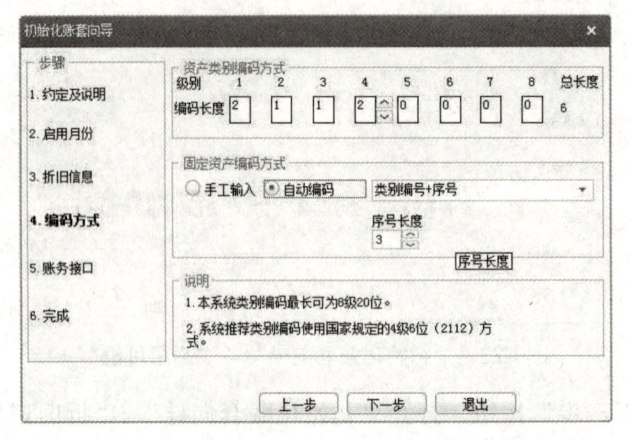

图6-25 "初始化账套向导"-"编码方式"

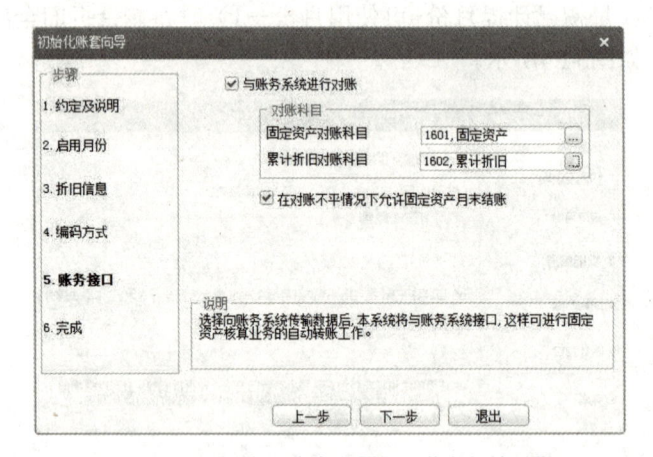

图6-26 "初始化账套向导"-"账务接口"

（7）单击"下一步"按钮，打开"初始化账套向导 – 完成"对话框，如图6-27所示。

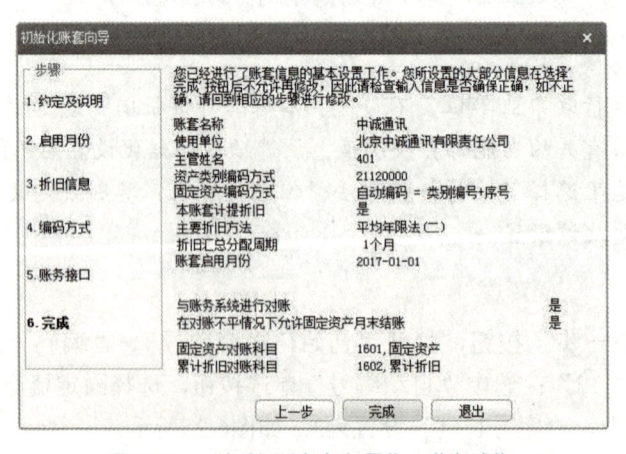

图6-27 "初始化账套向导"-"完成"

（8）单击"完成"按钮，完成本账套的初始化，系统弹出提示，如图6-28所示，单

164

击"是"按钮。

（9）系统弹出提示"已成功初始化本固定资产账套！"，如图6-29所示，单击"确定"按钮。

图6-28　信息提示框1　　　　图6-29　信息提示框2

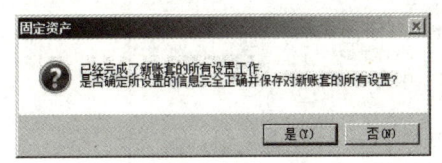

> **提示**
>
> - 在固定资产"初始化账套向导"-"启用月份"对话框中所列示的启用月份只能查看，不能修改。启用日期确定后，在该日期前的所有固定资产都将作为期初数据，在启用月份开始计提折旧。
> - 在固定资产"初始化账套向导"-"折旧信息"中，当（月初已计提月份=可使用月份−1）时，将剩余折旧全部提足（工作量法除外）是指除工作量法外，只要满足上述条件，则该月折旧额=净值−净残值，并且不能手工修改；如果不选该项，则该月不提足折旧，并且可手工修改。但如以后各月按照公式计算的月折旧率或折旧额是负数时，则认为公式无效，月折旧率=0，月折旧额=净值−净残值。
> - 固定资产编码方式包括手工输入和自动编码两种。自动编码方式包括"类别编号+序号""部门编号+序号""类别编号+部门编号+序号"和"部门编号+类别编号+序号"。类别编号中的序号长度可自由设定为1~5位。
> - 资产类别编码方式设定以后，一旦某一级设置类别，则该级的长度不能修改，未使用过的各级长度可以修改。每一个账套的自动编码方式只能选择一种，一经设定，该自动编码方式不得修改。
> - 固定资产对账科目和累计折旧对账科目应与账务系统内的对应科目一致。
> - 对账不平不允许结账是指在存在对应的账务账套的情况下，本系统在月末结账前自动执行一次对账，给出对账结果。如果不平，说明两系统出现偏差，应予以调整。
> - 初始化设置完成后，有些参数不能修改，所以要慎重。如果发现参数有错，必须改正的，只能通过在固定资产系统执行"维护"→"重新初始化账套"命令实现，该操作将清空对该子账套所做的一切工作。

2．设置选项

（1）执行"设置"→"选项"命令，打开"选项"对话框。

（2）单击"编辑"按钮，切换到"与账务系统接口"选项卡，设置"[固定资产]缺省入账科目"为"1601"，"固定资产[累计折旧]缺省入账科目"为"1602"，"[增值税进项税额]缺省入账科目"为"22210101，进项税额"，如图6-30所示。

(3) 单击"确定"按钮返回。

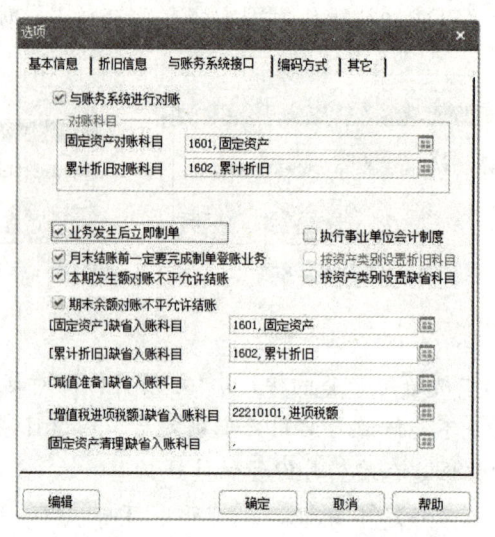

图6-30 "选项"-"与账务系统接口"

3. 设置资产类别

(1) 执行"设置"→"资产类别"命令,进入"资产类别"界面,如图6-31所示。

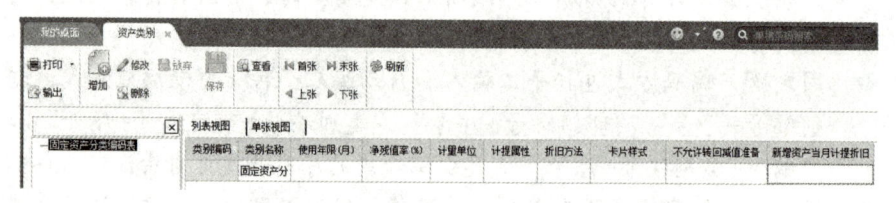

图6-31 "资产类别"-"列表视图"

(2) 单击"增加"按钮,在打开的界面(如图6-32所示)中输入"类别名称"为"通用设备",单击"卡片样式"参照按钮,打开"卡片样式参照"对话框,选择"含税卡片样式",如图6-33所示。

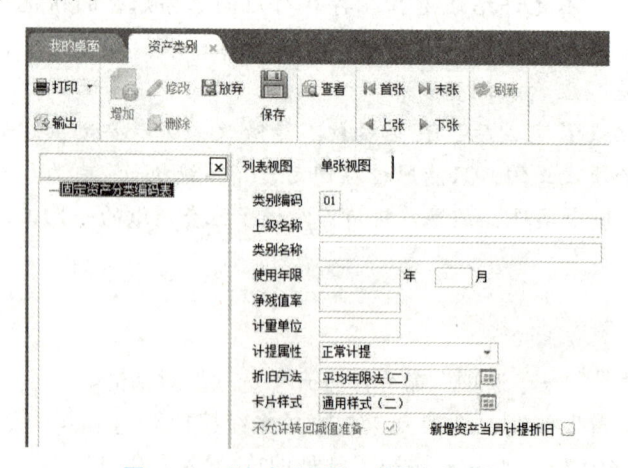

图6-32 "资产类别"-"单张视图"

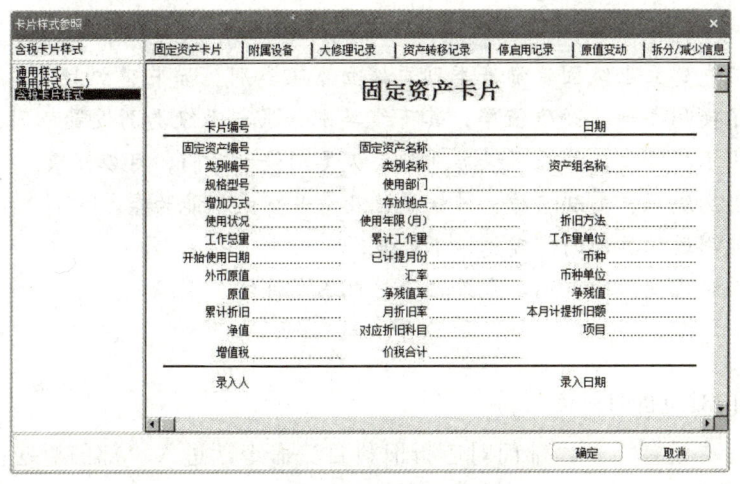

图6-33 选择含税卡片样式

（3）单击"确定"按钮返回，然后单击"保存"按钮。

（4）继续增加"02专用设备"，单击"保存"按钮，然后单击"放弃"按钮，系统提示"是否取消本次操作？"，如图6-34所示，单击"是"按钮，返回"资产类别"界面。

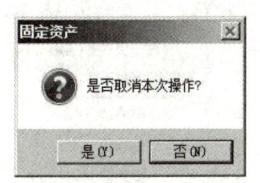

图6-34 信息提示框

（5）选中"固定资产分类编码表"中的"01 通用设备"分类，然后单击"增加"按钮，增加"011运输设备"，如图6-35所示。

（6）单击"保存"按钮。以此方法继续录入其他固定资产分类。

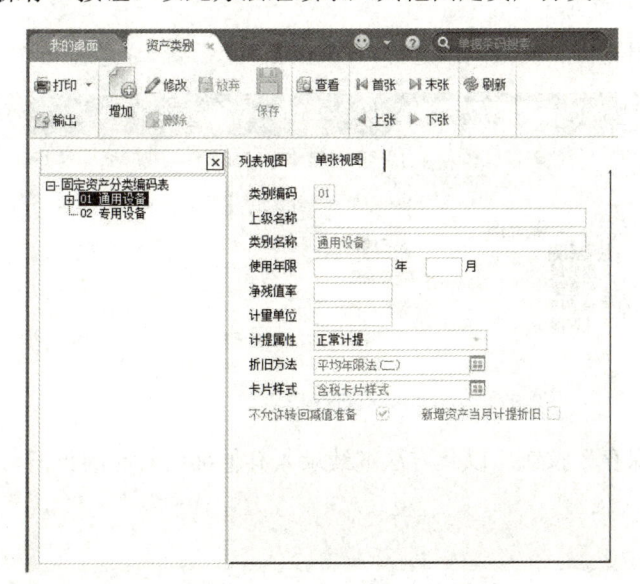

图6-35 增加资产类别

> **提示**
> - 应先建立上级固定资产类别再建立下级类别。如果建立上级类别时就设置了使用年限、净残值率，其下级类别如果与上级类别设置相同，可自动继承不用修改；如果下级类别与上级类别设置不同，可以修改。
> - 类别编码、类别名称、计提属性及卡片样式不能为空。
> - 使用过的类别的计提属性不能修改。
> - 系统已使用的类别不允许删除，也不允许增加下级。

4.设置部门对应折旧科目

（1）执行"设置"→"部门对应折旧科目"命令，进入"部门对应折旧科目"界面，如图6-36所示。

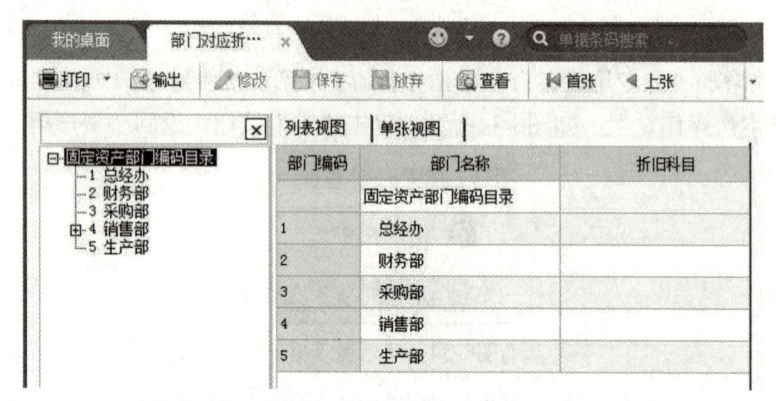

图6-36　"部门对应折旧科目"-"列表视图"

（2）从左侧的固定资产部门编码目录中选择"总经办"，单击"修改"按钮，自动切换到"单张视图"选项卡。

（3）在"折旧科目"栏录入或选择"660206，折旧费"，如图6-37所示。

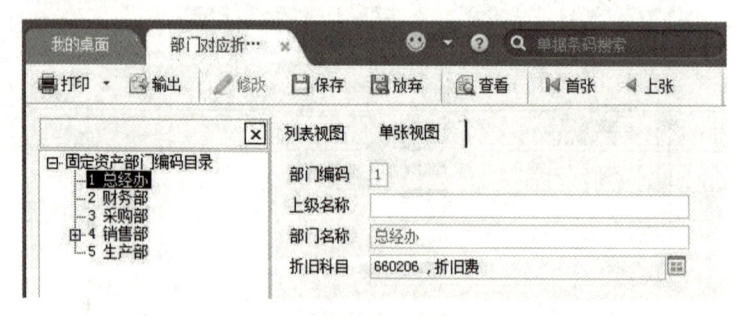

图6-37　"部门对应折旧科目"-"单张视图"

（4）单击"保存"按钮。以此方法继续录入其他部门对应的折旧科目。

> **提示**
> - 本系统录入卡片时，只能选择明细级部门，所以设置折旧科目也只有给明细级部门设置才有意义。如果某一上级部门设置了对应的折旧科目，则下级部门自动继承上级部门的设置，也可以选择不同的科目，即上下级部门的折旧科目可以相同，也可以不同。
> - 当为销售部设置对应的折旧科目为"660106，折旧费"时，系统会提示"是否将[销售部]部门的所有下级部门的折旧科目替换为[折旧费]？如果选择是，请在成功保存后点[刷新]按钮查看"，如图6-38所示。单击"是"按钮，则可将销售部的两个下级部门的折旧科目一并设置完成。 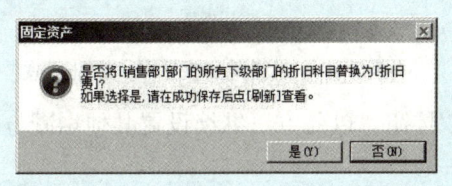
>
> 图6-38 信息提示框
>
> - 设置部门对应的折旧科目时，必须选择末级会计科目。

5．设置固定资产的增减方式及对应入账科目

（1）执行"设置"→"增减方式"命令，打开"增减方式"界面，如图6-39所示。

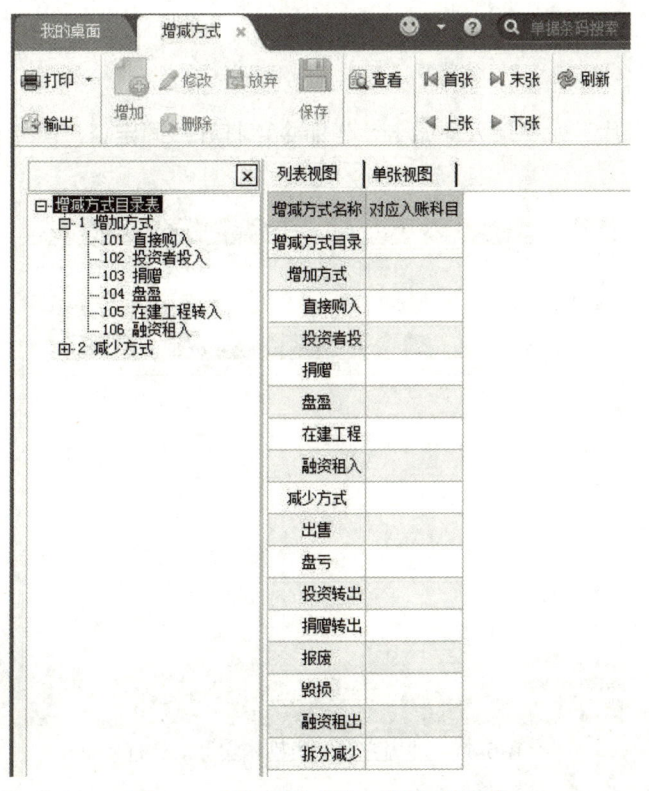

图6-39 "增减方式"-"列表视图"

（2）单击选中"直接购入"所在行，再单击"修改"按钮，切换到"单张视图"选项卡，在"对应入账科目"栏录入"10020101"，如图6-40所示。

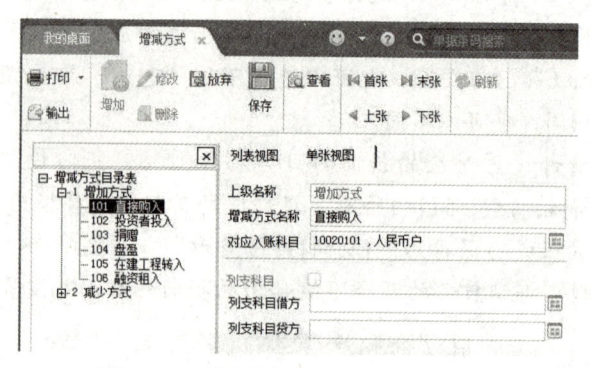

图6-40 "增减方式"-"单张视图"

（3）单击"保存"按钮。以此方法继续设置其他增减方式对应的入账科目。

> **提示**
> - 在资产增减方式中设置的对应入账科目在生成凭证时将作为默认项。
> - 因为本系统提供的报表中有固定资产盘盈盘亏报表，所以增减方式中"盘盈""盘亏""毁损"不能修改和删除。
> - 非明细增减方式不能删除，已使用的增减方式不能删除。
> - 生成凭证时，如果入账科目发生了变化，可以及时修改。

6.录入原始卡片

（1）执行"卡片"→"录入原始卡片"命令，打开"固定资产类别档案"对话框，如图6-41所示。

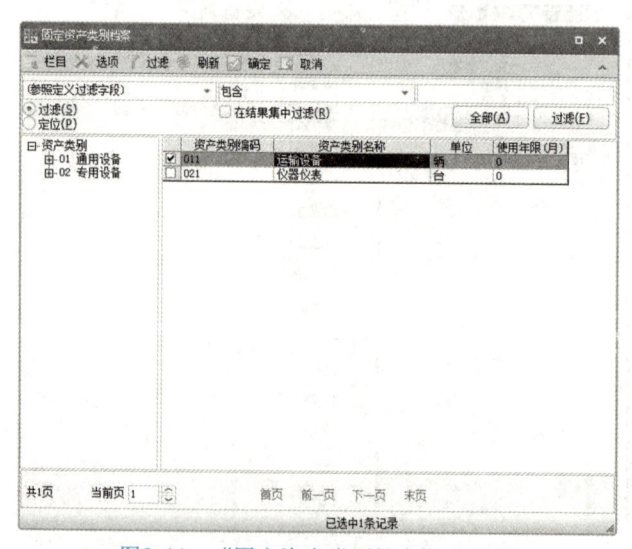

图6-41 "固定资产类别档案"对话框

（2）选择"011运输设备"前的复选框，按Enter键后打开"固定资产卡片[录入原始卡片：00001号卡片]"窗口。

（3）在"固定资产名称"栏录入"长城货车"，单击"使用部门"栏，再单击"使用部门"按钮，打开"固定资产"对话框，如图6-42所示。默认"单部门使用"，单击"确定"按钮，进入"部门基本参照"对话框。选择"销售一部"，单击"确定"按钮，如图6-43所示。

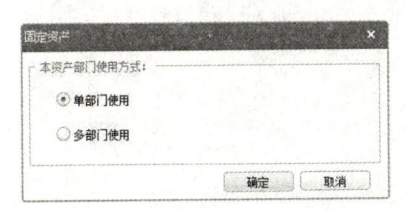

图6-42　"固定资产"对话框

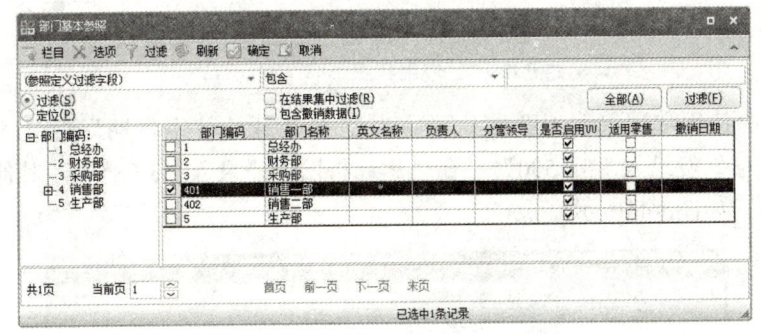

图6-43　"部门基本参照"对话框

> **提示**
> 选择使用部门后，对应折旧科目自动带出。

（4）单击"增加方式"栏，再单击"增加方式"按钮，打开"固定资产增加方式"对话框，选择"101 直接购入"，如图6-44所示，单击"确定"按钮。

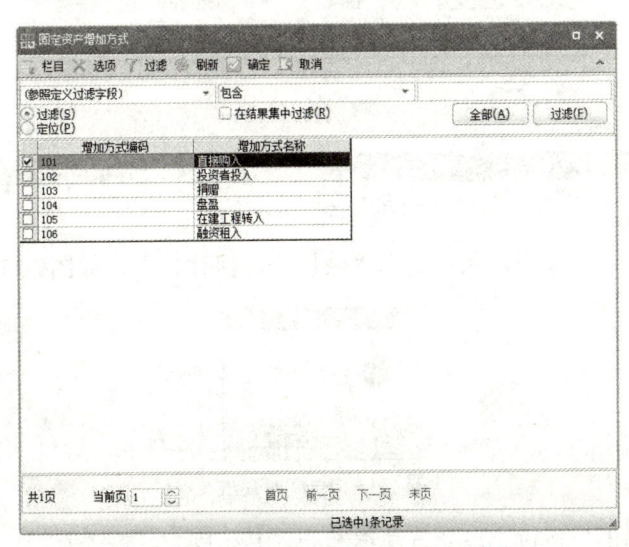

图6-44　"固定资产增加方式"对话框

（5）单击"使用状况"栏，再单击"使用状况"按钮，打开"使用状况参照"对话框，如图6-45所示。选择"1001 在用"，单击"确定"按钮。

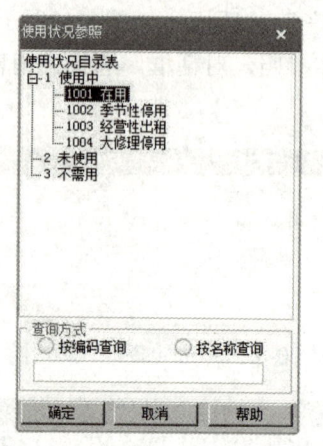

图6-45 "使用状况参照"对话框

（6）在"使用年限（月）"栏，录入72。在"开始使用日期"栏录入"2016-07-01"，在"原值"栏录入"31 500"，在"累计折旧"栏录入"3 985"，其他相关信息系统将自动计算，如图6-46所示。

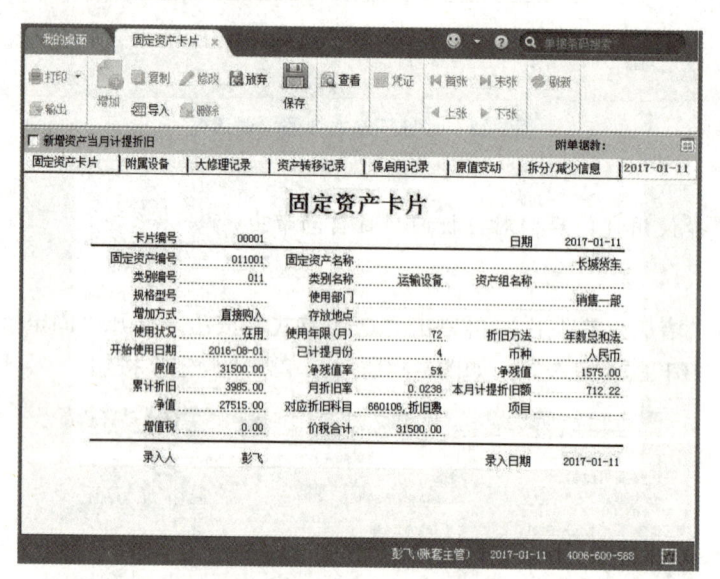

图6-46 录入原始卡片

（7）单击"保存"按钮，系统提示"数据成功保存！"，如图6-47所示。

图6-47 信息提示框

（8）单击"确定"按钮。以此方法继续录入其他固定资产卡片。

> **提示**
> - 在"固定资产卡片"界面中,除"固定资产卡片"选项卡外,还有若干的附属选项卡,附属选项卡上的信息只供参考,不参与计算,也不回溯。
> - 在执行原始卡片录入或资产增加功能时,可以为一个资产选择多个使用部门。
> - 当资产为多部门使用时,原值、累计折旧等数据可以在多部门间按设置的比例分摊。
> - 单个资产对应多个使用部门时,卡片上的"对应折旧科目"处不能输入,默认为选择使用部门时设置的折旧科目。

7. 期初对账

(1) 执行"资产对账"→"对账"命令,与账务对账,验证期初余额录入的正确性,如图6-48所示。

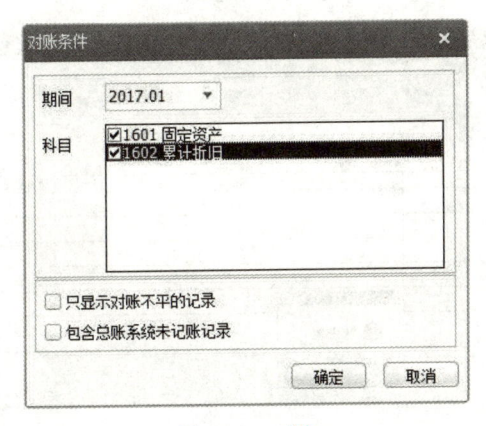

图6-48 对账

(2) 单击"确定"按钮,弹出"对账"窗口,如图6-49所示。

图6-49 "对账"窗口

8. 资产增减、变动处理并生成凭证

长城货车添置新配件,费用为6 000元,用中行转账支票支付,票号17105。变动原因:增加配件,录入变动单并生成凭证。

(1) 执行"变动单"→"原值增加"命令,进入"固定资产变动单"界面。

(2) 选择卡片编号"00001","增加金额"录入"6 000","变动原因"录入"增加配件",如图6-50所示。

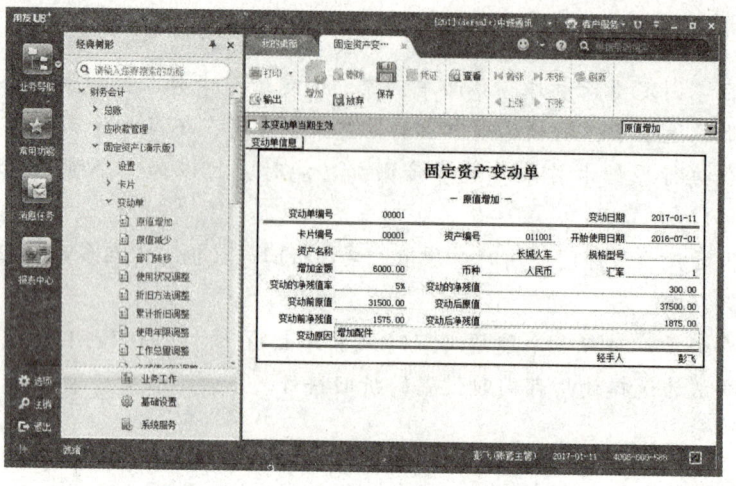

图6-50 "固定资产变动单"-原值增加

（3）单击"保存"按钮，进入"填制凭证"窗口。系统弹出"数据成功保存！"信息提示框，如图6-51所示，单击"确定"按钮返回。

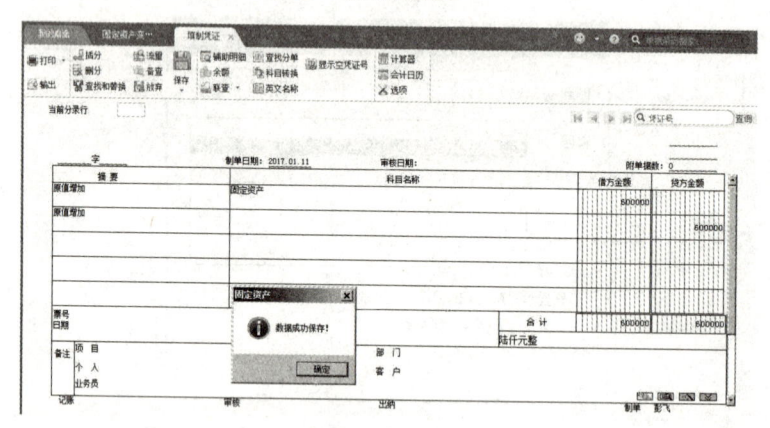

图6-51 数据保存成功

（4）凭证类别选择"付款凭证"，贷方科目输入"10020101"，系统弹出"辅助项"对话框，输入相关信息，如图6-52所示。

（5）单击"确定"按钮。单击"保存"按钮保存凭证。

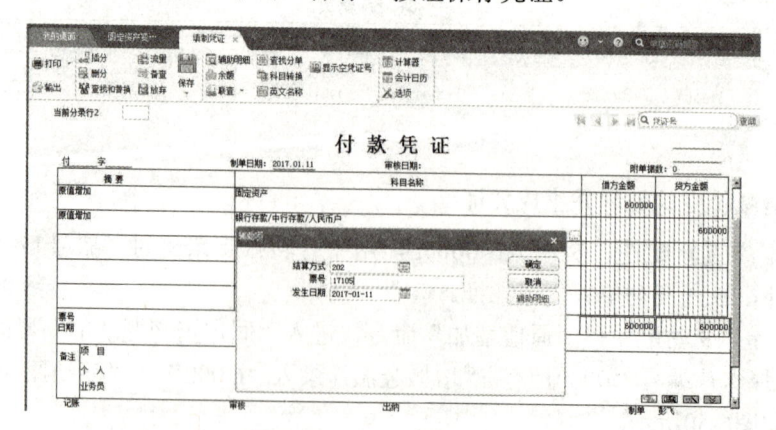

图6-52 原值增加生成凭证

> **提示**
> - 资产变动主要包括原值变动、部门转移、使用状况变动、使用年限调整、折旧方法调整、净残值（率）调整、工作总量调整、累计折旧调整、资产类别调整等。系统对已做出变动的资产，要求输入相应的变动单来记录资产调整结果。
> - 变动单不能修改，只有当月的可删除重做，所以请仔细检查后再保存。
> - 必须保证变动后的净值大于变动后的净残值。

9.折旧处理并生成凭证

计提本月固定资产折旧并生成凭证。

（1）执行"折旧计提"→"计提本月折旧"命令，系统弹出"是否要查看折旧清单？"信息提示框，如图6-53所示。

（2）单击"是"按钮，系统提示"本操作将计提本月折旧，并花费一定时间，是否继续？"信息提示框，如图6-54所示。单击"是"按钮，打开"折旧清单"窗口，如图6-55所示。

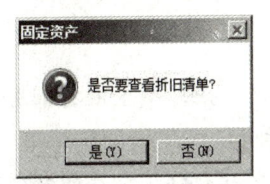

图6-53　信息提示框1

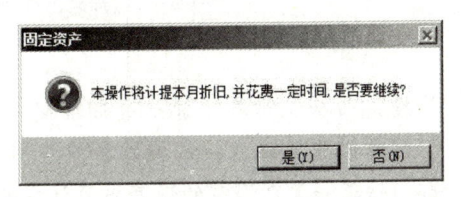

图6-54　信息提示框2

图6-55　"折旧清单"窗口

（3）单击"退出"按钮，系统弹出提示信息并打开"折旧分配表"窗口，如图6-56所示。

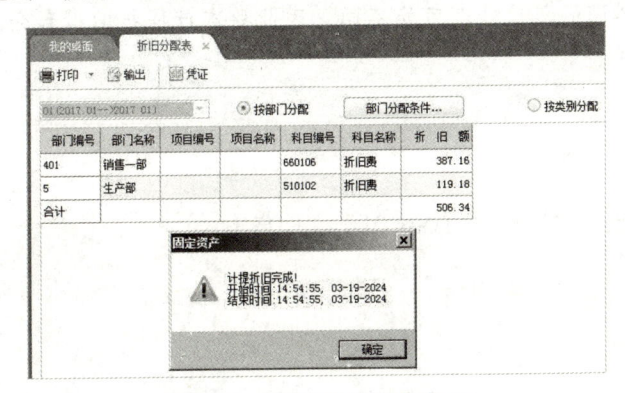

图6-56　"折旧分配表"窗口

（4）单击"确定"按钮，然后单击"凭证"按钮，生成一张记账凭证，接着修改凭证类别为"转账凭证"，单击"保存"按钮，凭证左上角出现"已生成"字样，表示凭证已传递到总账，如图6-57所示。

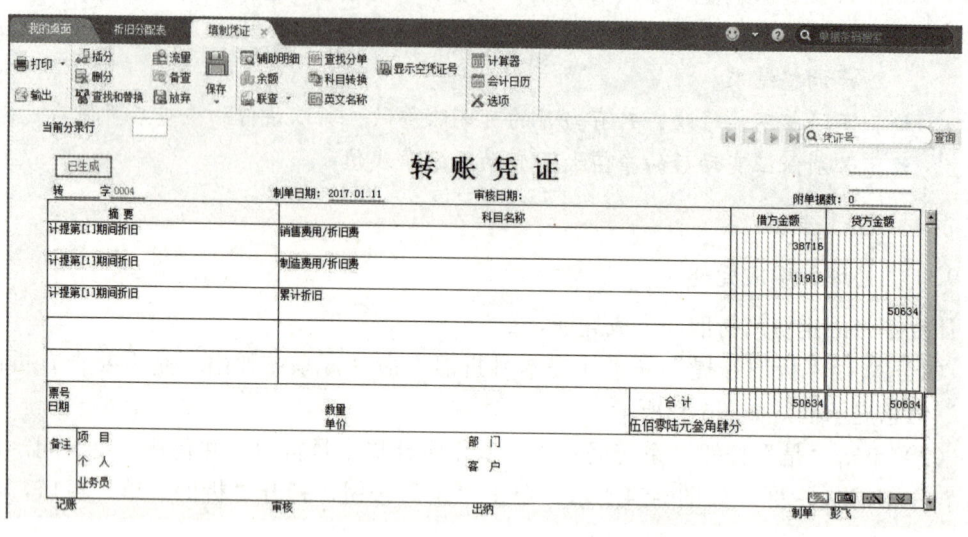

图6-57 计提折旧转账凭证生成

> **提示**
> - 计提折旧功能对各项资产每期计提一次折旧，并自动生成折旧分配表，然后制作记账凭证，将本期的折旧费用自动登账。
> - 部门转移和类别调整的资产当月计提的折旧将分配到变动后的部门和类别。
> - 在一个期间内可以多次计提折旧，每次计提折旧后，只是将计提的折旧累加到月初的累计折旧上，不会重复累计。
> - 若上次计提折旧已制单并已传送到总账系统，则必须删除该凭证才能重新计提折旧。
> - 如果计提折旧后又对账套进行了影响折旧计算或分配的操作，必须重新计提折旧，否则系统不允许结账。
> - 资产的使用部门和资产折旧要汇总的部门可能不同，为了加强资产管理，使用部门必须是明细部门，而折旧分配部门不一定分配到明细部门。不同的单位处理可能不同，因此要在计提折旧后和分配折旧费用时作出选择。

10. 输出账套

将操作结果输出至"案例解析\X6_01"文件夹中。

6.4 强化训练

实训1

在"强化实训\第6章"文件夹下新建一个文件夹，命名为X6_01。

以系统管理员admin的身份登录用友U8系统管理，引入"强化训练素材\第6章"文件夹下的账套文件Y6_01。

以2021账套主管的身份（密码为1）登录202账套，登录日期为"2017-01-01"。

1.建立账套参数

账套参数如表6-6所示。

表6-6 账套参数

建账向导	参数设置
约定与说明	我同意
启用月份	2017.01
折旧信息	本账套计提折旧 折旧方法：年数总和法 折旧汇总分配周期：1个月 当（月初已计提月份＝可使用月份－1）时，将剩余折旧全部提足
编码方式	资产类别编码方式：2 1 1 2 固定资产编码方式：按"类别编码＋序号"自动编码 卡片序号长度为5
财务接口	与总账系统进行对账 对账科目： 固定资产对账科目：1601 固定资产 累计折旧对账科目：1602 累计折旧 在对账不平的情况下不允许固定资产月末结账

2.设置选项

业务发生后立即制单。

固定资产缺省入账科目：1601，累计折旧缺省入账科目：1602，增值税进项税额缺省入账科目：22210101。

3.设置资产类别

资产类别账套参数如表6-7所示。

表6-7　资产类别账套参数

编码	类别名称	净残值率	单位	计提属性	卡片样式
01	通用设备			正常计提	含税卡片样式
011	运输设备	5%	辆	正常计提	含税卡片样式
012	电子设备	3%	台	正常计提	含税卡片样式

4. 设置部门及对应折旧科目

部门与对应折旧科目如表6-8所示。

表6-8　部门对应的折旧科目

部门	对应折旧科目
总经办	660206 管理费用/折旧费
销售部	660106 销售费用/折旧费

5. 设置增减方式对应科目

增减方式的对应入账科目如表6-9所示。

表6-9　增减方式的对应入账科目

增减方式目录	对应入账科目
增加方式	
直接购入	10020101，中行存款/人民币户
减少方式	
毁损	1606，固定资产清理

6. 录入原始卡片

原始卡片信息如表6-10所示。

表6-10　原始卡片信息

固定资产名称	类别编号	所在部门	增加方式	使用年限（月）	使用状态	开始使用日期	原值（元）	累计折旧（元）
帕萨特轿车	011	总经办	直接购入	72	在用	2015-7-1	180 000	70 794
笔记本电脑	012	销售一部	直接购入	60	在用	2016-7-1	8 000	1 204
合计							188 000	71 998

7. 期初对账

执行"处理"→"对账"命令，与总账对账，验证期初余额录入的正确性。

8. 资产增减、变动处理并生成凭证

帕萨特轿车添置新配件，费用为2 000元，用中行转账支票支付，票号17101。变动原因：添置新配件。录入变动单，并生成凭证。

9. 折旧处理并生成凭证

计提本月固定资产折旧，并生成凭证。

10. 输出账套

将操作结果输出至"X6_01"文件夹中。

实训2

在"强化实训\第6章"文件夹下新建一个文件夹，命名为X6_02。

以系统管理员admin的身份登录用友U8系统管理，引入"强化训练素材\第6章"文件夹下的账套文件Y6_02。

以2031账套主管的身份（密码为1）登录203账套，登录日期为"2017-01-01"。

1. 建立账套参数

账套参数如表6-11所示。

表6-11 账套参数

建账向导	参数设置
约定与说明	我同意
启用月份	2017.01
折旧信息	本账套计提折旧 折旧方法：双倍余额递减法（一） 折旧汇总分配周期：1个月 当（月初已计提月份＝可使用月份－1）时，将剩余折旧全部提足
编码方式	资产类别编码方式：2 1 1 2 固定资产编码方式：按"部门编码＋序号"自动编码 卡片序号长度为3
财务接口	与总账系统进行对账 对账科目： 固定资产对账科目：1601 固定资产 累计折旧对账科目：1602 累计折旧 在对账不平的情况下不允许固定资产月末结账

2. 设置选项

业务发生后立即制单。

固定资产缺省入账科目：1601，累计折旧缺省入账科目：1602，减值准备缺省入账科目：1603，增值税进项税额缺省入账科目：22210101。

3. 设置资产类别

资产类别账套参数如表6-12所示。

表6-12 资产类别账套参数

编码	类别名称	净残值率	计提属性	卡片样式
01	运输设备	5%	正常计提	含税卡片样式
02	办公设备	3%	正常计提	含税卡片样式

4. 设置部门及对应折旧科目

部门与对应折旧科目如表6-13所示。

表6-13　部门对应的折旧科目

部门	对应折旧科目
总经办、财务部	660206 管理费用/折旧费
销售部	660106 销售费用/折旧费

5. 设置增减方式对应科目

增减方式的对应入账科目如表6-14所示。

表6-14　增减方式的对应入账科目

增减方式目录	对应入账科目
增加方式	
直接购入	10020101，中行存款/人民币户
减少方式	
毁损	1606，固定资产清理

6. 录入原始卡片

原始卡片信息如表6-15所示。

表6-15　原始卡片信息

固定资产名称	类别编号	所在部门	增加方式	使用年限（月）	使用状态	开始使用日期	原值（元）	累计折旧（元）
丰田轿车	01	销售二部	直接购入	72	在用	2015-7-1	220 000	80 794
多功能一体机	02	财务部	直接购入	60	在用	2016-7-1	12 000	1 806
合计							232 000	82 600

7. 期初对账

执行"处理"→"对账"命令，与总账对账，验证期初余额录入的正确性。

8. 资产增减、变动处理并生成凭证

因业务需要，丰田轿车从销售二部转移到总经办。变动原因：业务需要。录入变动单，并生成凭证。

9. 折旧处理并生成凭证

计提本月固定资产折旧，并生成凭证。

10. 输出账套

将操作结果输出至"X6_02"文件夹中。

实训3

在"强化实训\第6章"文件夹下新建一个文件夹，命名为X6_03。

以系统管理员admin的身份登录用友U8系统管理，引入"强化训练素材\第6章"文件夹下的账套文件Y6_03。

以2041账套主管的身份（密码为空）登录204账套，登录日期为"2017-01-01"。

1. 建立账套参数

账套参数如表6-16所示。

表6-16 账套参数

建账向导	参数设置
约定与说明	我同意
启用月份	2017.01
折旧信息	本账套计提折旧 折旧方法：双倍余额递减法（一） 折旧汇总分配周期：1个月 当（月初已计提月份＝可使用月份－1）时，将剩余折旧全部提足
编码方式	资产类别编码方式：2 1 1 2 固定资产编码方式：按"部门编码＋序号"自动编码 卡片序号长度为3
财务接口	与总账系统进行对账 对账科目： 固定资产对账科目：1601 固定资产 累计折旧对账科目：1602 累计折旧 在对账不平的情况下允许固定资产月末结账

2. 设置选项

业务发生后立即制单。

固定资产缺省入账科目：1601，累计折旧缺省入账科目：1602，增值税进项税额缺省入账科目：22210101。

3. 设置资产类别

资产类别账套参数如表6-17所示。

表6-17 资产类别账套参数

编码	类别名称	净残值率	计提属性	卡片样式
01	通用设备		正常计提	含税卡片样式
011	机械设备	5%	正常计提	含税卡片样式
012	办公设备	3%	正常计提	含税卡片样式

4. 设置部门及对应折旧科目

部门与对应折旧科目如表6-18所示。

表6-18　部门对应的折旧科目

部门	对应折旧科目
总经办、财务部	660206 管理费用/折旧费
生产部	510102 制造费用/折旧费

5.设置增减方式对应科目

增减方式的对应入账科目如表6-19所示。

表6-19　增减方式的对应入账科目

增减方式目录	对应入账科目
增加方式	
投资者投入	4001，实收资本
减少方式	
毁损	1606，固定资产清理

6.录入原始卡片

原始卡片信息如表6-20所示。

表6-20　原始卡片信息

固定资产名称	类别编号	所在部门	增加方式	使用年限（月）	使用状态	开始使用日期	原值（元）	累计折旧（元）
恒温箱	011	生产部	直接购入	72	在用	2016-7-1	21 500	2 720
IBM 服务器	012	财务部	直接购入	60	在用	2016-7-1	12 000	1 806
合计							33 500	4 526

7.期初对账

执行"处理"→"对账"命令，与总账对账，验证期初余额录入的正确性。

8.资产增减、变动处理并生成凭证

对恒温箱计提1 000元减值准备，变动原因：技术进步。录入变动单，并生成凭证。

9.折旧处理并生成凭证

计提本月固定资产折旧，并生成凭证。

10.输出账套

将操作结果输出至"强化训练\X6_03"文件夹中。

实训4

在"强化实训\第6章"文件夹下新建一个文件夹，命名为X6_04。

以系统管理员admin的身份登录用友U8系统管理，引入"强化训练素材\第6章"文件夹下的账套文件Y6_04。

以2051账套主管的身份（密码为空）登录205账套，登录日期为"2017-01-01"。

1. 建立账套参数

账套参数如表6-21所示。

表6-21　账套参数

建账向导	参数设置
约定与说明	我同意
启用月份	2017.01
折旧信息	本账套计提折旧 折旧方法：平均年限法（一） 折旧汇总分配周期：1个月 当（月初已计提月份＝可使用月份－1）时，将剩余折旧全部提足
编码方式	资产类别编码方式：2 1 1 2 固定资产编码方式：按"部门编码＋类别编号＋序号"自动编码 卡片序号长度为5
财务接口	与总账系统进行对账 对账科目： 固定资产对账科目：1601 固定资产 累计折旧对账科目：1602 累计折旧 在对账不平情况下不允许固定资产月末结账

2. 设置选项

业务发生后立即制单。

固定资产缺省入账科目：1601，累计折旧缺省入账科目：1602，减值准备缺省入账科目：1603，增值税进项税额缺省入账科目：22210101。

3. 设置资产类别

资产类别账套参数如表6-22所示。

表6-22　资产类别账套参数

编码	类别名称	净残值率	计提属性	卡片样式
01	机械设备	5%	正常计提	含税卡片样式
02	办公设备	5%	正常计提	含税卡片样式

4. 设置部门及对应折旧科目

部门与对应折旧科目如表6-23所示。

表6-23　部门对应的折旧科目

部门	对应折旧科目
总经办、财务部	660206 管理费用／折旧费
生产部	510102 制造费用／折旧费

5. 设置增减方式对应科目

增减方式的对应入账科目如表6-24所示。

表6-24　增减方式的对应入账科目

增减方式目录	对应入账科目
增加方式	
直接购入	10020101，银行存款 / 中行存款 / 人民币户
减少方式	
毁损	1606，固定资产清理

6. 录入原始卡片

原始卡片信息如表6-25所示。

表6-25　原始卡片信息

固定资产名称	类别编号	所在部门	增加方式	使用年限（月）	使用状态	开始使用日期	原值（元）	累计折旧（元）
抗击测试仪	01	生产部	直接购入	72	在用	2015-7-1	68 900	27 098
苹果电脑	02	总经办	直接购入	60	在用	2016-7-1	8 000	1 204
合计							76 900	28 302

7. 期初对账

执行"处理"→"对账"命令，与总账对账，验证期初余额录入的正确性。

8. 折旧处理并生成凭证

计提本月固定资产折旧，并生成凭证。

9. 资产增减、变动处理

因操作不当，生产部的抗击测试仪损毁，进行固定资产减少处理。

10. 输出账套

将操作结果输出至"X6_04"文件夹中。

本 章 小 结

本章首先介绍了固定资产系统的基本功能，包括建立固定资产账套、设置选项、设置资产类别、设置部门及对应折旧科目、设置增减方式对应科目等；其次，讲解了如何录入原始卡片、对账、资产增减、变动处理并生成凭证以及折旧处理并生成凭证等日常业务处理；最后通过案例解析和强化训练帮助读者对固定资产系统的应用流程有更深入的了解和掌握。

在实际应用中,固定资产系统可以帮助企业更好地管理和控制固定资产,提高资产管理的效率和准确性。通过本章学习,可以更好地理解和运用固定资产系统,进而为企业的资产管理提供有力支持。

课后习题

1. 判断题

(1) 若选择了某个折旧方法,在设置资产类别或定义具体固定资产时则不能更改该设置。(   )

(2) 建立固定资产类别时,如果在建立上级类别时就设置了使用年限、净残值率,其下级类别设置与上级相同,不可以修改。(   )

(3) 在"固定资产卡片"界面中,除"固定资产卡片"选项卡外,还有若干的附属选项卡,附属选项卡上的信息只供参考,不参与计算也不回溯。(   )

2. 简答题

(1) 简述与固定资产相关的接口。

(2) 简述增加固定资产的操作步骤。

(3) 简述计提折旧需遵循的原则。

第7章 应收款管理

本章导读

应收款是指企业在正常的经营过程中因销售商品、产品、提供劳务等业务，向购买单位应收取的款项。企业通常借助赊销来促进销售，增加销售收入，增强企业竞争力，同时又要规避由于应收账款的存在而给企业带来的资金周转困难、坏账损失等风险。因此，加强应收账款管理是企业能否持续经营发展的关键。

学习目标

- 理解应收款管理系统的功能
- 应收款管理初始设置
- 期初数据录入
- 收款单据处理
- 核销处理
- 转账处理

数字资源

【本章案例素材】："素材文件\第7章"目录下
【本章强化训练素材】："强化训练素材\第7章"目录下

第 7 章 应收款管理

> **素质要求**
>
> 推动学科发展和学历教育改革。构建适应经济发展、产业结构调整、新技术革命和国家治理能力现代化等新形势的会计学科专业体系。配合教育部门深化会计学历教育改革，依托部分高校，聚焦直接影响会计学科专业建设的关键因素，从师资、课程、教材、教学内容与教学方式和实践基地等方面进行教改研究和探索。按照"产、学、研"一体化发展思路，优化会计学历教育人才培养结构，完善会计应用型人才培养机制。积极推进设立会计博士专业学位，完善会计专业学位体系，加强核心课程教材建设和会计专业学位教育质量认证，持续提升会计专业学位研究生培养质量。
>
> ——《会计改革与发展"十四五"规划纲要》

7.1 基本认知

应收款管理系统通过发票、其他应收单、收款单等单据的录入，对企业的往来账款进行综合管理，及时、准确地提供客户的往来账款余额资料，提供各种分析报表，如账龄分析表、周转分析表、欠款分析表、坏账分析表、回款分析表等。通过各种分析报表，帮助企业合理地进行资金调配，提高资金的利用效率。

7.1.1 应收款管理系统核算方案

应收款应用方案可分为详细核算和简单核算两种，可在"选项"中通过"应收账款核算模型"来设置。

1. 详细核算方案

如果销售业务以及应收款核算与管理业务比较复杂，或者需要追踪每一笔业务的应收款、收款等情况，或者需要将应收款核算到产品一级，则可以选择详细核算方案。

应收款管理系统主要是用来实现应收账款的核算和管理。该系统的功能主要包括以下几点。

（1）根据输入的单据记录应收款项的形成，包括由商品交易和非商品交易所形成的所有应收项目。

（2）处理应收项目的收款及转账情况。

（3）记录和管理应收票据。

（4）对应收项目的处理过程生成凭证，并向总账系统进行传递。

（5）对外币业务及汇兑损益进行处理。

（6）根据提供的条件，提供各种查询及分析。

2．简单核算方案

如果销售业务以及应收账款业务比较简单，或者现销业务很多，则可以选择简单核算方案。该方案着重对客户的往来款项进行查询和分析。

简单核算的功能主要包括以下两个。

（1）接收销售、出口系统的发票，对其进行审核。

（2）对销售、出口发票进行生成凭证处理，并可查询凭证。

7.1.2　应收款管理系统基本功能

应收款管理系统主要是实现企业与客户之间业务往来账款的核算与管理。在应收款管理系统中，以销售发票、费用单、其他应收单等原始单据为依据，记录销售业务及其他业务所形成的往来款项，处理应收款项的收回、坏账及转账等情况，提供票据处理的功能，实现对应收款的管理，还提供了账表管理、期末及其他处理等功能。

1．初始化设置

系统初始化包括系统参数设置、基础信息设置和期初数据录入。

初始化设置是整个系统运行的基础，用户要结合企业管理要求进行参数设置。初始化设置包含单据类型设置、账龄区间设置和坏账初始设置，为各种应收业务的日常处理及统计分析作准备。

初始化设置中，提供了期初余额的录入，以保证数据的完整性与连续性。

2．日常处理

日常处理是对应收款项业务的处理工作，主要包括应收单据处理、收款单据处理、票据管理、转账处理和坏账处理等内容。

（1）应收单据处理：应收单据包括销售发票和其他应收单，是确认应收账款的主要依据。应收单据处理主要包括应收单据录入和应收单据审核。

（2）收款单据处理：收款单据主要指收款单。收款单据处理包括收款单据录入、收款单据审核。

（3）核销处理。单据核销的主要作用是收回客户款项，核销该客户应收款，建立收款与应收款的核销记录，监督应收款及时核销，加强往来款项管理。

（4）票据管理：主要是对银行承兑汇票和商业承兑汇票进行管理。票据管理可以提供票据登记簿，记录票据的利息、贴现、背书、结算和转出等信息。

（5）转账处理：是在日常业务处理中经常发生的应收冲应付、应收冲应收、预收冲应收以及红票对冲的业务处理。

（6）坏账处理：是指计提应收坏账准备的处理、坏账发生后的处理、坏账收回后的处理等。其主要作用是自动计提应收款的坏账准备，当坏账发生时即可进行坏账核销，当被核销坏账又收回时，即可进行相应处理。

3.信息查询和分析

用户在各种查询结果的基础上要进行各项分析。一般查询包括单据查询、凭证查询以及账款查询等。统计分析包括欠款分析、账龄分析、综合分析以及收款预测分析等，便于用户及时发现问题，加强对往来款项动态的监督管理。

4.期末处理

期末处理指用户在月末进行的结算汇兑损益以及月末结账工作。如果企业有外币往来，在月末需要计算外币单据的汇兑损益并对其进行相应的处理。如果当月业务已全部处理完毕，就需要执行月末结账处理。只有上月结账后，才可以开始下月的工作。月末处理主要包括进行汇兑损益结算和月末结账。

7.1.3 应收款管理系统的特点

在现代企业经营管理中，应收账款的管理是至关重要的一环。一个高效、灵活且全面的应收系统不仅能够提升企业的财务管理效率，还能帮助企业及时掌握财务状况，预防财务风险。以下是应收款管理系统的一些核心特点和功能。

（1）系统提供两种核算模型，"详细核算"和"简单核算"，满足用户对不同管理的需要。

（2）系统提供了各种预警，提醒到期账款的催收，以防发生坏账，信用额度的控制有助于随时了解客户的信用情况。

（3）需要记暂估应收账，应收系统提供财务处理为记业务应收账款，并能生成凭证记入总账科目账。

（4）系统通过提供功能权限的控制、数据权限的控制来提高系统应用的准确性和安全性。

（5）提供票据的跟踪管理，可以随时对票据的计息、背书、贴现、转出等操作进行监控。

（6）提供收付款单的批量审核、自动核销功能，并能与网上银行进行数据的交互。

（7）系统提供总公司和分销处之间数据的导入、导出及其服务功能，为企业提供完整的远程数据通讯方案。

（8）提供全面的账龄分析功能，支持多种分析模式，帮助企业强化对应收款的管理和控制。

（9）该系统既可独立运行，又可与销售系统、总账系统等其他系统结合运用，提供完整的业务处理和财务管理信息。

7.1.4 应收款管理系统的应用流程

应收款管理系统的业务处理流程如图7-1所示。

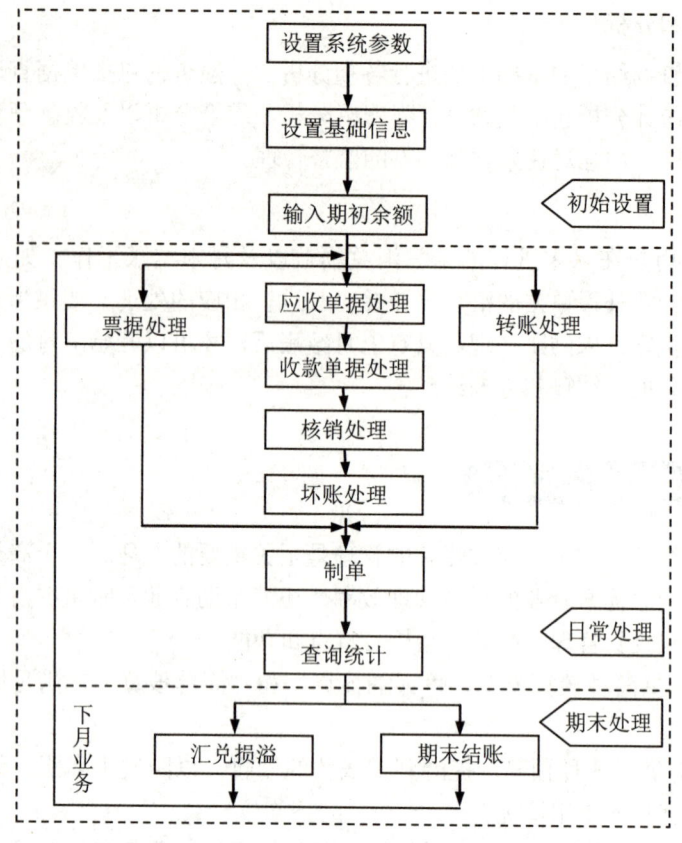

图7-1 应收款管理系统的业务处理流程

7.1.5 应收款管理系统初始化

应收款管理系统初始化的主要内容包括选项设置、基础信息设置、初始设置和期初数据录入。

1. 选项设置

选项设置是通过对应收款管理系统提供的选项进行设置，以满足企业自身的核算和管控要求。需要企业做出选择的选项主要包括四类：常规、凭证、权限与预警、核销设置。下面介绍一部分常用选项。

（1）"常规"选项卡界面如图7-2所示。

①选择应收单据审核日期的依据。

应收款管理系统中的单据包括应收单据和收款单据，这两种单据都需要经过审核才能生成业务凭证。系统提供了两种确认单据审核日期的依据，即单据日期和业务日期。单据在审核后记账，所以单据的审核日期是依据单据日期还是业务日期，将决定业务总账、业务明细账、余额表等的查询期间取值。

如果选择单据日期，审核单据时，自动将单据日期记为该单据的审核日期。

如果选择业务日期，审核单据时，自动将单据的审核日期记为当前业务日期（业务日期一般为系统登录日期）。

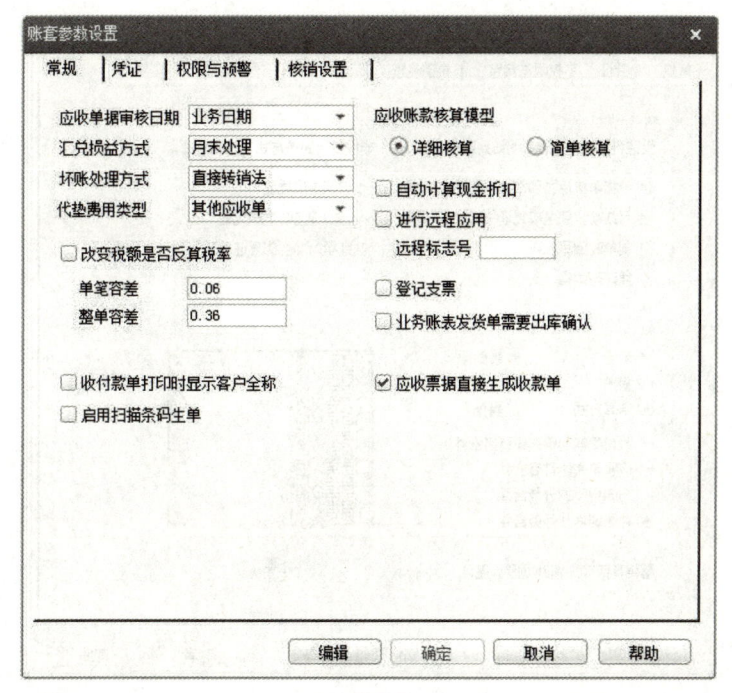

图7-2 "常规"选项卡

②选择处理汇兑损益的方式。

系统提供了两种处理汇兑损益的方式：外币余额结清时处理和月末处理。

外币余额结清时处理是仅当某种外币余额结清时才计算汇兑损益，在计算汇兑损益时，界面中仅显示外币余额为0且本币余额不为0的外币单据。

月末处理即每个月末计算汇兑损益，在计算汇兑损益时，界面中显示所有外币余额不为0或者本币余额不为0 的外币单据。

③选择坏账处理方式。

系统提供两种坏账处理的方式：备抵法和直接转销法。

备抵法又分为应收余额百分比法、销售收入百分比法和账龄分析法三种。选择了备抵法，还需要在初始设置中录入坏账准备期初和计提比例。

如果选择了直接转销法，当坏账发生时，直接在坏账发生处将应收账款转为费用即可。

④选择核算代垫费用的单据类型。

如果企业同时启用了销售管理系统，那么从销售管理系统传递过来的代垫费用单在应收系统中体现为其他应收单。用户也可以在单据类型设置中自行定义单据类型，然后在此选择用何种单据类型接收代垫费用单。

⑤选择是否自动计算现金折扣。

企业为了鼓励客户在信用期间内提前付款，通常会采用现金折扣政策。选择自动计算现金折扣，需要在发票或应收单中输入付款条件，在进行核销处理时，系统根据付款条件自动计算该发票或应收单可享受折扣，原币余额=原币金额-本次结算金额-本次折扣。

（2）"凭证"选项卡界面如图7-3所示。

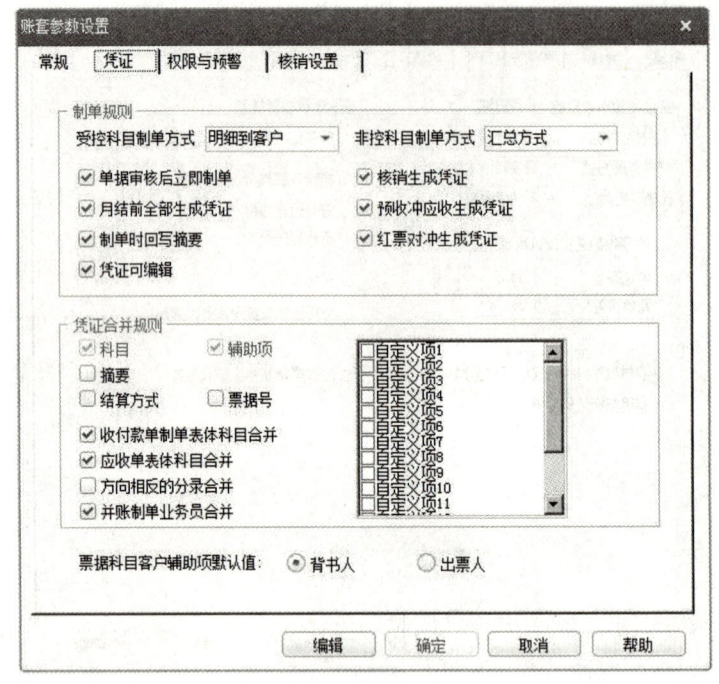

图7-3 "凭证"选项卡

①选择受控科目的制单方式。

在设置会计科目时，如果指定了应收账款、预收账款和应收票据为客户往来辅助核算，系统自动将这些科目设置为应收受控科目。这些科目即为应收款系统的受控科目，只能在应收款系统中使用。

受控科目的制单方式有两种：明细到客户或明细到单据。

● 明细到客户：如果同一客户多笔业务的控制科目相同，系统将自动将其合并成一条分录。在总账中可按照客户来查询其详细信息。

● 明细到单据：将一个客户的多笔业务合并生成一张凭证时，系统会将每一笔业务形成一条分录。这种方式在总账系统中查看到每个客户的每笔业务的详细情况。

②选择非控科目的制单方式。

非控科目有3种制单方式：明细到客户、明细到单据和汇总方式。

明细到客户和明细到单据的意义同上所述。选择汇总方式，就是将多个客户的多笔业务合并生成一张凭证时，如果核算多笔业务的非控制科目相同，且其所带辅助核算项目也相同，则系统自动将其合并成一条分录。这种方式的目的是精简总账中的数据，在总账系统中只能查看到该科目的总发生额。

③选择控制科目依据。

设置控制科目依据是指根据什么来确定应收账款和预收账款入账时的明细科目。

系统提供了6种设置控制科目的依据，即按客户分类、按客户、按地区、按销售类型、按存货分类和按存货。

④选择销售科目依据。

设置销售科目依据是指根据什么来确定销售收入入账时的明细科目。

系统提供了5种设置存货销售科目的依据，即按存货分类、按存货、按客户、按客户分类和按销售类型设置存货销售科目。

(3) "权限与预警"选项卡界面如图7-4所示。

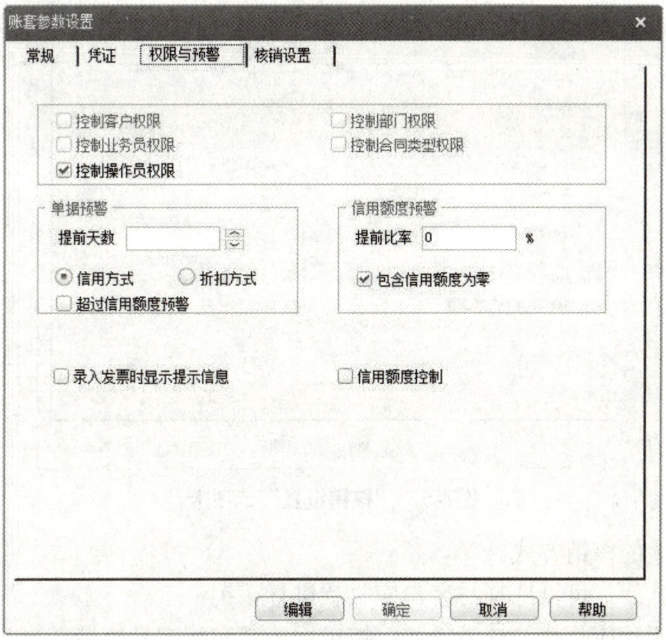

图7-4 "权限与预警"选项卡

①启用控制客户权限。

勾选"控制客户权限",则在所有的处理、查询中均需根据登录用户的客户数据权限进行限制。

②选择录入发票时是否显示提示信息。

如果勾选了"录入发票时显示提示信息",则在录入发票时,系统会显示该客户的信用额度余额,以及最后的交易情况。这样可能会降低录入的速度,想提升速度可选择不提示任何信息。

③选择单据报警。

可以选择按信用方式报警,还是按折扣方式报警。

选择按信用方式报警,则需要设置报警的提前天数。系统会将"单据到期日-提前天数≤当前登录日期"的已审核单据列示出来,以提醒应该回款的款项。

如果选择了按折扣方式报警,则需要设置报警的提前天数。系统会将"单据最大折扣日期-提前天数≤当前登录日期"的已审核单据列示出来,以及时通知客户即将不能享受现金折扣待遇的未付款业务。

如果选择了超过信用额度报警,则满足上述设置的单据报警条件的同时,还需满足该客户已超过其设置的信用额度的条件才可报警。

④选择信用额度控制。

选择信用额度控制,当"票面金额+应收借方余额-应收贷方余额>信用额度时",系统会提示本张应收款管理系统中保存录入的发票和应收单不予保存处理。

(4) "核销设置"选项卡界面如图7-5所示。

图7-5 "核销设置"选项卡

①选择应收款的核销方式。

收到客户货款后,可以选择与客户应收款进行核销。

系统提供了两种应收款的核销方式:按单据核销和按产品核销。

● 按单据核销:系统将满足条件的未结算单据全部列出,系统根据用户选择的单据进行核销。

● 按产品核销:系统将满足条件的未结算单据按存货列出,系统根据用户所选择的存货进行核销。

②收付款单审核后核销。

默认为不选择"收付款单审核后核销",表示收付款单审核后不进行立即核销操作。若选中该选项,系统默认收付款单审核后自动核销。

2. 基础信息设置

启用应收款管理系统后,增加了对业务环节的控制和管理,需要增补业务中需要的基础信息,如付款条件、本单位开户银行等。另外,根据企业实际管理需要,还可以对业务单据的格式进行设计。

3. 初始设置

初始设置的作用是建立应收款管理的业务处理规则,如账期内账龄区间设置、逾期账龄区间设置、单据类型设置、中间币种设置等,如图7-6所示。

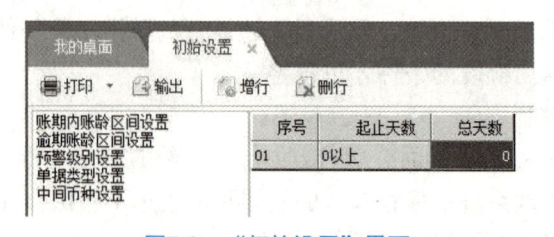

图7-6 "初始设置"界面

（1）设置科目。

若企业应收业务类型和生成的凭证类型都较固定，为了简化凭证生成操作，可以在此处将各业务类型凭证中的常用科目预先设置好。系统将依据制单规则在生成凭证时自动带入。设置科目包括基本科目设置、控制科目设置、产品科目设置和结算方式科目设置。

①基本科目设置。

基本科目是应收业务管理中经常使用的科目，包括应收账款、预收账款、销售收入、税金科目、销售退回科目、商业承兑科目、银行承兑科目、坏账入账科目等。

②控制科目设置。

如果在选项设置中设置了控制科目依据，那么需要在此根据选择的控制科目依据设置应收科目和预收科目。如选择了控制科目的依据为"按客户分类"，则需要按客户分类设置不同的应收科目和预收科目。

如果不设置，系统默认控制科目为基本科目中设置的应收科目和预收科目。

③产品科目设置。

如果在选项设置中设置了销售科目依据，那么需要在此根据选择的销售科目依据对销售收入科目、应交增值税科目、销售退回科目和税率进行设置。如选择了控制科目的依据为"按客户分类"，则需要按客户分类设置不同的销售收入科目、应交增值税科目、销售退回科目。

如果不做设置，则系统默认产品科目即为基本科目中设置的销售收入科目、应交增值税科目和销售退回科目。

④结算方式科目设置。

可以为前期定义的每一种结算方式设置一个科目，以便在进行收款结算时，通过收款单据上选择的结算方式生成对应的入账科目。

（2）坏账准备设置。

企业应于期末针对不包含应收票据的应收款项计提坏账准备，其基本方法是销售收入百分比法、应收余额百分比法、账龄分析法等。可以在此设置计提坏账准备的方法和计提的有关参数。

坏账准备设置是设置坏账准备提取比率、坏账准备期初余额、坏账准备科目以及对方科目。

（3）账龄区间设置。

为了对应收账款进行账龄分析，评估客户信誉，并按一定的比例估计坏账损失，应首先设置账龄区间。

用友U8应收款账龄设置分为两部分：账期内账龄区间设置、逾期账龄区间设置。

（4）报警级别设置。

通过对报警级别的设置，将客户按照客户欠款余额与其授信额度的比例分为不同的类型，以便掌握每个客户的信用情况。

（5）单据类型设置。

单据类型设置是将企业的往来业务与单据类型建立对应关系，达到快速处理业务以及进行分类汇总、查询、分析的效果。

系统提供了发票和应收单两大类型的单据。

如果同时使用销售管理系统，发票的类型则包括增值税专用发票、普通发票、销售调拨单和销售日报。如果单独使用应收款管理系统，则发票的类型不包括后两种。发票的类型不能修改和删除。

应收单是记录销售业务之外的应收款情况。在本功能中，只能增加应收单，应收单可划分为不同的类型，以区分应收货款之外的其他应收款。例如，应收代垫费用款、应收利息款、应收罚款、其他应收款等。应收单的对应科目由用户自己定义。

4. 期初数据录入

初次使用应收款管理系统时，需要将未处理完的单据录入系统，以保证数据的连续性和完整性。需要输入的期初数据包括未结算完的发票和应收单、预收款单据、未结算完的应收票据以及未结算完的合同金额。

7.1.6 应收款管理系统日常业务处理

初始化工作虽然工作量比较大，但属于一次性任务，而日常业务处理是每个月需要重复操作的，具体包括以下几方面。

1. 应收单据处理

应收单据处理是应收款管理系统处理的起点，在应收单据处理中可以输入销售业务中的各类发票以及销售业务之外的应收单据。应收单据处理的基本操作流程是：单据输入→单据审核→单据制单。

（1）单据输入。

单据输入是对未收款项的单据进行输入，输入时先用代码输入客户名称，与客户相关的内容将由系统自动显示，然后输入货物名称、数量和金额等内容。

在输入单据之前，应先确定单据名称、单据类型以及方向，再根据业务内容输入有关信息。

（2）单据审核。

单据审核是在单据保存后对单据正确性进一步审核确认。单据输入后必须经过审核才能参与结算。审核人和制单人不能为同一个人。审核后的单据，在单据处理功能中将不再显示，但可以通过单据查询功能查看此单据的详细资料。

（3）单据制单。

单据制单可在单据审核后由系统自动编制凭证，也可以集中处理。在应收款管理系统中生成的凭证将由系统自动传送到总账系统中，并由有关人员进行审核和记账等账务处理工作。

2. 收款单据处理

收款单据处理是对已收到款项的单据进行输入，并进一步核销的过程。在单据结算功能中，输入收款单、付款单，并对发票及应收单进行核销，形成预收款并核销预收款，处理代付款。

应收款管理系统的收款单是指用来记录企业收到的客户款项，款项性质包括应收款、预收款、其他费用等。其中应收款、预收款性质的收款单将与发票、应收单、付款单进行核销处理。

应收款管理系统的付款单是指用来记录发生销售退货时，企业开具的退付给客户的款项。该付款单可与应收、预收性质的收款单、红字应收单、红字发票进行核销处理。

(1) 输入结算单据。

输入结算单据是对已交应收款项的单据进行输入，由系统自动进行结算。在根据已收到应收款项的单据进行输入时，必须先输入客户的名称，这样在进行相应操作时，系统会自动显示相关客户的信息；然后必须输入结算科目、金额和相关部门、业务员名称等内容。

输入完单据后，由系统自动生成相关内容。如果需要输入新的结算方式，则应先在"结算方式"中增加新的结算方式。如果要输入另一客户的收款单，则需重新选择客户的名称。

(2) 单据核销。

单据核销是对往来已达账做删除处理的过程，表示本笔业务已经结清，即确定收款单与原始发票之间的对应关系后，进行机内自动冲销的过程。单据核销的作用是解决收回客商款项核销该客商应收款的处理，建立收款与应收款的核销记录，监督应收款及时核销，加强往来款项的管理。明确核销关系后，可以进行精确的账龄分析，更好地管理应收账款。

如果结算金额与上期余额相等，则销账后余额为零，如果结算金额比上期余额小，则其余额为销账后的余额。单据核销可以由应收款管理系统自动进行核销，也可以由手工进行核销。

由于应收款管理系统采用建立往来辅助账进行往来业务的管理，为了避免辅助账过于庞大而影响计算机运行速度，可对已核销的业务进行删除。删除工作通常在年底结账时进行。

当会计人员准备核销往来账时，应在确认往来账已达账后，才能进行核销处理，删除已达账。为了防止操作不当误删记录，会计信息系统软件一般都会设计有放弃核销或核销前做两清标记的功能。如有的财务软件中设置有往来账两清功能，即在已达账项上打上已结清标记，待核实后才执行核销功能，经删除后的数据不能恢复；有的财务软件则设置了放弃核销功能，一旦发现操作失误，可通过此功能把被删除掉的数据恢复。

3. 票据管理

可以在票据管理中对银行承兑汇票和商业承兑汇票进行管理，包括：记录票据详细信息，记录票据处理情况。如果要进行票据登记簿管理，必须将应收票据科目设置成为带有客户往来辅助核算的科目。

当用户收到银行承兑汇票或商业承兑汇票时，应将该汇票在应收款管理系统的票据管理中录入。系统会自动根据票据生成一张收款单，用户可以对收款单进行查询，并可以与应收单据进行核销勾对，冲减客户应收账款。在票据管理中，用户还可以对该票据进行计息、贴现、转出、结算、背书等处理。

4. 转账处理

转账处理，是在日常业务处理中经常发生的应收冲应付、应收冲应收、预收冲应收以及红票对冲的业务处理。

(1) 应收冲应付。

应收冲应付是指用某客户的应收账款冲抵某供应商的应付款项。系统通过应收冲应付功能将应收款业务在客户和供应商之间进行转账，实现应收业务的调整，解决应收债权与应付债务的冲抵。

（2）应收冲应收。

应收冲应收是指将一家客户的应收款转到另一家客户中。通过应收冲应收功能可将应收款业务在客商之间进行转入、转出，实现应收业务的调整，解决应收款业务在不同客商之间入错户或合并户问题。

（3）预收冲应收。

预收冲应收是指处理客户的预收款和该客户应收欠款的转账核销业务，即某一个客户有预收款时，可用该客户的一笔预收款冲其一笔应收款。

（4）红票对冲。

红票对冲可实现某客户的红字应收单与其蓝字应收单、收款单与付款单中间进行冲抵。例如：当发生退票时，用红字发票对冲蓝字发票。红票对冲通常可以分为系统自动冲销和手工冲销两种处理方式。自动冲销可同时对多个客户依据红票对冲规则进行红票对冲，提高红票对冲的效率。手工冲销对一个客户进行红票对冲，可自行选择红票对冲的单据，提高红票对冲的灵活性。

5. 坏账处理

所谓"坏账"是指购货方因某种原因不能付款，造成货款不能收回的信用风险。坏账处理就是对"坏账"采取的措施，主要包括：计提坏账准备、坏账发生、坏账收回生成输出催款单等。

（1）计提坏账准备。

计提坏账准备的方法主要有销售收入百分比法、应收账款余额百分比法和账龄分析法。

①销售收入百分比法。

由系统自动算出当年销售收入总额，并根据计提比率计算出本次计提金额。

初次计提时，如果没有预先的设置，则应先进行初始设置。设置的内容包括：提取比率、坏账准备期初余额。销售总额的默认值为本会计年度发票总额，企业可以根据实际情况进行修改，但计提比率不能在此修改，只能在初始设置中修改。

②应收账款余额百分比法。

由系统自动算出当年应收账款余额，并根据计提比率计算出本次计提金额。

初次计提时，如果没有预先的设置，应先进行初始设置。设置的内容包括：提取比率及坏账准备期初余额。应收账款的余额默认值为本会计年度最后一天的所有未结算完的发票和应收单据余额之和减去预收款数额的差值。有外币账户时，用其本位币余额。企业可以根据实际情况对默认值进行修改。计提比率在此不能修改，只能在初始设置中修改计提比率。

③账龄分析法。

账龄分析法是根据应收账款入账时间的长短来估计坏账损失的方法。它是企业加强应收账款回收与管理的重要方法之一。一般拖欠账款的时间越长，发生坏账的可能性就越大。

系统自动算出各区间应收账款余额，并根据计提比率计算出本次计提金额。

初次计提时，如果没有预先设置，应先进行初始设置。各区间余额由系统自动生成

（由本会计年度最后一天的所有未结算完的发票和应收单据余额之和减去预收款数额的差值），企业也可以根据实际情况对其进行修改。但计提比率在此不能修改，只能在初始设置中修改计提比率。

（2）坏账发生。

发生坏账损失业务时，一般需输入以下内容：客户名称、日期（指发生坏账日期，该日期应大于已经记账的日期，小于当前业务日期）、业务员（指业务员编号或业务员名称）以及部门（指部门编号或部门名称，如果不输入部门，表示选择所有的部门）等。

（3）坏账收回。

处理坏账收回业务时，一般需输入以下内容：客户名称、收回坏账日期（如果不输入日期，系统默认为当前业务日期。输入的日期应大于已经记账日期，小于当前业务日期）、收回的金额、业务员编号或名称、部门编号或名称、选择所需要的币种、结算单号（系统将调出该客户所有未经过处理的并且金额等于收回金额的收款单，可选择该次收回业务所形成的收款单）。

（4）生成输出催款单。

催款单是对客户或对本单位职工的欠款催还的管理方式。催款单用于设置有辅助核算的应收账款和其他应收款的科目中。

根据不同的行业催款单预制的格式不同，其内容主要包括两个部分：系统预置的文字性的叙述和由系统自动取数生成的应收账款或其他应收款对账单。催款单的内容通常可以修改，退出时，系统会自动保存本月所做的最后一次修改。

催款单打印输出时，可以打印所有客户的应收账款或所有职员的其他应收款（备用金）情况，也可以有选择地打印某一个客户或某一位职员的催款单。催款单中还可以按条件列示所有的账款和未核销的账款金额。

6. 制单处理

使用制单功能进行批处理制单，可以快速、成批地生成凭证。制单类型包括应收单据制单、结算单制单、坏账制单、转账制单、汇兑损益制单等。企业可根据实际情况选取需要制单的类型。

7. 信息查询

应收款管理系统的一般查询主要包括：单据查询、凭证查询以及账款查询等。用户在进行各种查询结果的基础上可以进行各项统计分析。统计分析包括：欠款分析、账龄分析、综合分析以及收款预测分析等。通过统计分析，可以按用户定义的账龄区间进行一定期间内应收账款账龄分析、收款账龄分析、往来账龄分析，了解各个客户应收款的周转天数和周转率，了解各个账龄区间内应收款、收款及往来情况，及时发现问题，加强对往来款项的动态管理。

（1）单据查询。

单据的查询包括发票、应收单、结算单和凭证的查询。它可以查询已经审核的各类型应收单据的收款、结余情况，也可以查询结算单的使用情况，还可以查询本系统所生成的凭证，并且对其进行修改、删除、冲销等。

（2）业务账表查询。

业务账表查询可以进行业务总账、业务明细账、业务余额表和对账单的查询，并可以实现总账、明细账、单据之间的联查。

通过业务账表查询可以查看客户、客户分类、地区分类、部门、业务员、客户总公司、主管业务员、主管部门在一定期间所发生的应收、收款以及余额情况。

（3）业务账表分析。

业务账表分析是应收款管理的一项重要功能，对资金往来比较频繁、业务量大、金额也比较大的企业，业务账表分析功能更能满足企业的需要。业务账表分析功能主要包括应收账款的账龄分析、收款账龄分析、欠款分析、收款预测等。

8. 期末处理

企业在期末主要应完成计算汇兑损益和月末结账两项业务处理工作。

（1）汇兑损益。

如果客户往来有外币核算，且在应收款管理系统中核算客户往来款项，在月末则需要计算外币单据的汇兑损益并进行相应的处理。在计算汇兑损益之前，应首先在系统初始设置中选择汇兑损益的处理方法。通常系统会提供两种汇兑损益的处理方法，月末计算汇兑损益和单据结清时计算汇兑损益。

（2）月末结账。

如果确认本月的各项业务处理已经结束，可以选择执行月末结账功能。结账后本月不能再进行单据、票据、转账等任何业务的增加、删除、修改等操作。另外，如果上月没有结账，则本月不能结账，同时一次只能选择一个月进行结账。

如果用户觉得某月的月末结账有错误，可以取消月末结账。但取消结账操作只有在该月账务子系统未结账时才能进行。如果启用了销售系统，只有销售系统结账后，应收款管理系统才能结账。

结账时还应注意本月的单据（发票和应收单）在结账前应该全部审核；若本月的结算单还有未核销的，不能结账。如果结账期间是本年度最后一个期间，则本年度进行的所有核销、坏账、转账等处理必须制单，否则不能向下一个年度结转，而且对于本年度外币余额为零的单据必须将本币余额结转为零，即必须执行汇兑损益。

7.2 技能解析

7.2.1 处理应收业务

1. 应收款业务

应收款业务是先开票，形成应收账款，后收款的业务。

首先需要在系统中录入销售发票、出口发票或应收单，然后对销售发票、出口发票或应收单进行审核，系统用审核来确认应收业务的成立。填制完销售发票、出口发票、其他应收单后，会对发票进行审核，然后确认应收账款并记入应收明细账。应收管理系统提供的审核有3个含义，一是确认应收账款；二是对单据输入的正确与否进行审查；三是对应收单据进行记账。

（1）应收单据录入。

应收单据录入是本系统处理应收业务的起点，包括应收单录入、销售发票录入、出口发票录入、合同结算单录入、服务结算单录入、代理结算单录入。

①应收单录入。

系统提供的应收单实质是一张凭证，除了记录销售业务之外所发生的各种其他应收业务信息外，还记录科目信息。

执行"应收处理"→"应收单"→"应收单录入"命令，打开"应收单"窗口，如图7-7所示，单击"增加"按钮，即可录入应收单。

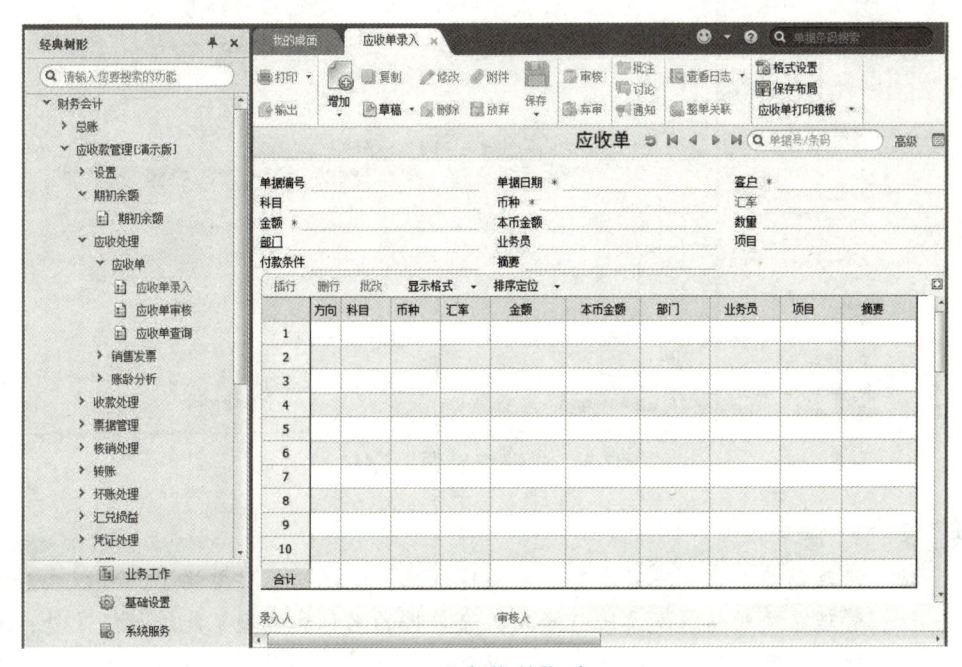

图7-7 "应收单"窗口

> **提示**
> - 应收单据的单据编号可以手工输入，也可以系统自动编号，如果需要系统自动编号，可以在"单据编码设置"中定义是流水号或是有含义的编码。
> - 增加应收单据时，用户输入完客户后，系统会将与客户相关的信息全部自动带出。若表体科目核算的项目大类与表头科目相同，则自动将表头的项目带入该条表体记录的项目栏中。系统支持业务传递过来价税合计=0的发票处理，此类发票允许审核、制单，但是不能进行核销。

②销售发票录入。

如果启用了销售管理系统，销售发票不在应收系统中录入，需要在销售管理系统中填制销售发票，复核后，传送给应收款管理系统。若没有启用销售管理系统，则所有销售发票在应收款管理系统中进行录入。

执行"应收处理"→"销售发票"→"销售专用发票录入"（或"销售普通发票录入"或"红字销售专用发票录入"或"红字销售普通发票录入"）命令，打开"销售发票"窗口，如图7-8所示，单击"增加"按钮，即可录入销售发票。若遇到系统没有提供的项目，可以通过"自定义项"添加项目，若系统提供的单据格式不符合要求，可通过"单据设计"修改单据。如果录入的是红字发票，则在录入界面选择红字的发票。

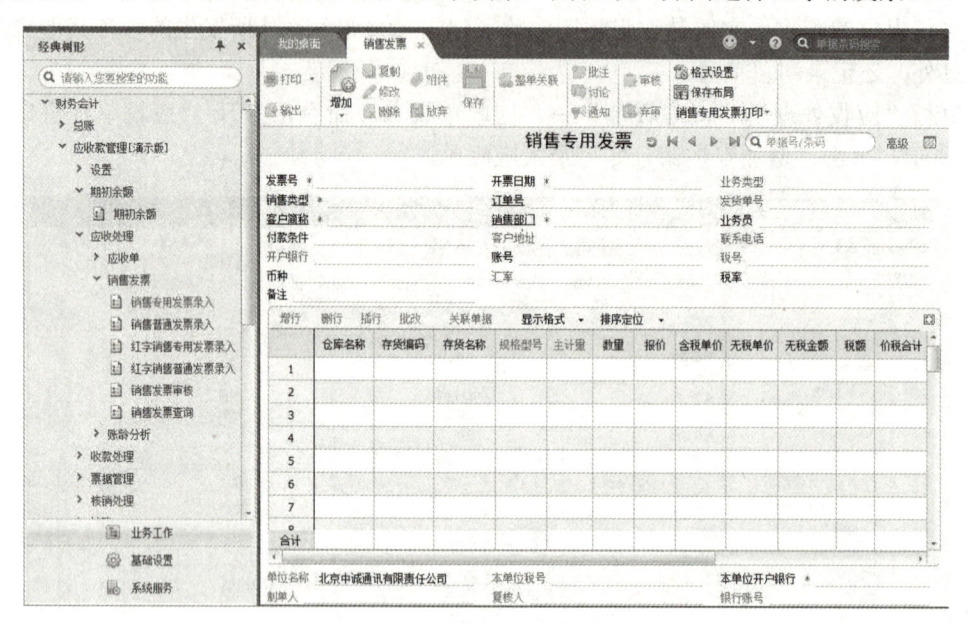

图7-8 "销售发票"窗口

> **提示**
>
> - 修改销售发票——若没有启用销售系统，发现销售发票错了，可以在应收管理系统对销售发票进行修改，除单据的名称和类型不能进行修改外，其他的都可修改。若启用了销售系统，从销售系统传送的销售发票不允许在应收款管理系统中修改，需要在销售管理系统中对销售发票取消复核后进行修改。如果对销售发票做过审核、制单、核销等后续的处理，则发票不能修改，但系统对所有的操作都提供了逆向操作的功能，可以通过取消后续操作来达到修改的目的。
> - 删除销售发票——若没有启用销售系统，发现录入的发票作废，可以在应收款管理系统中删除录入的销售发票。若启用了销售系统，从销售系统传递的销售发票不能在应收款管理系统中删除。若要删除，可对销售发票取消复核后进行删除。单据删除后不能恢复，应慎重处理。

③出口发票录入。

如果启用了出口管理系统，口发票在出口管理系统中审批后传入应收款管理系统，在应收款管理系统进行审核及后续处理。如果未启用出口管理系统，则应收款管理管理系统中不进行出口发票的录入。

④合同结算单录入。

如果启用了合同管理系统，应收类的合同结算单在合同管理中审批后传入应收款管理系统，在应收系统进行审核及后续处理。如果未启用合同结算系统，则应收款管理系统中不进行合同结算单的录入。

⑤服务结算单录入。

如果启用了服务管理系统，服务结算单在服务管理中复核后传入应收系统，在应收款管理系统进行审核及后续处理。如果未启用服务结算系统，则应收款管理系统中不进行服务结算单的录入。

⑥代理结算单录入。

如果启用进口管理系统，且选项中启用了代理进口业务，则代理结算单在进口管理中复核后传入应收款管理系统，在应收款管理系统进行审核及后续处理。如果未启用进口管理系统或者选项中未启用代理进口，则应收款管理系统中不进行代理结算单的录入。

（2）应收单据审核。

应收单据的审核即对应收单据进行记账，并在单据上填上审核日期、审核人的过程。已审核的应收单据不能修改和删除。应收单据审核包括应收单审核、销售发票审核、出口发票审核、合同结算单审核、服务结算单审核、代理结算单审核。

①应收单审核。

执行"应收处理"→"应收单"→"应收单审核"命令，弹出"应收单审核"窗口，如图7-9所示，在列表中选择需审核的应收单，单击"审核"按钮即可。

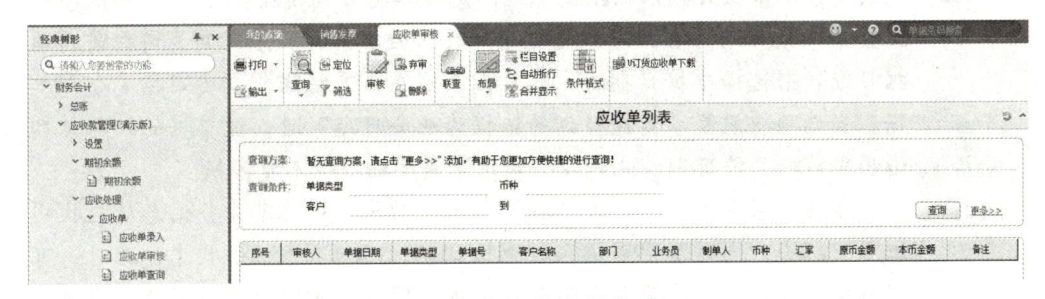

图7-9 "应收单审核"窗口

> **提示**
> - 不能在已结账月份中进行审核处理；不能在已结账月份中进行弃审处理。
> - 已经审核过的单据不能重复审核；未经审核的单据不能进行弃审处理；已经做过如核销、转账、坏账、汇兑损益等后续处理的单据不能进行弃审处理。

②销售发票审核。

在销售系统中增加的发票在应收款管理系统中审核入账，在销售系统中录入的发票若未经其复核，则不能在应收款管理系统中审核。现款结算的销售发票，应收审核时同步核销对应的现款结算收款单。不能在已结账月份中进行审核处理；不能在已结账月份中进行弃审处理。已经审核过的单据不能重复审核；未经审核的单据不能进行弃审处理。已经做过如核销、转账、坏账、汇兑损益等后续处理的单据不能进行弃审处理。

执行"应收处理"→"销售发票"→"销售发票审核"命令，弹出"销售发票审核"窗口，如图7-10所示。当应收款管理系统中录入一张发票时，可以只审核一张，也可以在"销售发票审核"窗口定期对一批单据进行批量审核。

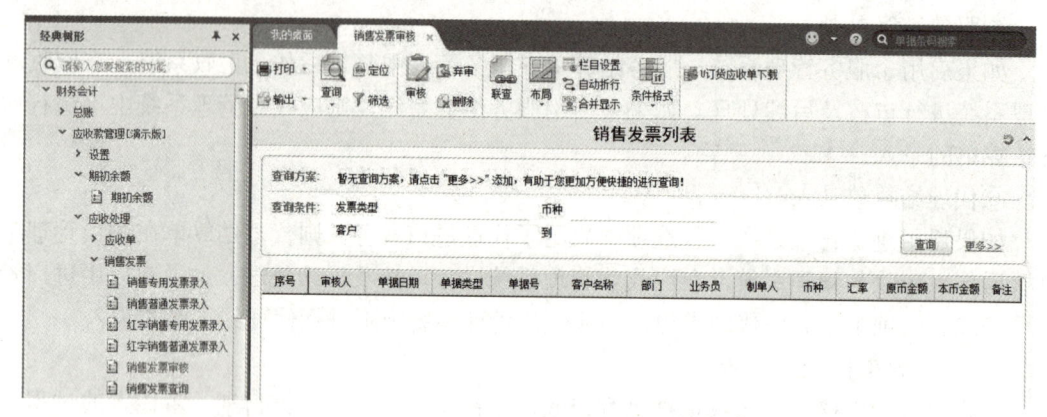

图7-10 "销售发票审核"窗口

应收款管理系统对审核销售发票提供单张审核、自动批审、手工批审等功能，可根据实际工作情况选择合适的审核方式，以提高工作效率。

> **提示**
>
> ● 销售发票的审核日期依据系统选项而定，单据日期或业务日期。当选项中设置"审核日期的依据为单据日期"时，该单据的入账日期选用当前的单据日期。若选择单据日期为入账日期，则在月末结账前需要审核完全部单据。当选项中设置"审核日期的依据为业务日期"时，该单据的入账日期选用当前的登录日期，此时在月末结账前单据可以不要审核。
>
> ● 取消审核销售发票——通过"取消审核"功能，将此笔业务信息从应收明细账中抹去，同时清空审核人和审核日期，回到未审核的状态，此时，可以根据实际情况，修改或删除应收单据。同样，对取消审核操作，系统提供批量弃审和单张弃审的操作，可提高操作的方便性。

③出口发票审核。

只有在出口管理系统启用的情况下，工具栏才会显示出口发票审核功能，可列示已审核与未审核的出口发票，但做过核销、制单、转账等后续处理的单据不列示。

系统中不能在已结账月份中进行出口发票的审核处理，也不能在已结账月份中进行出口发票的弃审处理。已经审核过的单据不能进行重复审核；未经审核的单据不能进行弃审处理。

执行"应收处理"→"出口发票"→"出口发票审核"命令，弹出"出口发票审核"窗口，如图7-11所示。在审核列表界面双击单据记录或单击"单据"按钮，进入单据卡片界面，直接单击"审核"按钮即审核当前单据。

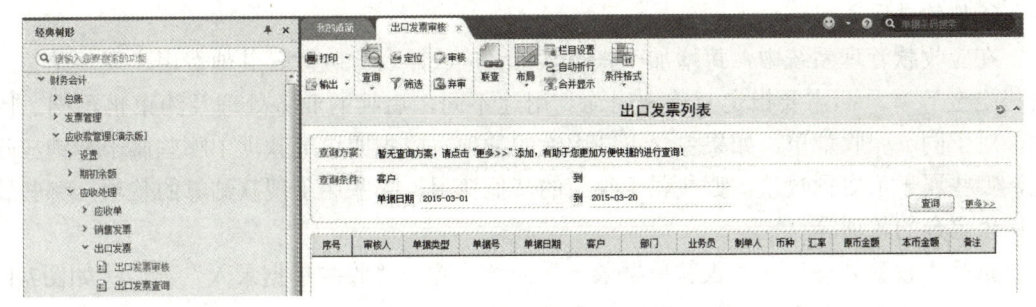

图7-11 "出口发票审核"窗口

④合同结算单审核。

只有在合同管理系统启用的情况下才会显示合同结算单的审核功能。

可供审核的合同结算单是应收系统启用后由合同管理系统传入的，列示的合同结算单包括已审核与未审核的，但做过核销、制单、转账等后续处理的单据不显示。不能在已结账月份中进行审核处理；不能在已结账月份中进行弃审处理。已经审核过的单据不能重复审核；未经审核的单据不能进行弃审处理；已经做过核销、转账、坏账、汇兑损益等后续处理的单据不能进行弃审处理。

执行"应收处理"→"合同结算单"→"合同结算单审核"命令，弹出"合同结算单审核"窗口，如图7-12所示。在输入查询条件后，进入单据列表界面，选择要审核的单据，单击"审核"按钮，选中的单据即全部被审核。

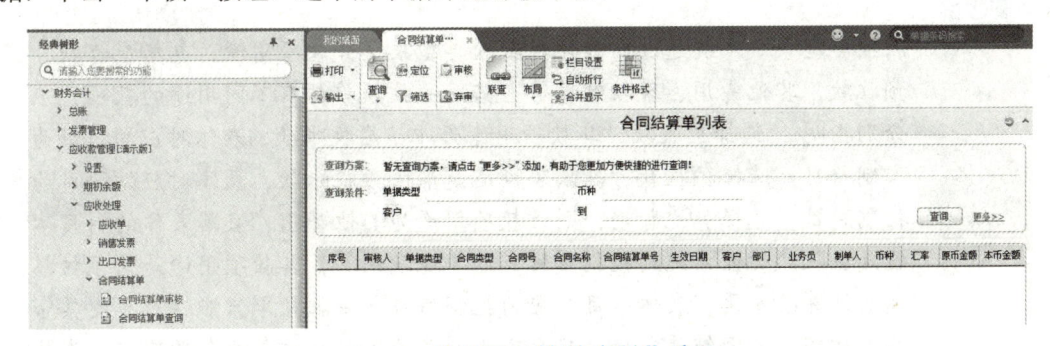

图7-12 "合同结算单审核"窗口

> **提示**
> - 单据弃审——弃审是审核的反操作，可以在已审核单据列表中双击单据记录或单击"单据"按钮，进入单据卡片界面，直接单击"弃审"按钮即可。
> - 单据联查——将光标定位在需要查询的单据记录上，单击"单据"按钮或双击该记录，即可显示该单据卡片。在合同结算单列表中将光标定位在需要查询的单据记录上，单击"合同"按钮即可显示该结算单对应的合同。

（3）冲销应收账款。

在实际业务中，客户将通过直接付款、支付银行承兑汇票、商业承兑汇票或企业进行应付账款冲销、红蓝票对冲等业务进行应收账款冲减。

①收款单录入。

在应收款管理系统中，每增加一张收款单（应收款、预收款、其他费用、现款结算、销售定金等），都需要指定其款项用途。用途不同，后续的业务处理及约束也不同。因此，对于同一张收款单，如果包含不同用途的款项，应指明该笔款项中哪些属于冲销应收款，哪些属于形成预收款，哪些属于收回的其他费用，哪些属于现款结算的款项，哪些属于销售定金的款项等。

执行"收款处理"→"收款单据录入"命令，弹出"收款单据录入"窗口，如图7-13所示，单击"增加"按钮，即可进行收款单的录入。

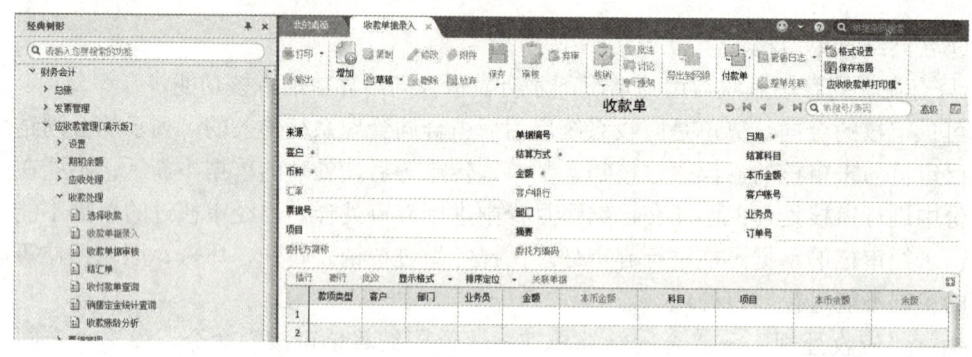

图7-13 "收款单据录入"窗口

> **提示**
> - 款项类型——系统通过内置几种款项类型来区分款项用途，包括应收款、预收款、其他费用、现款结算等，若同一收款单具有不同用途的款项，应分别指明。选择应收款，其款项用途为冲销应收账款，表体对应的科目为控制科目。选择预收款，其款项性质是形成预收账款，表体对应的科目为控制科目。选择其他费用，则该款项用途为其他费用，且其表体的科目不能是应收款管理系统的控制科目。选择现款结算，其款项用途是为了核销现款结算的发票，表体科目对应为控制科目，该收款单只能在对应发票审核时核销。选择销售定金，其款项用途是为了销售订单业务的完成，表体科目对应为非控制科目，该收款单在转货款后与对应发票核销。在转营业外收入时直接生成凭证，退回时按退回金额生成一张类型为销售定金红字的收款单并同时与蓝字的定金收款单核销。
> - 代付款的处理——在一张收款单中，若表头客户与表体客户不同，则表示表体记录所在的款项为代付款。在核销时，代付款的客户的记录只能与其本身的应收款核销。

②收款单审核。

系统主要是通过审核来确认收款业务的成立。收款单的审核即把收款单据进行记账，并在单据上填上审核日期和审核人。已审核的收款单据不能再修改和删除。

执行"收款处理"→"收款单据审核"命令，弹出"收款单据审核"窗口，如图7-14

所示，输入过滤条件，列表中即可显示出收款单，选择需审核的单据，单击"审核"按钮即可。

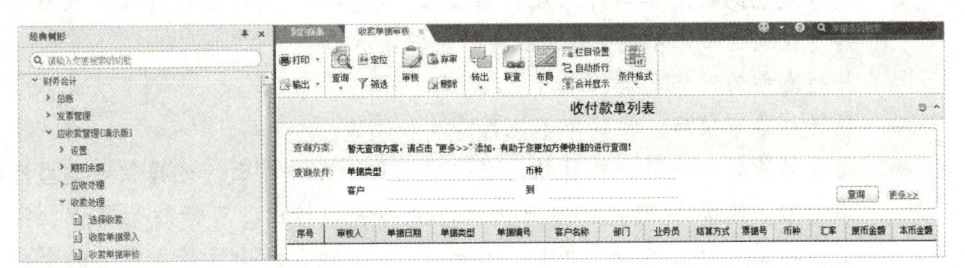

图7-14 "收款单据审核"窗口

> **提示**
> - 收款单的审核日期=单据日期。
> - 月末结账前收款单必须全部审核。

③销售定金转出处理。

在销售业务进行的过程中，根据企业的业务会将销售定金做转出处理，转出包括定金转货款、定金转营业外收入和定金退回。销售定金的收款单不计入应收明细账，不参与信用控制的计算，只有转出为货款或退回时才能在应收业务账表中显示。

执行"收款处理"→"销售定金统计查询"命令，弹出"查询条件-销售定金统计查询"窗口，如图7-15所示，单击"增加"按钮，在其下拉列表中选择"销售定金"。

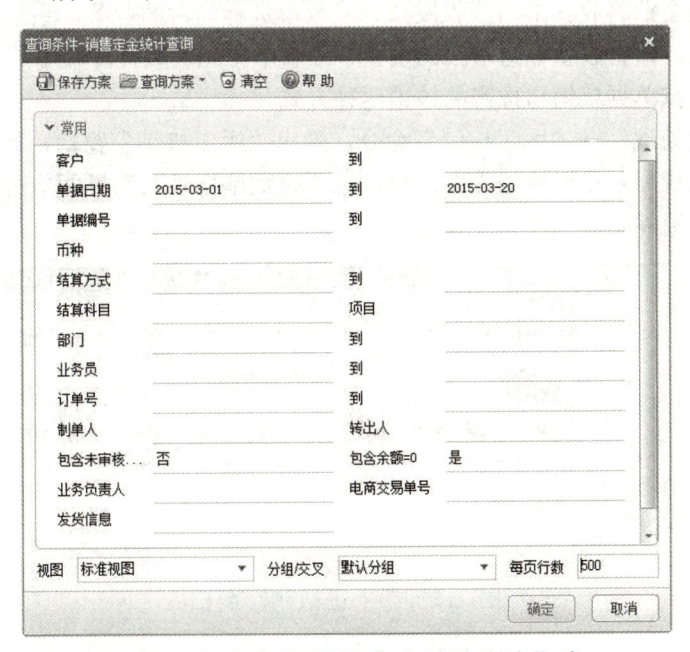

图7-15 "查询条件-销售定金统计查询"窗口

> **提示**
> - 销售定金的收款单不计入应收明细账，不参与信用控制的计算，只有转出为货款或退回时才能在应收业务账表中显示。
> - 款型类型为销售定金，不可更改。
> - 销售订单审核后，收款单不能再修改和删除。
> - 定金转货款——单击转货款，系统自动弹出一个界面，选择款项类型及转出金额。默认款项类型为应收款，全部余额转出，可修改为其他款项类型，转出金额可修改但不能小于等于0，金额合计小于等于定金的余额。选择款项类型为现款结算时，控制只许选择一个且为一行。确定转出后，形成一张新的收款单，表体的款型类型与金额按转出设置中的录入，备注为定金转货款。
> - 定金转营业外收入——单击转营业外收入后，系统形成一张新的收款单，款项类型为其他费用，金额为定金余额，备注为定金转营业外收入。
> - 定金退回——单击退回后，系统自动弹出一个界面，款项类型为销售定金，退回金额为定金余额，可修改，但不能小于等于0，大于定金余额。系统形成一张新的付款单，款项类型为销售定金，金额为退回金额，备注为定金退回。退回的同时，进行定金收付款的自动核销。

④核销处理。

核销处理是企业将收款单与应收发票、应收单进行勾对的业务。系统通过核销处理功能进行收款结算，即将收款单与对应的发票、应收单据相关联，冲减本期应收。

系统提供了按单据核销与按产品核销两种方式。

执行"核销处理"→"手工核销"命令，弹出"手工核销"窗口，如图7-16所示，输入过滤条件，系统显示单据核销界面，也可在"收款单据录入"界面单击"核销"按钮，即可进入单据核销界面。

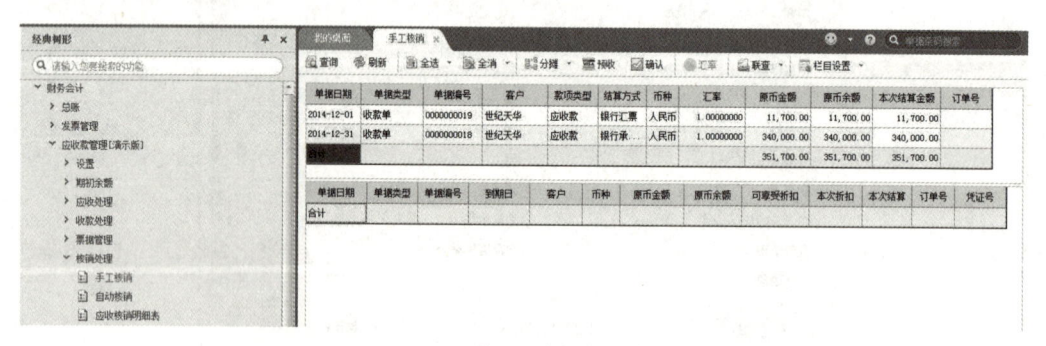

图7-16 "手工核销"窗口

> **提示**
> - 若在系统选项中选择"核销方式选择按单据"时，表示系统将按单据进行结算。需要将收款单与应收单进行关联，从中可以查询每一笔应收单的结款情况，以及每一笔收款单的结算情况。若在系统选项中选择"核销方式选择按产品"时，表示系统将按产品进行结算。需要将收款单与应收单中的产品进行一一对应，从中可以查询每一产品的应收情况、收款情况，以及每一笔收款单的结算情况。
> - 只有款项类型是应收款或预收款的收款单才可以进行核销。款项类型为其他费用的不允许核销。
> - 同种币核销处理——如果发票或应收单上的原币币种与客户实际支付的币种相同时，可以在"收款单据录入"中采用同币种核销，也可以在"核销处理"中采用手工核销和自动核销。手工核销指由用户手工确定收款单核销与它们对应的应收单的工作，选择需要核销的单据，然后手工核销，手工核销较灵活；自动核销指系统依据核销规则，将收款单与它们对应的应收单进行核销的工作。通过自动核销可以根据查询条件选择需要核销的单据，然后系统自动核销，加强了往来款项核销的效率性。
> - 异币种核销处理——如果企业有外币业务，如果发票或应收单上的原币币种与客户实际支付的币种不同时，在"收款单据录入"中录入该收款单，审核后单击"核销–异币种"按钮，将收款单进行异币种核销，异币种核销时，需要设置中间币种。
> - 分摊处理——系统在核销界面提供结算金额自动分摊功能。将当前收付款单列表中已经输入的本次合计结算金额根据当前被核销单据列表的界面排列顺序自动分摊到对应本次结算栏目中；也可以将当前被核销单据列表中已经输入的本次合计结算金额根据当前收付款单列表界面中的排列顺序自动分摊到对应本次结算栏中。界面中的排列顺序可通过"栏目–收付款单"/"栏目–单据"按钮设置单据排序。分摊到每条记录上的本次结算金额不能大于该记录的原币余额，总计可分摊的金额=收付款单列表中本次结算金额之和。

2.预收款业务

预收款业务是先收款，后开票的业务。

当产品供不应求时，客户会预先打款要货，企业收到的这笔提前支付的款项就是预收款，财务人员收到款后，登记入账。应收款管理系统用收款单来记录预收款的业务，首先需要在系统中录入此笔款项，表体款项类型为预收款，即形成预收款，然后对该收款单进行审核，系统用审核来确认预收款业务的成立。在系统中填制预收款单后，审核确认预收账款，并记入应收明细账。

（1）预收款录入。

对于预收款的业务，客户每支付一笔款项，需要增加一张收款单，指定其款项性质为预收款。

执行"收款处理"→"收款单据录入"命令,弹出"收款单据录入"窗口,如图7-17所示,单击"增加"按钮,即可进行收款单的录入。

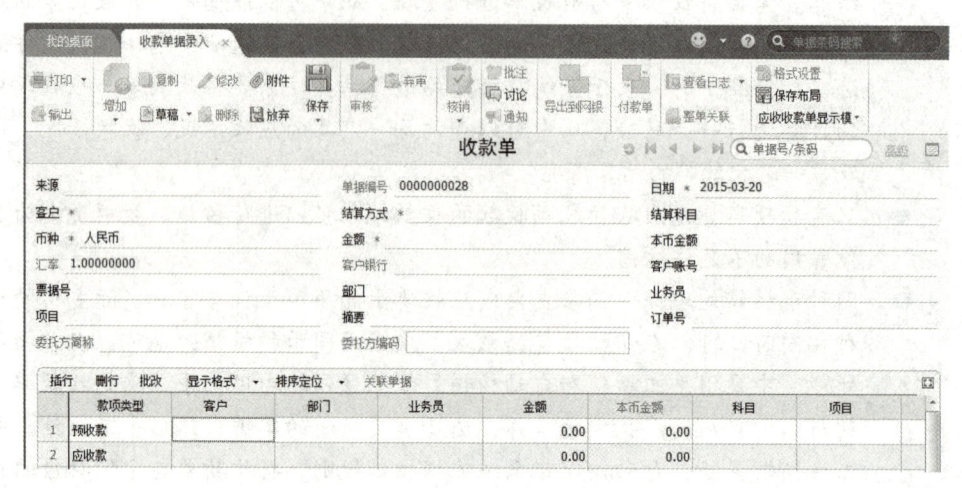

图7-17 "收款单据录入"窗口

预收的款项在收款单中应选择其款项用途为预收款,表体对应的科目为控制科目,预收款用途的收付款单才可以与销售发票、应收单进行核销勾对。

(2)预收款审核。

实际业务中,企业收到客户提前支付的款项,确认预收款。系统用审核来确认预收款业务的成立。系统在用户填制收款单后,对收款单进行审核后记入应收明细账。

收款单的审核过程即将收款单据进行记账,在单据上填上审核日期和审核人。已审核的收款单据不能再修改和删除。

用户可直接在收款单上单击"审核"按钮,系统将当前操作员认为是审核员。

> **提示**
> - 批量审核——在输入过滤条件后,单击"确认"按钮,进入收款单单据列表界面,选择需要批审的收款单,单击"审核"按钮。
> - 取消审核——对于有错的或需要作废的收款单,单击"取消审核"按钮,将单据恢复到未记账状态,然后进行修改或删除。

(3)预收款核销。

如果发票或应收单上的原币币种与客户实际支付的预收款币种相同时,可以在"收款单据录入"窗口中进行同币种核销,也可以在"核销处理"窗口中进行手工核销和自动核销。手工核销是选择需要核销的单据,然后手工核销,操作相对灵活。自动核销可以根据查询条件选择需要核销的单据,然后系统自动核销,提升了往来款项核销的效率。

如果企业有外币业务,出现发票或应收单上的原币币种与客户实际支付的币种不同时,需要在"收款单据录入"中进行异币种核销,异币种核销时,需要设置中间币种。

(4)预收冲应收。

预收冲应收是将应收客户款项与已收客户款项进行对冲,填制转账凭证,同时减少应收账款和预收账款账面余额。在系统中是填制销售发票并审核,通过预收冲应收处理客户的预收款和该客户应收欠款的转账核销。

执行"转账"→"预收冲应收"命令,弹出"预收冲应收"对话框,如图7-18所示。单击"预收款"选项卡,输入相关信息后,单击"过滤"按钮,系统会列出该客户所有满足条件的预收款的日期、转账方式、金额等,然后在转账金额栏里输入每一笔预收款的转账金额。单击"应收款"选项卡,输入相关信息后,单击"过滤"按钮,系统会列出该客户满足条件的应收款的单据类型、单据编号、单据日期、单据金额、转账金额等项目,然后在转账金额栏里输入每一笔应收款的转账金额。

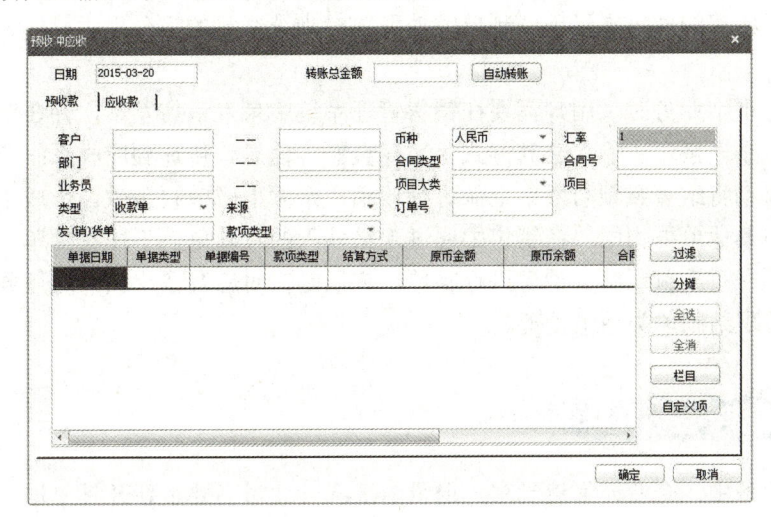

图7-18 "预收冲应收"对话框

> **提示**
> - 每一笔应收款的转账金额不能大于其余额。
> - 应收款的合计转账金额应该等于预收款的合计转账金额。
> - 上述两个选项卡均可以通过输入转账总金额,单击"分摊"按钮,达到自动分摊该转账总金额到具体单据上的目的,且分摊好的各单据转账金额可以修改。
> - 预收冲应收需遵循系统选项中设置的核销规则。

3.现结业务

现结业务是销售与收款同时发生的业务,它分成完全现结和部分现结两种。当客户全额付清货款情况下,不形成应收账款;当客户不是全额支付,只是部分现结时,尚未支付的部分形成应收账款, 部分应收账款需要入账。

(1)完全现结。

完全现结的销售业务不形成应收账款,故应收管理系统不对完全现结的业务进行处理,但提供现结制单的功能。

发生完全现结业务时,用户需要在销售管理系统中录入销售发票,并在销售发票工具栏中单击"现结"按钮,输入结算方式、结算金额等。传递到应收系统,审核销售发票时,系统自动将结算金额与发票金额进行核销。不形成应收账款。在销售管理中通过现结输入的收款单,不在收款单审核列表中进行审核,也不在收款单制单类型中进行制单,它们是在对应发票审核的时候进行同时审核的,制单是在现结制单类型中处理。

用户在应收系统"生成凭证"中进行"现结制单",系统自动将该发票进行现结制单。

(2) 部分现结。

部分现结的销售业务部分形成应收账款,应收款管理系统仅限于处理尚未结清的那部分金额,对已结算的部分提供现结制单的功能,对尚未结算的部分提供核销、转账等后续处理。

发生部分现结业务时,用户需要在销售管理系统中录入销售发票,并在销售发票工具栏中单击"现结"按钮,输入结算方式、结算金额等信息。传递到应收系统,审核销售发票时,系统自动将结算金额与发票金额进行核销,余额形成应收账款。形成了应收账款的部分的处理与其他单据相同。在销售中通过现结输入的收款单,不在收款单审核列表中进行审核,也不在收款单制单类型中进行制单,它们是在对应发票审核的时候同时进行审核的,制单是在现结制单类型中处理。

7.2.2 处理红字应收业务

在实际业务中,企业经常遇到客户退货的情况,此时需要重新开具单据,冲销原先的业务,并将客户支付的货款退回。针对这种情况,应收款管理系统设置了4种情况的业务处理:销售发票已开、客户尚未付款;销售发票已开、客户已经付款;销售发票未开,客户尚未付款;销售发票未开,客户已经付款。

1. 红字应收单据

(1) 增加红字销售发票。

如果没有启用销售系统,可在应收管理系统"红字销售专用发票录入"或"红字销售普通发票录入"中录入红字销售发票。如果已启用销售系统,则红字销售发票在销售系统录入,销售发票经过复核,传递到应收款管理系统。

(2) 增加红字应收单。

在应收款管理系统"应收单录入"中录入红字应收单,输入的红字应收单除了需要输入原始的业务信息和科目。系统提供的红字应收单实质是一张凭证,除了要记录销售业务之外所发生的各种其他应收业务信息外,还要记录科目信息。

红字应收单表头中的信息相当于凭证中的一条分录信息,表头科目应该为核算该客户所欠款项的一个科目。红字应收单表头科目必须是应收系统的受控科目。表头科目的方向即为所选择的单据的方向。

表体中的一条记录也相当于凭证中的一条分录。输入了表体内容后,表头、表体中的合计金额应借、贷方相等。

输入科目的目的是系统制该红字应收单时,可以自动带出科目信息,不用在制单时手工输入了。

（3）审核红字销售发票和应收单。

找到需要确认的红字发票和应收单，单击"审核"按钮即可。红字应收单据可以在"应收单录入"或"应收单审核"中进行审核。从销售系统传送的发票可以在"销售发票审核"中进行审核。

2.付款单

（1）付款单录入。

付款单用来记录发生销售退货时，企业开具的退付给客户的款项。该付款单可与应收、预收性质的收款单、红字应收单、红字发票进行核销。

在应收管理系统"收款单据录入"中单击"付款单"按钮，录入付款单，依据原始业务信息，填制付款单上的内容。输入客户名称后，系统自动带出与客户相关的内容，如客户的银行名称、银行账号等信息（前提是在客户档案中记录了这些信息）。

（2）审核和取消审核付款单。

选择要审核的付款单，单击"审核"按钮即可。

对于有错的或需要作废的付款单，可以单击"取消审核"按钮，将单据恢复到未记账状态，然后进行修改或删除。

> **提示**
>
> **登记支票登记簿**
>
> - 企业会计用支票付款后，需要登记支票登记簿，对支票的发出、结算进行管理。
> - 填制付款单时，若其结算方式为转账支票，则该收付款单的结算科目必须录入，且录入的科目必须是有银行标志的末级科目。
> - 系统选项"是否登记支票"，若选择"是"，则系统自动将"结算方式+票据号"登记在总账的支票登记簿；若选择"否"，则结算方式有票据管理标识，系统不会自动登记支票登记簿，但可在单据上单击"登记"按钮，将"结算方式+票据号"手工登记在总账的支票登记簿。

7.2.3 凭证处理与查询

1.生成凭证

应收款管理系统制单即生成凭证，并将凭证传送至总账记账。系统在各个业务处理的过程中都提供了实时制单的功能。除此之外，系统提供了一个统一的制单平台，在此可以快速、成批生成凭证，还可依据规则进行合并制单等处理。

生成凭证的操作步骤如下所述。

步骤1： 单击"凭证处理"，弹出"生成凭证"窗口，输入过滤条件，进入单据列表界面。

步骤2：选取需要生成凭证的单据类型。如果选择出口发票，还可根据需要选择"包含对应费用支出单"，合并生成凭证。

步骤3：输入查询条件，单击"确认"按钮，系统会将符合条件的所有未制单但已经记账的单据全部列出。

步骤4：输入制单日期，并在凭证类别栏目处，用下拉框为每一个制单类型设置一个默认的凭证类别。可以在凭证中修改该类别。

步骤5：选中一条记录，然后单击"单据"按钮，即可显示该条记录所对应的单据卡片形式。

步骤6：选择"显示隐藏"选项，即只显示处于隐藏状态的记录；选择"显示未隐藏"选项，则只显示处于未隐藏状态的记录。

步骤7：系统若要在生成凭证的过程中自动生成摘要内容，可以单击"摘要"按钮，设置凭证摘要。

步骤8：选择要制单的单据，双击"选择标志"一栏，系统会对双击的栏目给出一个序号，表明要该单据要制单。

步骤9：单击"制单"按钮，进入凭证界面，操作完毕，单击"保存"按钮，即可将当前凭证传递到总账系统。

> **提示**
> - 制单日期系统默认为当前业务日期。制单日期应大于等于所选的单据的最大日期，但小于当前业务日期。
> - 如果同时使用了总账系统，所输入的制单日期应该满足总账制单日期序时要求：即大于同月同凭证类别的日期。
> - 一张原始单据制单后，则不能再次制单。
> - 如果在退出凭证界面时，还有未生成的凭证，系统会提示是否放弃对这些凭证的操作。如果选择是，系统会取消本次对这些业务的制单操作。

2. 查询凭证

通过凭证查询可以查看、修改、删除、冲销应收款管理系统传到总账系统中的凭证。查询、修改、删除和冲销凭证的相关操作如下所述。

步骤1：执行"凭证处理"→"查询凭证"命令，显示凭证查询条件界面，输入过滤条件后，单击"确认"按钮，进入凭证查询列表界面。

步骤2：单击"查询"按钮，调出查询条件界面，输入查询条件。

步骤3：单击"联查-单据"按钮，联查当前原始单据。原始单据界面中提供打印、预览功能。

步骤4：单击"联查-凭证"按钮，联查当前凭证。

步骤5：单击"修改"按钮，修改当前凭证。

步骤6：单击"删除"按钮，删除当前凭证。

步骤7：单击"冲销"按钮，可作红字冲销。

> **提示**
> - 如果要删除一张凭证，该凭证的凭证日期不能在已结账的月内，例如，本系统生成一张2月27日的凭证后，2月份执行了月末结账，那么在查询该张凭证时，就不能删除该张凭证。
> - 凭证被删除后，它所对应的原始单据及操作可以重新生成凭证。例如，一张发票生成的凭证被删除后，发票可以重新生成凭证。
> - 只有未经出纳签字、未审核、主管未签字、未记账的凭证才能修改和删除。

7.2.4 账表查询

1．查询业务明细账

在业务明细账中可以查看客户、客户分类、地区分类、部门、业务员、存货分类、存货、客户总公司、主管业务员、主管部门在一定期间内发生的应收及收款的明细情况。应收业务明细账可以完整查询既是客户又是供应商的单位信息，还可以查询未审核单据的信息等。

执行"账表管理"→"业务账表"→"业务明细账"命令，弹出"查询条件-应收明细账"对话框，在该对话框中可以查询需要的明细账。查询条件说明如下所述。

科目：查询的科目必须是应收系统的末级受控科目。

未审核单据：选择包含未审核单据时，未审核单据在明细账中以单据日期来判断是否满足本次查询条件中的期间范围；选择不包含未审核单据时，没有审核的数据均不在明细账中反映。对于已审核的发票或应收单，以系统选项中选择的"单据审核日期依据"来判断是否满足本次查询条件中的期间范围。

对应供应商单据：若该客户既是客户又是供应商，需要查看该客户所有的交易时，应选择包含对应供应商单据，则业务明细账可将客户记录中有对应供应商的对应应付信息查询出来。选择包含对应供应商单据，还需要选择栏目格式，即应收应付同列显示还是应收应付分列显示。在业务明细账中可以查询既是客户又是供应商单位的汇总往来账的前提条件是该客户必须先选择好其对应的客户或供应商。

已入库未结算：用户选择查看客户对应供应商数据时，还可以选择查看已入库未结算数据，该选项只有在选择了包含对应供应商数据时才可以选择。

不进行账期管理的应收货款的分析方式：指在销售或应收中不进行账期管理的业务单据，表现为是否立账单据标识为"否"，且到期日为空的单据。

只显示未到立账日单据：默认为"否"，若选择"是"，则可以查询出所有进行账期管理但没到立账日的单据。

发货单未到立账日已开票审核：默认为"不包含"，若选择"包含"，则可以查询出所有未到立账日但已开票审核的单据。

2. 查询业务总账表

通过本功能可以根据查询对象查询在一定期间内发生的业务汇总情况。应收业务总账可以完整查询既是客户又是供应商的业务单据信息，还可以查询未审核的单据等。

执行"账表管理"→"业务账表"→"业务总账"命令，弹出"查询条件-应收总账表"对话框，在该对话框中可以查询需要的明细账。

7.2.5　与总账对账

应收款管理系统提供应收系统生成的业务账与总账系统中的科目账进行核对的功能，检查两个系统中的往来账是否相等，若不相等，查看账款不等的原因。在与总账对账结果中，可以选择金额式、数量金额式、数量外币式和外币金额式4种报表格式。

执行"对账"→"与总账对账"命令，弹出"对账条件"对话框，对话框中的对账条件说明如下所述。

按客户＋币种：选择此项，显示各客户应收款与总账分币种的对账结果。系统默认此选项。

按科目＋客户：选择此项，显示各客户应收款与总账在对应科目下的对账结果。

日期：选择此项，显示确定日期段生成凭证的应收款项要查询以会计月度为单位的对账结果时，本栏可不选。截止日期不能小于起始日期。所选日期必须大于等于启用日期并且在本会计年度内。

月份：选择需要对账的应收款生成凭证月份，可选择一个月，也可选连续的几个月。截止月份不能小于起始月份。

对账科目：只有选择了"按科目＋客户"时可选。必须选择一个指定要对账的会计科目，且此科目必需为末级科目。

客户：单击需要参照图标选择某个客户，或编号连续的某几个客户。

币种：只有选择了"客户+币种"时可选。单击下拉图标选择需要对账的币种，可以是某一币种，也可以不限定某一币种而选择全部币种。默认选择为全部币种。

包含未制单记录：选择该项时，表示应收系统与总账的对账范围包括已经审核或已经记账但还没有制成凭证的数据记录；不选择该项时，与总账的对账范围只包括已经生成凭证的数据记录。系统默认为不选。

显示小计行：选择此项，对账结果将对每一客户的金额进行小计。

只显示不平的记录：选择此项，结果中只显示对账不平的记录，已平记录则过滤不显示。

包含业务应收：启用业务应收后可显示，按"客户+币种"的对账方式，勾选后查询出来的包含业务应收科目部分数据，参与应收系统与总账系统对账。注意：包含业务应收数据时，同月发生的业务应收和财务应收科目数据会相互抵消，发生账显示为0，但不影响与总账对账。

7.3 案例解析

案例素材

以系统管理员admin的身份登录用友U8系统管理，引入"案例素材\第7章"文件夹下的账套文件Y7_01。

以2011账套主管的身份（密码为空）登录201账套，登录日期为"2017-01-11"。

1．设置基本科目

应收科目（本币）：1122应收账款。

预收科目（本币）：2203预收账款。

销售收入科目：6001主营业务收入。

税金科目：22210105销项税额。

2．结算方式科目设置

结算方式：转账支票；币种：人民币；科目：10020101。

3．录入应收期初余额

应收期初余额如表7-1所示。

表7-1 应收期初余额

单据名称	方向	开票日期	客户名称	销售部门	科目编码	货物名称	数量	无税单价（元）	价税合计（元）
其他应收单	正	2016.10.27	慧童	销售一部	1122				32 760
销售专用发票	正	2016.11.11	苏华	销售二部	1122	云米手机	30	1 800	63 180

4．与总账对账

应收款期初余额与总账应收款科目余额对账。

5．收款单据录入、审核制单

收到苏华转账支票一张，金额80 000元，用于支付前欠货款63 180元，余款作为预收款。

（1）录入收款单据。

（2）审核收款单并生成凭证。

6．核销处理

将客户苏华收款与期初应收进行核销。

7．转账处理并生成凭证

经三方协商，将慧童养老院应收款20 000元转给苏华电商。

（1）应收冲应收。

（2）生成凭证。

8.输出账套

将操作结果输出至"案例解析\第7章\X7_01"文件夹中。

操作步骤

在"案例解析\第7章"下新建一个文件夹,命名为X7_01

以系统管理员身份引入账套Y8_01,并以2011账套主管的身份(密码为空)登录201账套,登录日期为"2017-01-11"。

1.设置基本科目

(1)执行"设置"→"科目设置"→"基本科目"命令,打开"应收基本科目"窗口。

(2)单击"增行"按钮,双击"基本科目种类",出现下拉列表,选择"应收科目","科目"一栏选择"1122"。按案例要求设置其他基本科目,如图7-19所示。

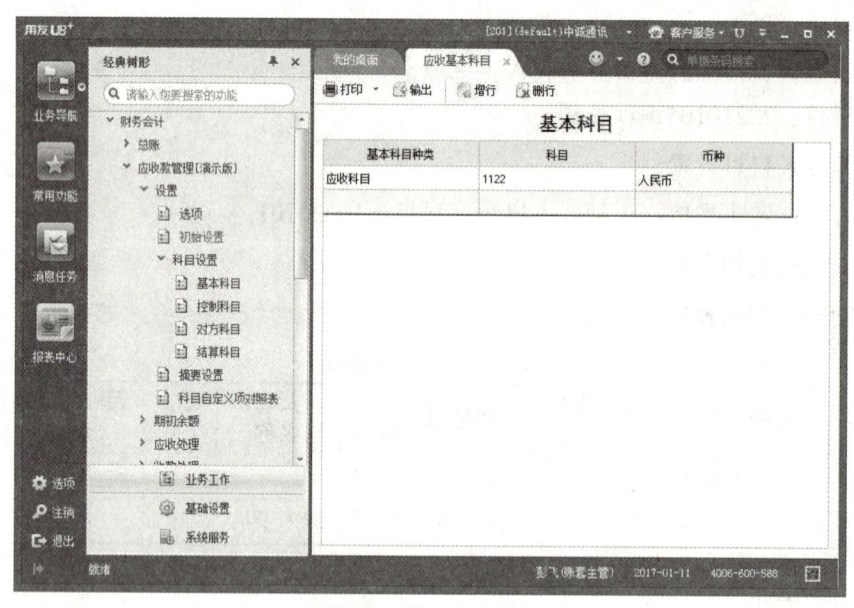

图7-19 基本科目设置

提示

- 在基本科目设置中设置的应收科目"1122应收账款"、预收科目"2203预收账款"应在总账系统中设置其辅助核算内容为"客户往来",并且其受控系统为"应收系统",否则在此不能被选中。
- 只有在此设置了基本科目,在生成凭证时才能直接生成凭证中的会计科目,否则凭证中将没有会计科目,相应的会计科目只能手工录入。
- 如果应收科目、预收科目按不同的客户或客户分类分别进行设置,则可在"控制科目设置"中进行设置,在此可以不设置。
- 如果针对不同的存货分别设置销售收入核算科目,则在此不用设置,可以在"产品科目设置"中进行设置。

2.结算方式科目设置

执行"设置"→"科目设置"→"基本科目"命令,弹出"应收结算科目"窗口,单击"增行"按钮,双击"结算方式"下的空格,出现下拉列表,选择"202 转账支票","币种"选择"人民币","科目"选择"10020101",如图7-20所示。

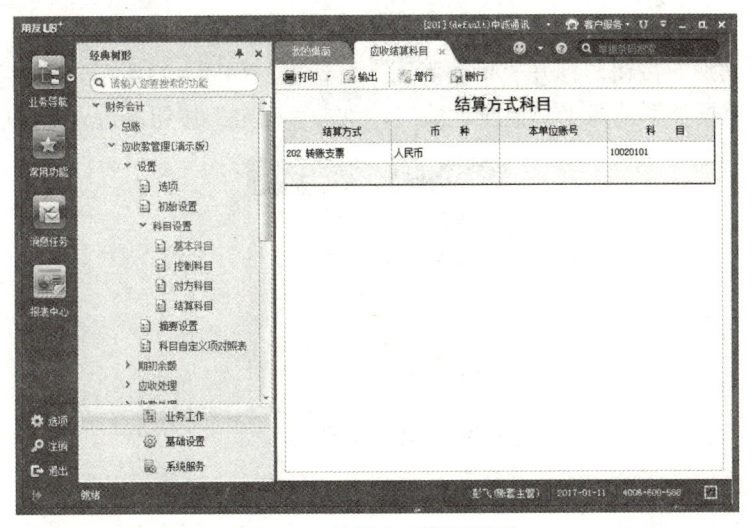

图7-20　结算方式科目设置

> **提示**
>
> 结算方式科目设置是针对已经设置的结算方式来设置相应的结算科目。这样在收款或付款时只要告诉系统结算时使用的结算方式,就可以由系统自动生成该种结算方式所使用的会计科目。

3.录入应收期初余额

(1)录入其他应收单。

①在应收款管理系统中,执行"期初余额"→"期初余额"命令,打开"期初余额--查询"对话框,如图7-21所示。单击"确定"按钮,进入"期初余额"界面,如图7-22所示。

图7-21　"期初余额--查询"对话框

219

图7-22 "期初余额"界面

②单击"增加"按钮,打开"单据类别"对话框,如图7-23所示。"单据名称"选择"应收单",单据类型选择"其他应收单",单击"确定"按钮,进入"应收单"界面。

图7-23 "单据类别"对话框

③单击"增加"按钮,输入其他应收单信息,如图7-24所示。
④单击"保存"按钮。
⑤关闭"应收单"界面。

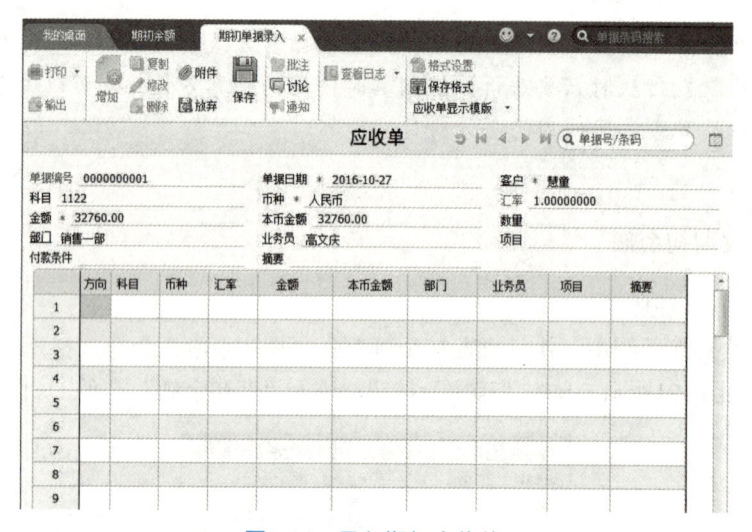

图7-24 录入期初应收单

> **提示**
> ● 录入应收单时只需录入表格上半部分的内容,表格下半部分的内容由系统自动生成。
> ● 应收单中的会计科目必须录入正确,否则将无法与总账进行对账。

(2)输入销售专用发票。
①在"期初余额"界面中,单击"增加"按钮,打开"单据类别"对话框。

②"单据名称"选择"销售发票","单据类型"选择"销售专用发票"。单击"确定"按钮,进入"销售专用发票"界面。

③单击"增加"按钮,发票"开票日期"输入"2016-11-11","客户名称"输入"苏华",其他信息自动带出。

④选择货物名称"2001云米手机","数量"输入"30","无税单价"输入"1 800",金额自动算出,单击"保存"按钮,如图7-25所示。

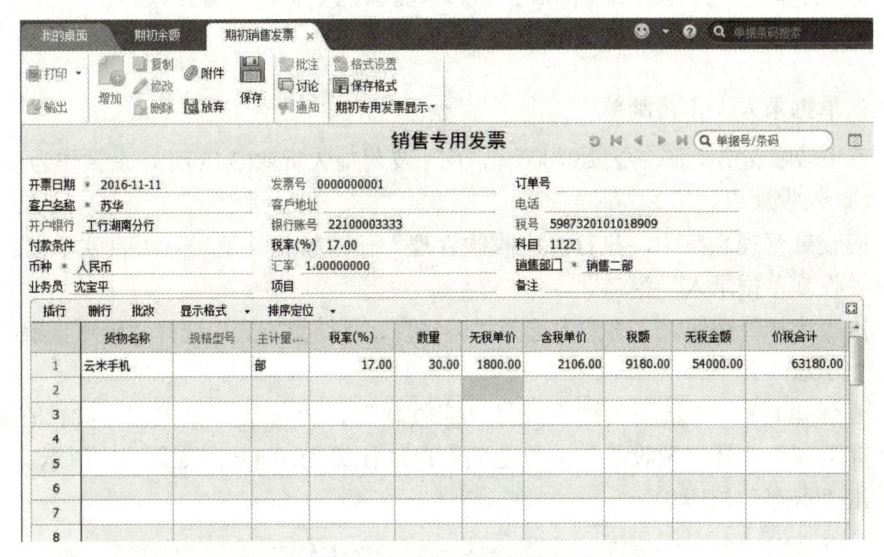

图7-25 录入期初销售发票

> **提示**
> - 在初次使用应收款系统时,应将启用应收款系统时未处理完的所有客户的应收账款、预收账款、应收票据等数据录入到本系统。当进入第二年度时,系统自动将上年度未处理完的单据转为下一年度的期初余额。在下一年度的第一会计期间里,可以进行期初余额的调整。
> - 如果退出了录入期初余额的单据,但在"期初余额"界面中没有看到新录入的期初余额,可单击"刷新"按钮,则会列示出所有期初余额的内容。

4. 与总账对账

(1) 在"期初余额"界面中,单击"对账"按钮,进入"期初对账"界面,如图7-26所示。

(2) 查看应收系统与总账系统的期初余额是否平衡。

图7-26 期初对账

> **提示**
> - 当完成全部应收款期初余额录入后,应通过"对账"功能将应收系统期初余额与总账系统期初余额进行核对。
> - 应收系统与总账系统的期初余额的差额应为零,即两个系统的客户往来科目的期初余额应完全一致。
> - 当第一个会计期已结账后,期初余额只能查询不能再修改。

5.收款单据录入、审核制单

收到苏华转账支票一张,金额80 000元,用于支付前欠货款63 180元,余款作为预收款。

(1)录入收款单。

①在应收款管理系统中,执行"应收款管理"→"收款处理"→"收款单据录入"命令,弹出"收款单据录入"窗口。

②单击"增加"按钮。"客户"选择"苏华"、"结算方式"选择"转账支票","金额"输入"80 000"。

③在表体第1行,"款项类型"选择"应收款","金额"输入63 180;在表体第2行,"款项类型"选择"预收款","金额"自动计算为16 820,如图7-27所示。

④单击"保存"按钮。

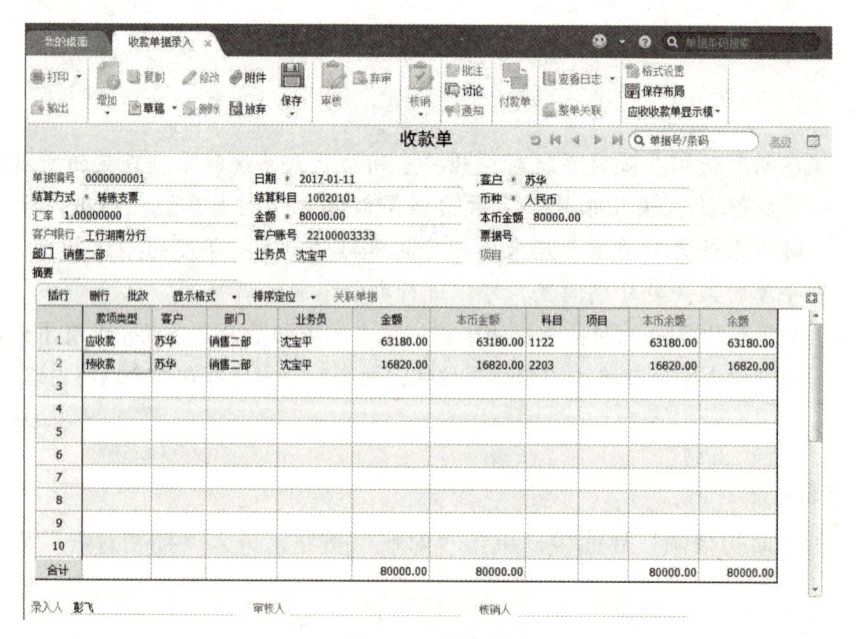

图7-27 收款单

(2)审核制单。

①在收款单界面,单击"审核"按钮,系统弹出"是否立即制单?"信息提示框,如图7-28所示。

②单击"是"按钮,进入"填制凭证"界面。选择相应的科目名称,然后单击"保存"按钮,如图7-29所示。

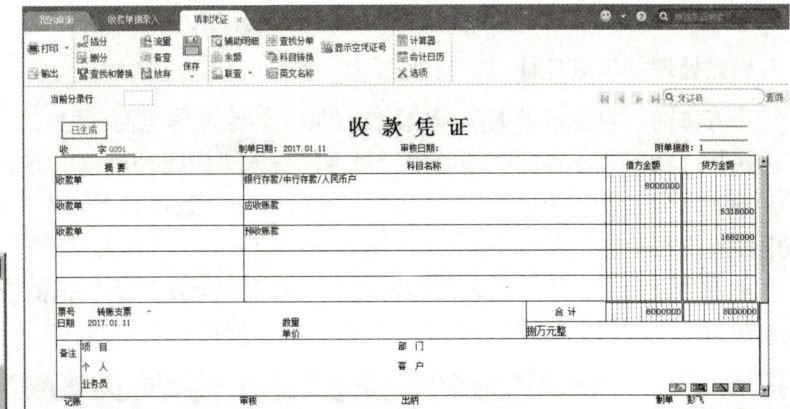

图7-28　信息提示框　　　　　图7-29　收款单审核生成凭证

③关闭"填制凭证"界面。

6. 核销处理

将客户苏华收款与期初应收进行核销。

（1）在"收付款单录入"界面中，单击"核销"按钮，打开"核销条件"对话框，如图7-30所示。单击"确定"按钮，进入"单据核销"界面。

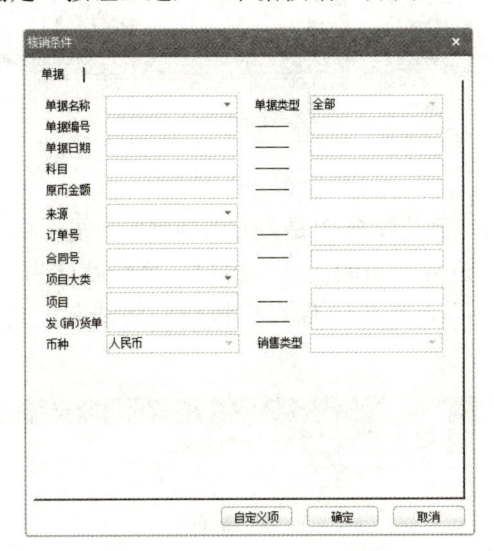

图7-30　"核销条件"对话框

（2）在界面下方记录的本次结算栏输入本次结算金额"63 180"，如图7-31所示。

图7-31　核销

223

（3）单击"确认"按钮，核销完的记录不再显示。

7.转账处理并生成凭证

经三方协商，将慧童养老院应收款20 000元转给苏华电商。

①执行"转账"→"应收冲应收"命令，进入"应收冲应收"界面。

②输入日期"2017-01-11"，转出客户选择"001慧童养老院"，转入客户选择"002苏华电商股份有限公司"。

③单击"查询"按钮，系统列出转出户"慧童养老院"未核销的应收款。

④在2016-10-27销售专用发票的"并账金额"栏输入"20 000"，如图7-32所示。

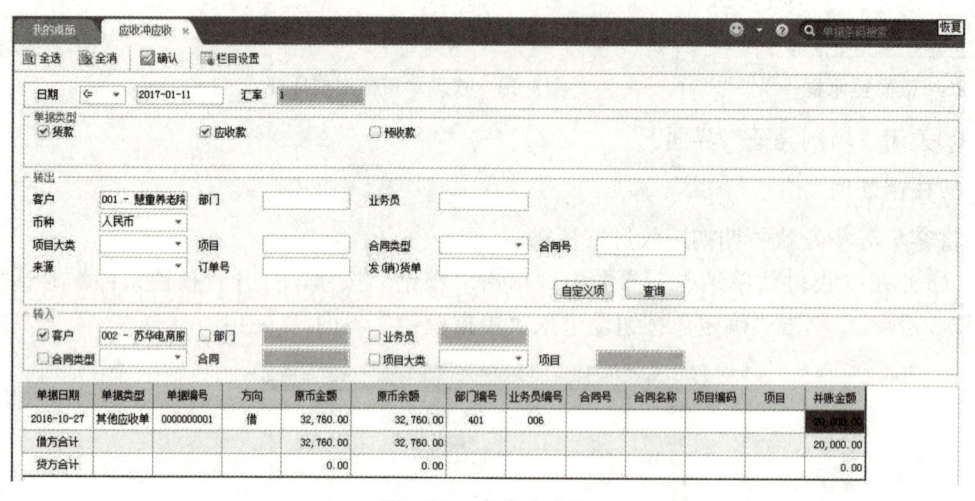

图7-32 应收冲应收

⑤单击"确定"按钮，系统弹出"是否立即制单？"提示框。

⑥单击"是"按钮，进入"填制凭证"窗口，系统默认为"收款凭证"，然后将凭证类别修改为"转账凭证"，单击"保存"按钮，凭证左上角显示"已生成"字样，如图7-33所示。

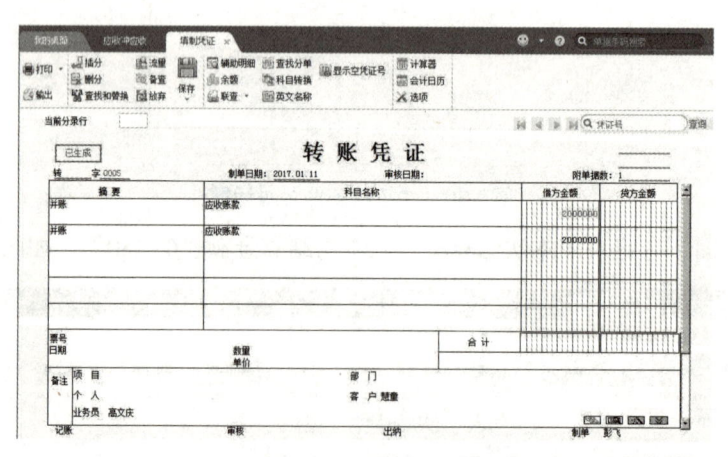

图7-33 应收冲应收生成凭证

8.输出账套

将操作结果输出至"X7_01"文件夹中。

7.4 强化训练

实训1

在"强化实训\第7章"文件夹下新建一个文件夹,命名为X7_01。

以系统管理员admin的身份登录用友U8系统管理,引入"强化训练素材\第7章"文件夹下的账套文件Y7_1。

以2131账套主管的身份(密码为1)登录213账套,登录日期为"2017-01-01"。

1. 设置基本科目

应收科目(本币):1122应收账款。

预收科目(本币):2203预收账款。

销售收入科目:6001主营业务收入。

税金科目:22210102销项税额。

2. 结算方式科目设置

结算方式:电汇;币种:人民币;科目:100201。

3. 录入应收期初余额

(1)销售普通发票。

销售普通发票信息如表7-2所示。

表7-2 销售专用发票信息

单据名称	方向	开票日期	客户名称	销售部门	科目编码	货物名称	数量(个)	无税单价(元)	价税合计(元)
销售普通发票	正	2016.10.31	滨江百货	国内销售	1122	万向登机箱	100	468	46 800
销售普通发票	正	2016.11.30	联众商贸	国内销售	1122	单肩包	100	936	93 600

(2)预收款。

2016年12月31日,滨江百货电汇20 000元,作为预定新品订金。

4. 与总账对账

应收款期初余额与总账应收款科目余额对账。

5. 收款单据录入、审核制单

收到联众商贸转账支票一张,金额100 000元,用于支付前欠货款元,余款转为预收款。

(1)录入收款单。

（2）审核收款单，并生成凭证。

6. 核销处理

将客户联众商贸收款93 600元与期初应收93 600元进行核销。

7. 转账处理并生成凭证

将滨江百货预收款20 000元冲销其期初应收款20 000元。

（1）预收冲应收。

（2）生成凭证。

8. 输出账套

将操作结果输出至"X7_01"文件夹中。

实训2

在"强化实训\第7章"文件夹下新建一个文件夹，命名为X7_02。

以系统管理员admin的身份登录用友U8系统管理，引入"强化训练素材\第7章"文件夹下的账套文件Y7_02。

以2151账套主管的身份（密码为空）登录215账套，登录日期为"2017-01-01"。

1. 设置基本科目

应收科目（本币）：1122应收账款。

预收科目（本币）：2203预收账款。

销售收入科目：6001主营业务收入。

税金科目：22210102销项税额。

2. 结算方式科目设置

结算方式：电汇；币种：人民币；科目：100201。

3. 录入应收期初余额

应收期初余额如表7-3所示。

表7-3　应收期初余额

单据名称	方向	开票日期	客户名称	销售部门	科目编码	货物名称	数量（个）	无税单价（元）	价税合计（元）
销售普通发票	正	2016.12.20	滨江百货	国内销售	1122	单肩包	5	880	4 400

4. 与总账对账

应收款期初余额与总账应收款科目余额对账。

5. 收款单录入、审核制单

收到建行电汇回单，滨江百货付前欠货款3 000元。

（1）录入收款单。

（2）审核收款单，并生成凭证。

6.核销处理

将客户滨江百货的3 000元收款与期初应收进行核销。

7.转账处理并生成凭证

经三方协商，将滨江百货期初应收款1 400元转给联众商贸。

（1）应收冲应收。

（2）生成凭证。

8.输出账套

将操作结果输出至"X7_02"文件夹中。

实训3

在"强化实训\第7章"文件夹下新建一个文件夹，命名为X7_03。

以系统管理员admin的身份登录用友U8系统管理，引入"强化训练素材\第7章"文件夹下的账套文件Y7_03。

以2171账套主管的身份（密码为空）登录217账套，登录日期为"2016-01-01"。

1.设置基本科目

应收科目（本币）：1122应收账款。

预收科目（本币）：2203预收账款。

销售收入科目：6001主营业务收入。

税金科目：22210105销项税额。

2.结算方式科目设置

结算方式：电汇；币种：人民币；科目：100201。

3.录入应收期初余额

应收期初余额如表7-4所示。

表7-4　应收期初余额

单据名称	方向	开票日期	客户名称	销售部门	科目编码	货物名称	数量（个）	无税单价（元）	价税合计（元）
销售普通发票	正	2015.10.25	天诚	销售部	1122	路由器	100	100	10 000
销售普通发票	正	2015.11.11	博泰	销售部	1122	计算机	5	5 000	25 000

4.与总账对账

应收款期初余额与总账应收款科目余额对账。

5.收款单据录入、审核制单

收到博泰电汇30 000元，用于支付2015年11月11日货款，余款转为预收款。

（1）录入收款单。

（2）审核收款单，并生成凭证。

6.核销处理

将客户博泰公司本次收款与期初应收款25 000元进行核销。

7.转账处理并生成凭证

经三方协商,将天诚公司期初应收款10 000元中的5 000元转给博泰公司。

（1）应收冲应收。

（2）生成凭证。

8.输出账套

将操作结果输出至"X7_03"文件夹中。

实训4

在"强化实训\第7章"文件夹下新建一个文件夹,命名为X7_04。

以系统管理员admin的身份登录用友U8系统管理,引入"强化训练素材\第7章"文件夹下的账套文件Y7_04。

以2191账套主管的身份（密码为空）登录219账套,登录日期为"2016-01-01"。

1.设置基本科目

应收科目（本币）：1122应收账款。

预收科目（本币）：2203预收账款。

销售收入科目：6001主营业务收入。

税金科目：22210105销项税额。

2.结算方式科目设置

结算方式：电汇；币种：人民币；科目：100201。

3.录入应收期初余额

应收期初余额如表7-5所示。

表7-5 应收期初余额

单据名称	方向	开票日期	客户名称	销售部门	科目编码	货物名称	数量（个）	无税单价（元）	价税合计（元）
销售普通发票	正	2015.10.25	天诚	销售部	1122	路由器	80	100	8 000
销售普通发票	正	2015.11.11	博泰	销售部	1122	计算机	6	4500	27 000

4.与总账对账

应收款期初余额与总账应收款科目余额对账。

5.收款单据录入、审核制单

收到天诚电汇5 000元,用于支付2015年10月25日部分货款。

（1）录入收款单。

（2）审核收款单,并生成凭证。

6.核销处理

将客户天诚收款5 000元与期初部分应收进行核销。

7.转账处理并生成凭证

经三方协商，将天诚期初剩余应收款3 000元转给博泰。

（1）应收冲应收。

（2）生成凭证。

8.输出账套

将操作结果输出至"X7_04"文件夹中。

本章小结

基本认知部分，学习了应收款管理系统的核算方案，了解了系统的基本功能和应用流程，掌握了系统的初始化和日常业务处理。

技能解析部分，深入学习了如何处理应收业务，包括红字应收业务的处理、凭证的处理与查询、账表的查询以及如何与总账进行对账。

案例解析部分，通过实际案例，深入理解了应收款管理系统的应用，提高了实践能力。

强化训练部分，通过一些练习题巩固了所学知识，提高了应用能力。

课后习题

1.判断题

（1）应收单不能在已结账月份中进行审核处理，也不能在已结账月份中进行弃审处理。（　　）

（2）销售定金的收款单计入应收明细账，参与信用控制的计算。（　　）

（3）当完成全部应收款期初余额录入后，应通过"对账"功能将应收系统期初余额与总账系统期初余额进行核对。（　　）

（4）"预收款"选项卡中录入的转账金额与"应收款"选项卡中录入的转账金额必须完全一致。（　　）

2.简答题

（1）简述应收款业务包含的内容。

（2）简述预收冲应收的内容及其业务处理步骤。

（3）现结业务包括两种，分别对其进行简述。

第 8 章
应付款管理

本章导读

应付款是用来核算企业因购买材料、商品和接受劳务等经营活动应支付的款项。加强应付款的管理,是维护企业与供应商良好合作关系,增强企业核心竞争力,保证企业可持续发展的重要手段。应付款管理系统旨在帮助企业有效管理与供应商和债权人之间的财务关系。

学习目标

- 理解应付款管理系统的功能
- 应付款管理初始设置
- 期初数据录入
- 付款单据处理
- 核销处理
- 转账处理

数字资源

【本章案例素材】:"素材文件\第7章"目录下
【本章强化训练素材】:"强化训练素材\第7章"目录下

素质要求

> 持续推进会计诚信建设。深入开展会计诚信教育，将会计职业道德作为会计人才培养、评价、继续教育的重要内容，推动财会类专业教育加强职业道德课程建设，不断提升会计人员诚信素养。加强会计诚信机制建设，依托会计管理信息平台，实现跨层级、跨部门、跨系统数据互联互通。加强会计诚信体系建设，全面建立会计行业信用记录，继续完善守信联合激励和失信联合惩戒机制。
>
> ——《会计改革与发展"十四五"规划纲要》

8.1 基本认知

应付款管理系统是通过发票、其他应付单、付款单等单据的录入，对企业的往来账款进行综合管理。应付款管理系统能及时、准确地提供供应商的往来账款余额资料，提供各种分析报表，合理地进行资金调配，提高资金的利用效率。

8.1.1 应付款管理系统核算方案

应付账款系统主要用于核算和管理供应商往来款项。系统根据供应商往来款项核算和管理的程度不同，提供了两种应用方案。不同的应用方案，其系统功能、产品接口、操作流程等均不相同。

1. 详细核算方案

如果采购业务以及应付款核算与管理业务比较复杂，或者需要追踪每一笔业务的应付款、付款等情况，或者需要将应付款核算到产品一级，则可以选择此方案。

详细核算可以实现应付账款的核算和管理，该系统的功能主要包括如下几点。

（1）根据输入的单据记录应付款项的形成，包括由商品交易和非商品交易所形成的所有应付项目。

（2）可处理应付项目的付款及转账事项。

（3）对应付票据进行记录和管理。

（4）对应付项目的处理过程生成凭证，并传送至总账系统。

（5）对外币业务及汇兑损益进行处理。

（6）根据提供的条件，进行需要的查询及分析。

2. 简单核算方案

如果采购业务以及应付账款业务比较简单，或者现购业务较多，则可以选择简单核算方案。该方案着重对供应商的往来款项进行查询和分析。

简单核算的主要功能如下所述。

（1）接收采购、进口系统的发票，对发票进行审核。

（2）对其进行生成凭证处理，并可查询凭证。

8.1.2 应付款管理系统基本功能

应付款管理系统主要实现企业与供应商之间业务往来账款的核算与管理。在应付款管理系统中，以采购发票、其他应付单等原始单据为依据，记录采购业务及其他业务所形成的往来款项，处理应付款项的支付及转账处理等情况。

1. 初始化设置

系统初始化包括系统参数设置、基础信息设置和期初数据录入。

2. 日常处理

日常处理是对应付款项业务的处理工作，主要包括应付单据处理、付款单据处理、票据管理和转账处理等内容。

（1）应付单据处理：应付单据包括采购发票和其他应付单，是确认应付账款的主要依据。应付单据处理主要包括应付单据录入和应付单据审核。

（2）付款单据处理：付款单据主要指付款单。付款单据处理包括付款单据录入和付款单据审核。

（3）核销处理。单据核销的核心目的在于处理供应商的付款，通过将这些付款与供应商的应付款项相匹配来完成核销过程。这一过程不仅建立了付款与应付款之间的核销记录，还能够监控应付款项的及时核销情况，从而有效强化了企业往来款项的管理。

（4）票据管理：主要是对银行承兑汇票和商业承兑汇票进行管理。票据管理可以提供票据登记簿，记录票据的利息、贴现、背书、结算和转出等信息。

（5）转账处理：是在日常业务处理中经常发生的应付冲应收、应付冲应付、预付冲应付以及红票对冲的业务处理。

3. 信息查询

用户经常进行各种查询，并对查询的结果进行各项分析。一般查询包括单据查询、凭证查询以及账款查询等。统计分析包括欠款分析、账龄分析、综合分析以及付款预测分析等，便于用户及时发现问题，加强对往来款项动态的监督管理。

4. 期末处理

期末处理指用户在月末进行的结算汇兑损益以及月末结账工作。如果企业有外币往来，在月末需要计算外币单据的汇兑损益并对其进行相应的处理。如果当月业务已全部处理完毕，就需要执行月末结账处理。只有月末结账后，才可以开始下月工作。月末处理主要包括进行汇兑损益结算和月末结账。

8.1.3 应付款管理系统的应用流程

应付款管理系统的业务处理流程如图8-1所示。

第 8 章　应付款管理

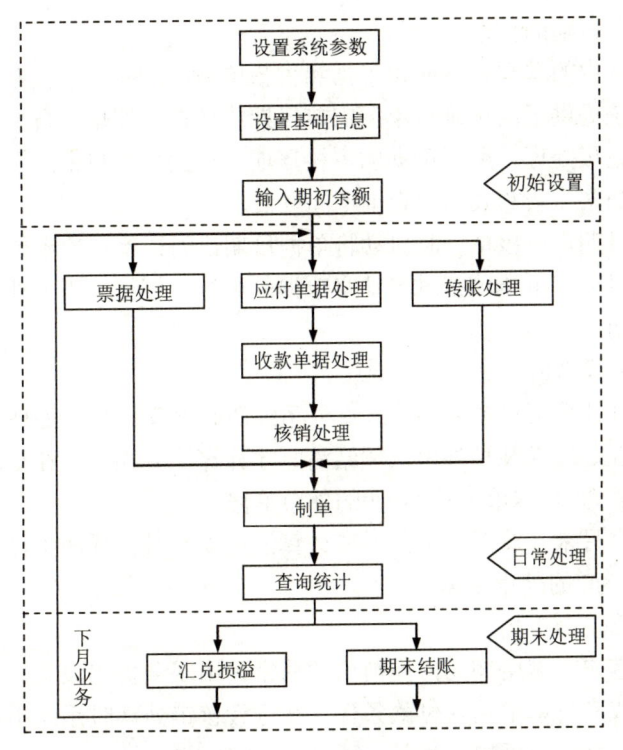

```
                    设置系统参数
                         ↓
                    设置基础信息
                         ↓                          ┌──────┐
                    输入期初余额                    │ 初始设置 │
                         ↓                          └──────┘
         ┌───────────────┼───────────────┐
      票据处理        应付单据处理        转账处理
                         ↓
                    收款单据处理
                         ↓
                    核销处理
                         ↓
                        制单                        ┌──────┐
                         ↓                          │ 日常处理 │
                       查询统计                     └──────┘
                         ↓                          ┌──────┐
     下月业务   ┌─────────┴─────────┐               │ 期末处理 │
              汇兑损溢              期末结账         └──────┘
```

图8-1　应付款管理系统的业务处理流程

8.1.4　应付款管理系统初始化

应付款管理系统初始化的主要内容包括选项设置、基础信息设置和期初数据录入。

1．选项设置

通过对应付款管理系统提供的选项进行设置，可以满足企业自身的核算和管控要求。需要企业进行设置的选项卡主要包括常规、凭证、权限与预警、核销设置等。下面介绍部分常用选项。

（1）"常规"选项卡的界面如图8-2所示。

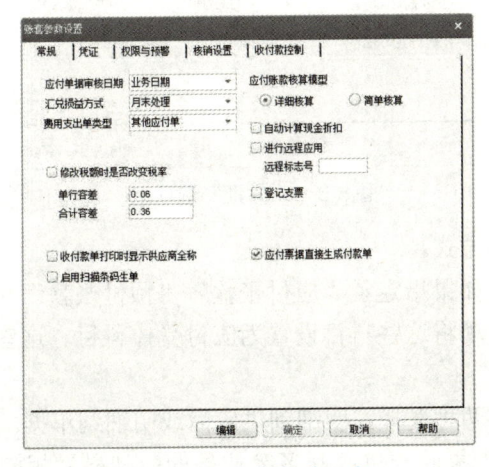

图8-2　"常规"选项卡

233

①选择单据审核日期的依据。

应付款管理系统中的单据包括应付单据和付款单据,这两种单据都需要经过审核才能生成业务凭证。系统提供了两种确认单据审核日期的依据,即单据日期和业务日期。因为单据审核后将进行记账处理,所以单据的审核日期是依据单据日期还是业务日期,将影响业务总账、业务明细账、余额表等的查询期间取值。

如果选择单据日期,审核单据时自动将单据日期记为该单据的审核日期。

如果选择业务日期,审核单据时自动将单据的审核日期记为当前业务日期(业务日期一般为系统登录日期)。

②选择计算汇兑损益的方式。

系统提供了两种计算汇兑损益的方式:外币结清时处理和月末处理。

外币结清时处理是仅当某种外币余额结清时才计算汇兑损益,在计算汇兑损益时,界面中仅显示外币余额为0且本币余额不为0的外币单据。

月末处理即每个月末计算汇兑损益,在计算汇兑损益时,界面中显示所有外币余额不为0或者本币余额不为0的外币单据。

③是否自动计算现金折扣。

企业为了鼓励客户在信用期间内提前付款通常采用现金折扣政策。选择自动计算现金折扣,需要在发票或应付单中输入付款条件,在进行核销处理时系统根据付款条件自动计算该发票或应付单可享受的折扣,原币余额=原币金额-本次结算金额-本次折扣。

(2)"凭证"选项卡的界面如图8-3所示。

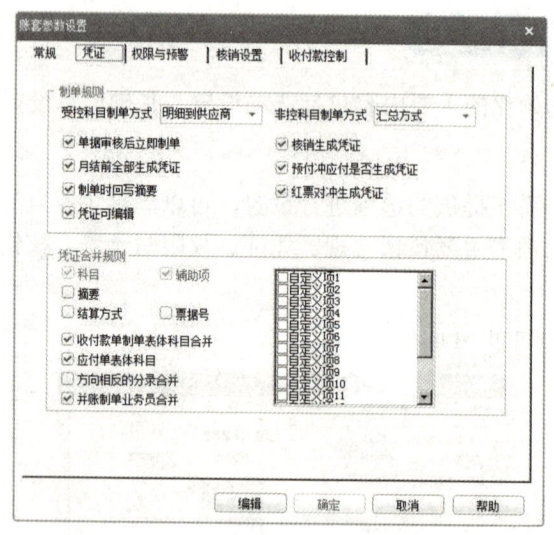

图8-3 "凭证"选项卡

①选择受控科目制单方式。

在设置会计科目时,如果指定了"应付账款""预付账款"和"应付票据"为"供应商往来"辅助核算,统自动将这些科目设置为应付受控科目。这些科目只能在应付款管理系统中使用。

受控科目制单方式有两种选择:明细到供应商或明细到单据。

● 明细到供应商:如果同一供应商多笔业务的控制科目相同,系统将自动将其合并成一条分录。这样能在总账中查看到每一个供应商的详细信息。

● 明细到单据：将一个供应商的多笔业务合并生成一张凭证时，系统会将每一笔业务形成一条分录。这样能在总账系统中查看到每个供应商的每笔业务的详细情况。

②选择非控科目制单方式。

非控科目有3种制单方式：明细到供应商、明细到单据和汇总方式。

明细到供应商和明细到单据的意义同上所述。选择汇总方式，就是将多个供应商的多笔业务合并生成一张凭证时，如果核算这多笔业务的非控制科目相同、且其所带辅助核算项目也相同，则系统自动将其合并成一条分录。这种方式的目的是精简总账中的数据，在总账系统中只能查看到该科目的一个总的发生额。

③选择控制科目依据。

设置控制科目依据是指根据什么来确定应付账款和预付账款入账时的明细科目。

系统提供了6种设置控制科目的依据，即按供应商分类、按供应商、按地区、按采购类型、按存货分类和按存货。

④选择采购科目依据。

设置采购科目依据是指根据什么来确定采购入账时的明细科目。

系统提供了5种设置存货销售科目的依据，即按存货分类、按存货、按供应商、按供应商分类和按采购类型。

（3）"权限与预警"选项卡的界面如图8-4所示。

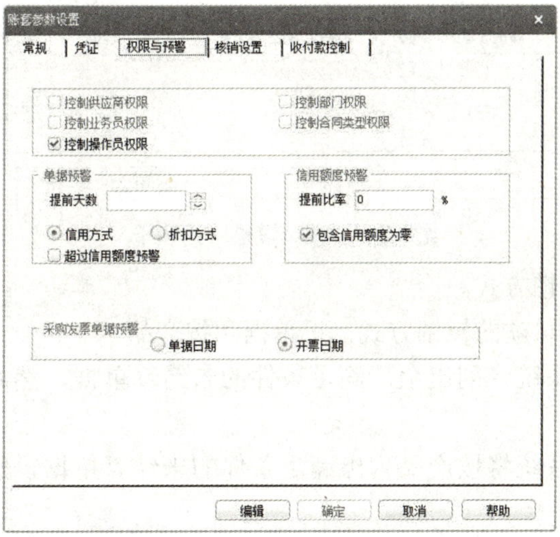

图8-4 "权限与预警"选项卡

①选择单据预警。

可以选择按信用方式预警，还是按折扣方式预警。

如果选择了按信用方式预警，还需要设置预警的提前天数。系统会将"单据到期日-提前天数≤当前登录日期"的已审核单据显示出来，以提醒应该付款的款项。

如果选择了按折扣方式预警，那么也需要设置预警的提前天数。系统会将"单据最大折扣日期-提前天数≤当前登录日期"的已审核单据显示出来，以提醒再不付款就不能享受现金折扣待遇的采购业务。

如果选择了超过信用额度预警，在满足上述设置的单据预警条件的同时，还需满足该供应商已超过其设置的信用额度这个条件才可预警。

②选择信用额度预警

选择根据信用额度进行预警时，需要输入预警的提前比率，且可以选择是否包含信用额度为0的供应商。

当使用预警平台预警时，系统根据设置的预警标准显示满足条件的供应商记录。即只要该供应商信用比率（信用比率=信用余额/信用额度，信用余额=信用额度-应付账款余额）小于等于设置的提前比率时就对该供应商进行预警处理。若选择信用额度为0的供应商也预警，则当该供应商的应付账款大于0时即进行预警。

（4）"核销设置"选项卡的界面如图8-5所示。

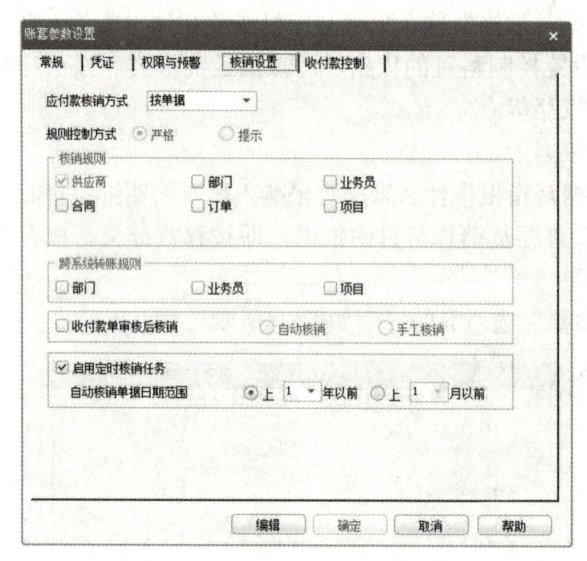

图8-5 "核销设置"选项卡

①选择应付款的核销方式。

系统提供了两种应付款的核销方式：按单据和按产品。

● 按单据核销：系统将列出全部满足条件的未结算单据，然后根据用户选择的单据进行核销。

● 按产品核销：系统将按产品列出满足条件的未结算单据，然后根据用户选择的产品进行核销。

②收付款单审核后核销。

该选项默认为不选择，表示收付款单审核后不进行立即核销操作。选中该选项，系统默认收付款单审核后自动核销。

2.基础信息设置

启用应付款管理系统后，增加了对业务环节的控制和管理，需要增补业务中需要使用的基础信息，如付款条件、本单位开户银行等。另外，根据企业实际管理的需要，还可以对业务单据的格式进行设计。

3. 初始设置

初始设置的作用是建立应付款管理的业务处理规则，如应付款系统自动凭证科目的设置、单据类型的设置、账龄区间的设置等，如图8-6所示。

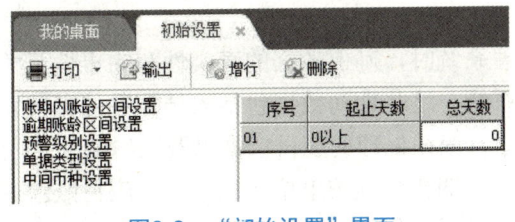

图8-6 "初始设置"界面

（1）设置科目。

如果企业应付业务类型比较固定，生成的凭证类型也比较固定，为了简化凭证生成操作，可以在此处预先设置各业务类型凭证中的常用科目。系统将依据制单规则在生成凭证时自动带入常用科目。

①基本科目设置。

基本科目是在应付业务管理中经常使用的科目，包括应付账款、预付账款、采购科目、税金科目、商业承兑科目、银行承兑科目等。

②控制科目设置。

如果在选项设置中设置了控制科目依据，则需要在此根据选择的控制科目依据进行应付科目和预付科目的设置。如选择了控制科目的依据为"按供应商分类"，则需要按供应商分类设置不同的应付科目和预付科目。

如果不设置，则系统默认控制科目为基本科目中设置的应付科目和预付科目。

③产品科目设置。

如果在选项设置中设置了产品科目依据，则需要在此根据选择的产品科目依据进行采购科目、产品采购税金科目、税率的设置。

如果不设置，系统默认产品科目即为基本科目中设置的采购科目和税金科目。

④结算方式科目设置。

可以为初始设置阶段定义的每一种结算方式设置一个科目，以便在进行付款结算时，通过付款单据上选择的结算方式生成对应的入账科目。

（2）账龄区间设置

为了对应付账款进行账龄分析，必须先设置账龄区间。

U8应付款账龄设置分为两部分：账期内账龄区间设置、逾期账龄区间设置。

（3）预警级别设置

通过对预警级别的设置，将供应商按照供应商欠款余额分为不同的等级，以便于掌握对供应商的付款情况。

（4）单据类型设置

单据类型设置是将企业的往来业务与单据类型建立对应关系，以便快速处理业务和进行分类汇总、查询、分析。

系统提供了发票和应付单两种类型的单据。发票包括采购专用发票和普通发票。

应付单记录采购业务之外的应付款情况。在本功能中，只能增加应付单，应付单可划分为不同的类型，以区分应付货款之外的其他应付款。例如，可以将应付单分为应付费用款、应付利息款、应付罚款、其他应付款等。

4. 期初数据录入

初次使用应付款管理系统时，确保数据的真实性和完事性至关重要，为此，必须将未处理完的财务单据录入系统。这些期初数据包括未结算完的有效发票和应付单、已支付但未完全结算的预付款单据、尚在处理的应付票据以及未结清的合同所涉及的金额。

在应付款管理系统中，期初余额按单据形式录入。应付账款通过发票录入，预付账款通过付款单录入，其他应付通过其他应收单录入，在后续的业务中对这些单据进行核销、转账处理。

期初余额录入后，应当与总账中供应商往来账进行核对，检查明细与科目账是否相等。

8.1.5 应付款管理系统日常业务处理

初始化工作量比较大，但属于一次性工作，日常业务处理则是每个月需要重复使用的功能。

1. 应付单据处理

应付单据处理主要是对应付单据（采购发票、应付单）进行处理，包括应付单据的录入和审核。

（1）应付单据录入。

单据录入是应付款系统处理的起点。在此可以录入采购业务中的各类发票，以及采购业务之外的应付单。

如果同时使用应付款管理系统和采购管理系统，则发票由采购系统录入，在应付款系统可以对这些单据进行审核、弃审、查询、核销、制单等操作。此时，在应付款系统中需要录入的单据仅限于应付单。如果没有使用采购系统，则各类发票和应付单均在应付款管理系统录入。

（2）应付单据审核。

应付单据审核是对应付单据的准确性进一步审核确认。单据输入后必须经过审核才能参与结算。审核人和制单人不能为同一个人。单据被审核后，将不再出现在单据处理功能中，但可以通过单据查询功能查看此单据的详细资料。

系统提供手工审核和自动审核两种方式。

（3）单据制单。

单据制单是在单据审核后由系统自动编制凭证，也可以集中处理。在应付款系统中生成的凭证将由系统自动传送到总账系统中，并由有关人员进行审核和记账等账务处理工作。

2. 付款单据处理

付款单据处理主要是对结算单据（付款单、收款单即红字付款单）进行处理，包括付款单、收款单的录入和审核。

（1）付款单据录入。

付款单据录入，是将支付供应商款项或供应商退回的款项录入到应付款管理系统，包括付款单与收款单（即红字付款单）的录入。

付款单用来记录企业支付给供应商的款项，当企业对外付款时，应明确该款项是结算供应商货款，还是提前支付给供应商的预付款，或是支付给供应商的其他费用。系统用款项类型用来区别不同的用途，录入付款单时需要指定该笔付款的款项用途。如果一张付款单包含不同用途的款项，需要在表体记录中分行列示。

对于不同用途的款项，系统提供不同的后续业务处理。对于冲销应付款，以及形成预付款的款项，后期需要进行付款结算，即将付款单与其对应的采购发票或应付单进行核销勾对，进行冲销企业债务的操作。对于其他费用用途的款项则不需要进行核销。

若一张付款单中，表头供应商与表体供应商不同，则视表体供应商的款项为代付款。

应付款系统的收款单用来记录发生采购退货时供应商退回企业的款项。该收款单可与应付、预付性质的付款单、红字应付单、红字发票进行核销处理。有时，要支付一个单位的一笔款项，但该款项又包括另外一个单位付的款项。这时有两种处理方式。

- 将付款单位直接记录为另外一个单位，金额为代付金额，即是正常的付款单。
- 将付款单位仍然记录为该单位，但通过在表体输入代付供应商的功能处理代付款业务。这种方式的好处是既可以保留该笔付款业务的原始信息，又可以处理同时代多个单位付款的情况。具体的操作步骤如下所述。

①首先进入付款单据录入界面，输入此张付款单，表头供应商输入付款单位信息，表头金额为总金额。

②在表体中，输入此张付款单中代付供应商的名称及代付金额。

③单击"核销"按钮，输入过滤条件，即可对付款单位进行核销，也可过滤代付单位，进行核销。

（2）付款单据审核。

付款单据输入后必须经过审核才能进行核销、制单等后续处理。

系统提供手工审核和自动批审两种方式。

（3）核销处理。

单据核销的作用是对供应商付款，核销该供应商应付款，建立付款与应付款的核销记录，监督应付款及时核销，加强往来款项管理。明确核销关系后，可以进行精确的账龄分析，更好地管理应付账款。

单据核销可以由应付款管理系统自动进行核销，也可以由手工进行核销。

3．票据管理

可以在票据管理中对银行承兑汇票和商业承兑汇票进行管理，包括记录票据详细信息、票据处理情况。

当支付给供应商承兑汇票时，将汇票录入应付系统的票据管理中。如果系统选项中"应付票据直接生成付款单"为选中状态，那么系统保存当前票据的同时生成一张付款单，否则需要单击"付款"按钮才生成付款单。

在票据管理中，可以对该票据进行计息、贴现、转出、结算、背书等处理。

4. 转账处理

日常业务处理中经常发生转账处理，其主要包括应付冲应收、应付冲应付、预付冲应付以及红票对冲的业务处理。

（1）应付冲应收。

应付冲应收是指用某供应商的应付账款冲抵客户的应收款项。系统通过应付冲应收功能将应付款业务在供应商和客户之间进行转账，实现应付业务的调整，解决应付债务与应收债权的冲抵。

（2）应付冲应付。

应付冲应付是指将一家供应商的应付款转到另一家供应商。通过应付冲应付功能可将应付款业务在供应商、部门、业务员、项目和合同之间进行转入、转出，实现应付业务的调整，解决应付款业务在不同供应商、部门、业务员、项目和合同间入错户或合并户的问题。

（3）预付冲应付。

预付冲应付是指处理对供应商的预付款和该供应商应付欠款的转账核销业务。

（4）红票对冲。

红票对冲可实现某供应商的红字应付单与其蓝字应付单、付款单与收款单的冲抵。例如：当发生退票时，用红字发票对冲蓝字发票。红票对冲通常可以分为系统自动冲销和手工冲销两种处理方式。自动冲销可同时对多个供应商依据红票对冲规则进行红票对冲，提高红票对冲的效率。手工冲销对一个供应商进行红票对冲，可自行选择红票对冲的单据，提高红票对冲的灵活性。

5. 制单处理

使用制单功能进行批处理制单，可以快速、成批地生成凭证。制单类型包括应付单据制单、结算单制单、转账制单、汇兑损益制单等。企业可根据实际情况选取需要制单的类型。

6. 信息查询

应付款系统的信息查询主要包括：单据查询、凭证查询以及账款查询等。用户在各种查询结果的基础上可以进行各项统计分析。统计分析包括：欠款分析、账龄分析、综合分析以及付款预测分析等。通过统计分析，可以按用户定义的账龄区间，进行一定期间内应付账款账龄分析、付款账龄分析、往来账龄分析，了解各个供应商应付款的周转天数及周转率，了解各个账龄区间内应付款、付款及往来情况，及时发现问题，加强对往来款项的动态管理。

（1）单据查询。

单据的查询包括发票、应收单、结算单和凭证的查询。可以查询已经审核的各类型应付单据的付款、结余情况，也可以查询结算单的使用情况，还可以查询本系统所生成的凭证，并对其进行修改、删除、冲销等。

（2）业务账表查询。

业务账表查询可以进行业务总账、业务明细账、业务余额表和对账单的查询，并可以实现总账、明细账、单据之间的联查。

通过业务账表查询可以查看客户、供应商分类、地区分类、部门、业务员、主管业务员、主管部门在一定期间所发生的应付、付款以及余额情况。

（3）业务账表分析。

业务账表分析是应付款管理的一项重要功能，对于资金往来比较频繁、业务量大、金额也比较大的企业，业务账表分析功能更能满足企业的需要。业务账表分析功能主要包括：应付账款的账龄分析、付款账龄分析、欠款分析、付款预测等。

7. 期末处理

企业在期末主要完成计算汇兑损益和月末结账两项业务处理工作。

（1）汇兑损益。

如果供应商往来有外币核算，且在应付款管理系统中核算供应商往来款项，则在月末需要计算外币单据的汇兑损益并进行相应的处理。在计算汇兑损益之前，应首先在系统初始设置中选择汇兑损益的处理方法。通常系统会提供两种汇兑损益的处理方法：月末计算汇兑损益和单据结清时计算汇兑损益。

（2）月末结账。

如果确认本月的各项业务处理已经结束，可以选择执行月末结账功能。结账后本月不能再进行单据、票据、转账等任何业务的增加、删除、修改等处理。另外，如果上个月没有结账，则本月不能结账，同时一次只能选择一个月进行结账。

如果用户觉得某月的月末结账有错误，可以取消月末结账。但取消结账操作只有在该月总账系统未结账时才能进行。如果启用了采购系统，采购系统结账后，应付款系统才能结账。

结账时还应注意本月的单据（发票和应收单）在结账前应该全部审核。若本月的结算单还有未核销的，不能结账；如果结账期间是本年度最后一个期间，则本年度进行的所有核销、转账等处理必须制单，否则不能向下一个年度结转，而且对于本年度外币余额为零的单据必须将本币余额结转为零，即必须计算汇兑损益。

8.2 技能解析

8.2.1 处理应付业务

1. 应付款业务

应付款业务是企业先收到采购发票，形成应付账款，然后付款的业务。

应付账款是企业因购买材料、商品和接收劳务供应等应支付给供应者的款项。应付款管理系统主要提供用户对应付账款的管理，包括应付账款的形成及其偿还情况。应付业务来源于采购业务，与采购业务息息相关。在实际业务中，因采购业务的付款方式、付款时点不同会采用不同的会计处理方式，就采购与付款的关系可分为应付款业务、预付款业务、现付业务。下面分别阐述应付账款、预付账款的形成及其偿还情况的处理。

（1）应付单据录入。

在系统中填制的采购发票和应付单统称为应付单据。应付单据的录入包括应付单的录入和采购发票的录入。应付单是记录非采购业务所形成的应付款情况的单据；采购发票是从供货单位取得的进项发票及发票清单。应付单据录入是应付管理系统处理的起点。

①应付单录入。

无论是否启用采购系统，非采购业务形成的应付单都在应付系统中录入。

执行"应付处理"→"应付单"→"应付单录入"命令，弹出"应付单录入"窗口，单击"增加"按钮，即可录入应付单，如图8-7所示。

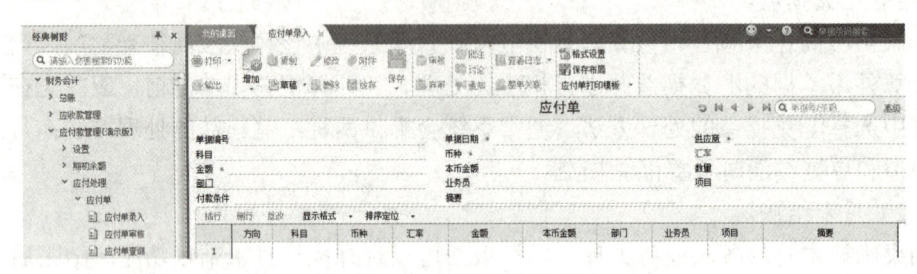

图8-7 "应付单录入"窗口

"应付单录入"窗口中各按钮的操作说明如下所述。

- "增加"按钮：用来增加应付单。

增加的应付单除了需要输入其原始的业务信息外，还需要填入科目。系统提供的应付单实质是一张凭证，除了记录采购业务之外所发生的各种其他应付业务信息外，还记录科目信息。应付单表头中的信息相当于凭证中一条分录的信息，表头科目应该为核算所欠供应商款项的一个科目，应付单表头科目必须是应付系统的受控科目。表头科目的方向即为所选单据的方向。当输入了表体内容后，表头、表体中的金额合计应借贷方相等。此处输入科目是为了系统在制应付单时，可以自动带出科目信息。

- "修改"按钮：用来修改应付单。

发现已录入的应付单有错，可使用"修改"功能修订有误的应付单。

- "删除"按钮：用来删除应付单。

当已录入的应付单已作废，可使用"删除"功能删除作废的应付单。已经审核或已制单的单据不允许删除，单据删除后不能恢复，所以要慎重处理。

> **提示**
>
> 如果用户在系统选项中选择了"启用供应商权限""启用部门权限"，则在查询、编辑日常单据时均需根据登录用户的对应数据权限进行相应的限制。当单据中出现供应商与部门权限有冲突时（即一项有权限，另一项没有权限），以对该单据没有权限进行处理。若启用了部门权限，但单据中的部门为空，则以对该单据有权限进行处理。

②采购发票录入。

若启用采购系统，则采购发票不在应付款管理系统中录入，应在采购管理系统录入，然后传送给应付系统，在应付系统进行审核。若未启用采购系统，则在应付系统中录入采购业务中的各类发票，以及采购业务之外的应付单。

执行"应付处理"→"采购发票"→"采购专用发票录入"/"采购普通发票录入"/"红字采购专用发票录入"/"红字采购普通发票录入"/命令，弹出相应的窗口即可进行采购发票的录入。"采购发票（专用发票）"窗口如图8-8所示。

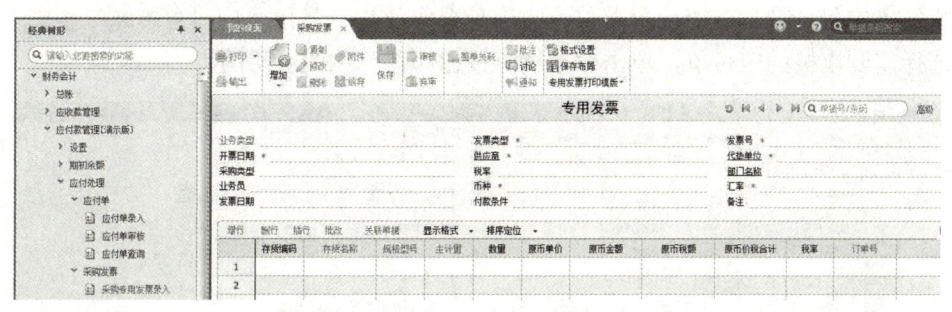

图8-8 "采购发票（专用发票）"窗口

"采购发票（专用发票）"窗口中各按钮的操作说明如下所述。

- "增加"按钮：用来增加采购发票。

若没有启用采购系统，则在应付管理系统"应付处理"中录入采购发票，依据原始发票上的项目进行录入。若遇到系统没有提供的项目，可以通过"自定义项"添加项目。若系统提供的单据格式不符合要求，可以通过"单据设计"修改单据格式。

- "修改"按钮：用来修改采购发票。

若没有启用采购系统，发现采购发票有误，可以在应付管理系统中修改采购发票，除单据的名称和类型不能修改外，其他的都可修改（如果修改的是单据名称或类型，可以把发票删除，重新填制发票）。若启用了采购系统，从采购系统传送的采购发票不能在应付管理系统中修改，需要在采购管理系统中进行修改。如果对采购发票已做过审核、制单、核销等后续处理，发票将不能修改，但系统对所有的操作都提供了逆向操作的功能，可以通过"取消操作"来达到修改的目的。

- "删除"按钮：用来删除采购发票。

若没有启用采购系统，作废已录入的发票时，可以在应付款管理系统中把录入的采购发票删除。若启用了采购系统，从采购系统传送过来的采购发票不允许在应付款管理系统中删除，而要在采购管理系统中删除。

③进口发票录入。

若启用了进口管理系统，进口发票在进口管理中审批后传入应付款系统，在应付款系统进行审核及后续处理。如果未启用进口管理系统，应付款管理系统中不能录入进口发票。

在应付款管理系统中，不能修改和删除从进口管理系统中传入的进口发票。

④合同结算单录入。

若启用合同管理系统，应付类的合同结算单在合同管理中生效后传入应付款管理系统，然后在应付系统进行审核及后续处理。如果未启用合同结算系统，在应付管理系统中不进行合同结算单的录入。

243

从合同管理系统传入应付系统的合同结算单在应付管理系统中不可进行修改和删除操作。

(2) 应付单据审核。

应付单据审核是确保企业财务准确无误的关键环节。应付单据审核包括应付单审核、采购发票审核、合同结算单审核、进口发票审核。

①应付单审核。

执行"应付处理"→"应付单"→"应付单审核",弹出"应付单审核"窗口,在列表中选择需要审核的应付单,单击"审核"按钮即可,如图8-9所示。

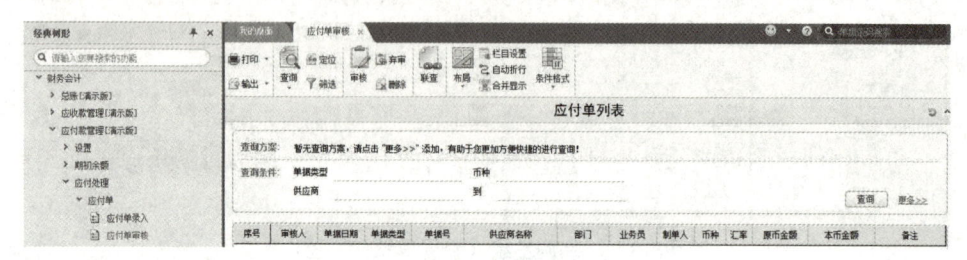

图8-9 "应付单审核"窗口

> **提示**
> - 应付单不能在已结账月份中进行审核处理,不能在已结账月份中进行弃审处理。
> - 已经审核过的单据不能进行重复审核;未经审核的单据不能进行弃审处理。已经做过后续处理(如核销、转账、汇兑损益等)的单据不能进行弃审处理。

②采购发票审核。

在采购系统中增加的发票复核后,在应付款管理系统中审核入账现付的采购发票,应付审核时同步核销对应的现付生成的付款单。

执行"应付处理"→"采购发票"→"采购发票审核"命令,弹出"采购发票审核"窗口,如图8-10所示。

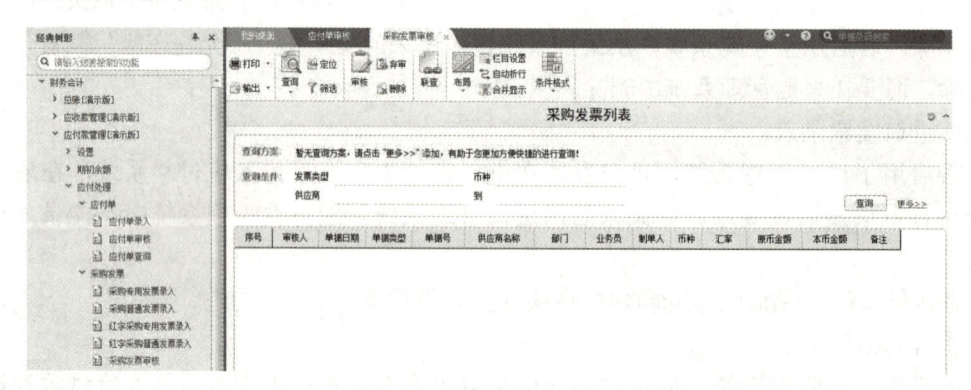

图8-10 "采购发票审核"窗口

审核采购发票的操作说明如下所述。

●审核日期主要决定入账日期,审核日期依据系统选项设置而定。当选项中设置"审核日期的依据为单据日期"时，该单据的入账日期选用当前的单据日期。若选择单据日期为入账日期，则在月末结账前需要将单据全部审核。 当选项中设置"审核日期的依据为业务日期"时，该单据的入账日期选用当前的登录日期。

- 单据审核后，系统自动以当前操作员当作审核人。
- 如何审核采购发票。

找到要确认的发票，单击"审核"按钮即可。 对于从采购系统传送的发票，可以在"采购发票审核"中审核。 发票可以单张审核，也可以批量审核。

- 结算状态。

在采购系统中，采购发票若与入库单完全结算，系统视为结算完；若采购发票与入库单尚未结算完，系统视为未结算完。 当采购发票从采购系统传送到应付系统进行审核时，若需要审核尚未到货的采购发票，则需要在"采购发票审核"过滤条件中选择未结算完，否则只能查询到已采购结算完毕的发票。

- 批量审核。

可在"采购发票审核"界面中，单击"全选"按钮，将所有的单据全部选中，然后，单击"审核"按钮，将当前选中的单据全部审核。

- 单张审核。

输入过滤条件后，进入单据列表界面，选择需要审核的记录，单击工具栏中的"联查-单据"按钮，显示该单据，然后单击"审核"按钮审核当前单据。

- 取消审核。

手工处理：在实际业务中， 会发生一些输入错误或者一些正在进行的业务因某种原因而改变，企业会计需要根据不同的情形进行调整记账。

系统处理：系统处理有错误的单据，是通过取消审核功能，将此笔业务信息从应付明细账中抹去，同时，清空审核人和审核日期，返回未记账的状态，此时，可以根据实际情况，修改或作废该应付单据。

③合同结算单审核。

合同结算单审核是指对于从合同管理系统传入的合同结算单进行审核或取消审核，可以查看这些合同结算单。只有在合同管理系统启用的情况下才会显示本功能菜单。

可显示的合同结算单包括已审核与未审核的，但经过核销、制单、转账等后续处理的单据不显示。

可供审核的合同结算单是应付系统启用后由合同管理系统传入的。

> **提示**
>
> 按单据日期审核合同结算单，合同结算单的生效日期要大于应付系统的启用月及已结账月。按业务日期审核合同结算单，登录日期要在启用月及已结账月之后，对生效日期无要求。

执行"应付处理"→"合同结算单"→"合同结算单审核"命令，打开"合同结算单审核"窗口，在列表中选择需要审核的应付单，单击"审核"按钮即可，如图8-11所示。

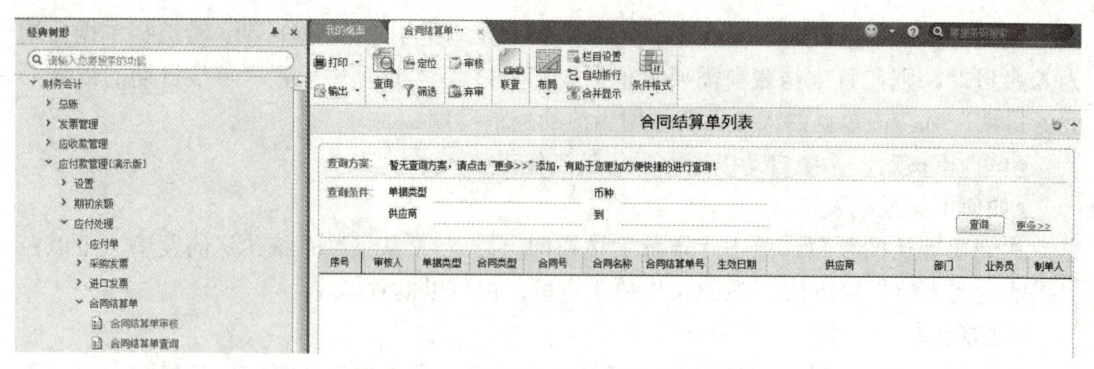

图8-11 "合同结算单审核"窗口

（3）冲销应付账款。

在实际业务中，企业通过直接付款、支付银行承兑汇票、支付商业承兑汇票或应收账款冲销、红蓝票对冲等业务进行应付账款冲减。

①付款申请单的录入与审核。

付款申请单录入是依据供应商的订单、发票或其他单据生成付款申请单据，审核后支付给供应商相应的款项。

应付系统的付款申请单主要来源于采购订单、采购发票、进口订单、进口发票等。来源于订单或合同的付款申请，默认生成的付款单，其款项类型为预付款；来源于发票或合同结算单或其他单据的付款申请，默认生成的付款单，其款项类型为应付款。红字的单据，不进行付款申请的处理；但红蓝混开的发票，在申请时，会依据单据表体明细进行列示，但在付款申请时不会进行红字记录的扣减。

执行"付款申请"→"付款申请单录入"命令，弹出"付款申请单录入"窗口，单击"增加"按钮，选择相应的申请单即可，如图8-12所示。

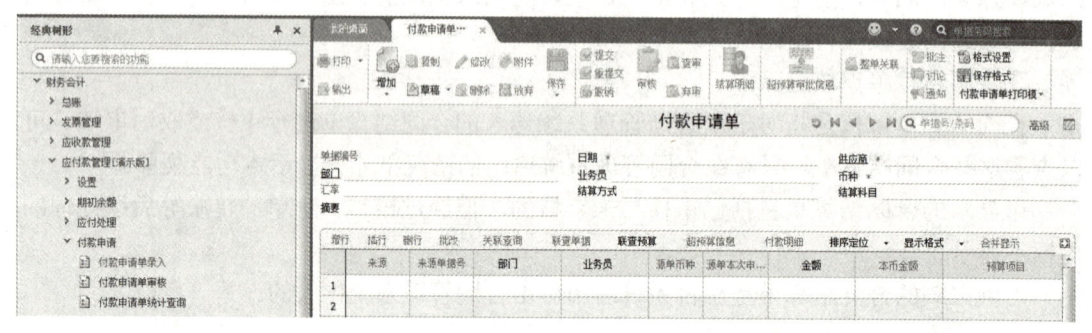

图8-12 "付款申请单录入"窗口

审核付款申请即在单据上填审核日期、审核人的过程。已审核的付款单据不允许修改和删除。

执行"付款申请"→"付款申请单审核"命令，弹出"付款申请单审核"窗口，如图8-13所示，选择要审核的申请单，单击"审核"按钮，弹出审核框，输入审批结果和批注后即完成单据的审核。

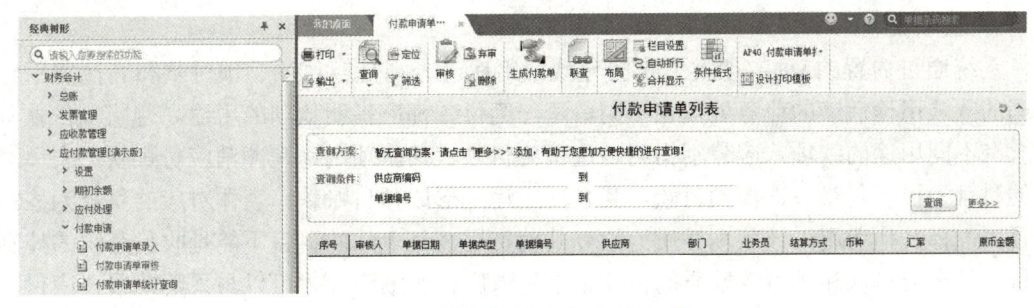

图8-13 "付款申请单审核"窗口

②付款单录入与审核。

企业供货单位提供的发票后，直接付款并记账。系统通过付款单来记录支付的供应商款项。

每增加一张付款单都要指定其款项用途。不同的用途，后续的业务处理及约束会不同。对于同一张付款单，如果包含不同用途的款项，应指明该笔付款中哪些属于冲销应付款，哪些属于形成预付款，哪些属于支付的其他费用。

单击"付款处理"→"付款单据录入"，弹出"付款单据录入"窗口，如图8-14所示，单击"增加"按钮即可录入付款单。

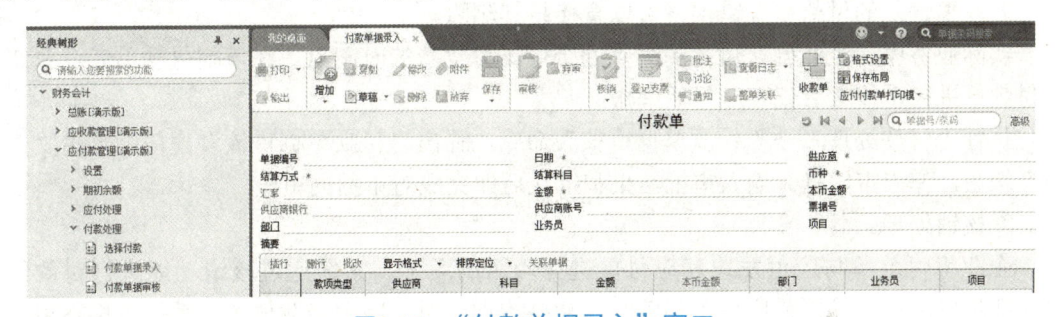

图8-14 "付款单据录入"窗口

录入付款单的操作说明如下所述。

● 新增付款单。

依据付款业务填制付款单上的内容。输入供应商后，系统将自动带出与供应商相关的内容，如供应商的银行名称、银行账号、合同号等信息（前提是在供应商档案中记录了这些信息）。

表头中必须录入的项目包括：供应商、单据日期、单据编码、结算方式、币种、原币金额，当币种为外币时，汇率也为必输项。表体中必须输入的项目包括：款项类型、供应商、原币金额。表体中的部门、业务员和原币金额要全部与表头的数据对应。表体的合计金额必须等于表头金额。用户可以对系统缺省带入的表体记录进行增删改处理。表头、表体均支持数量项目的录入。录入付款单，可分别根据业务需要参照订单号、合同号等。如果启用了付款申请业务，则点击"生单"按钮，可选择已审核的付款申请单参照生成付款单，如果未到预计付款日期付款，系统会提示是否提前付款。

247

- 款项类型。

系统通过内置的3种款项类型来区分款项用途，分别是应付款、预付款和其他费用。不同的款项用途后续的业务处理也不同，每一笔付款都应指明款项的用途。若同一付款单中含有不同用途的款项，应分别指明。选择应付款，其款项用途是冲销应付账款，表体对应的科目为控制科目；选择预付款，其款项用途是形成预付账款，表体对应的科目为控制科目；选择其他费用，该款项性质为结算其他费用，且表体的科目不能是收付系统的控制科目。只有应付款和预付款性质的付款记录记入应付明细账，才可以与采购发票、应付单进行核销勾对。

- 代付款的处理。

代付款是指原本应支付供应商A的款项，现改为支付供应商B。在付款单中，若表头供应商与表体供应商不同，则表示表体记录的款项为代付款。核销时，代付款的供应商的记录只能与其本身的应付款核销。

- 修改单据。

输入付款单后，若发现错误，可以对付款单进行修改，然后单击"保存"按钮保存当前修改的结果。

- 删除单据。

若发现输入的付款单有错误，可以直接将其删除。

实际业务中，企业确认付款的时点为企业支付货款的时间点。在填制付款单后，系统对付款单进行审核然后记入应付明细账。

执行"付款处理"→"付款单据审核"命令，弹出"付款单据审核"窗口，单击"查询"按钮，弹出审核框。输入审批结果和批注后即完成对单据的审核。

③核销处理。

企业将付款单与应付发票和应付单进行勾对的业务。系统通过核销功能进行付款结算，即将付款单与发票或应付单相关联，冲减本期应付，减少企业债务。系统提供按单据核销与按产品核销两种方式。

单击"核销处理"→"手工核销"，弹出"单据核销"窗口，输入过滤条件，系统显示单据核销界面，如图8-15所示。

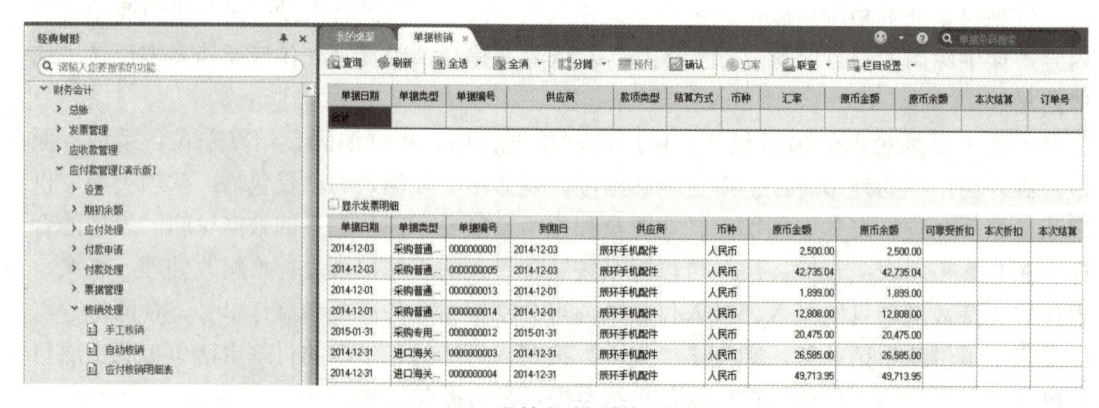

图8-15 "单据核销"窗口

> **提示**
> - 若选择了"核销方式选择按单据",被核销单据列表按单据显示记录,产品栏目中只显示该单据的第一个产品信息。
> - 若选择了"核销方式选择按产品",被核销单据列表明细到产品显示记录,产品栏目中显示每条记录对应的产品信息。
> - 展现单据:在核销方式的基础上,按核销规则显示单据。
> - 如果应付款核销方式为按单据,核销规则为供应商+部门、业务员,则按单据显示记录,若此时有合同号、订单号、项目栏目,则只显示该单据表体的任意一合同号、订单号、项目信息。
> - 如果应付款核销方式为按单据,核销规则为供应商+部门、业务员+合同、订单、项目,则按单据表体显示记录,部门、业务员如果表体没有数据项,则按单据表头的部门、业务员显示。
> - 如果应付款核销方式为按产品,核销规则为供应商+部门、业务员,则按单据表体产品显示记录,如果表体没有部门、业务员数据项,则取单据表头的部门、业务员显示。
> - 如果应付款核销方式为按产品,核销规则为供应商+合同号、订单、项目、部门、业务员,则先按单据表体产品显示记录,再按表体的合同号、订单号、项目、部门、业务员显示;如果表体没有部门、业务员,则取单据表头的部门、业务员显示。
> - 应付系统中选择收付款单类型为付款单时,被核销单据列表中可以显示的记录有蓝字应付单、蓝字发票、红字预付款单。
> - 应付系统中选择收付款单类型为收款单时,被核销单据列表中可以显示的记录有红字应付单、红字发票、蓝字预付款单。

核销付款单的操作说明如下所述。

- 同币种核销处理。

如果发票或应付单上的币种与供应商实际支付的币种相同,可以在"付款单据录入"窗口进行同币种核销,也可以在"核销处理"窗口进行手工核销和自动核销。手工核销指手工确定付款单与对应的应付单核销的工作,手工核销较灵活。选择需要核销的单据,然后手工核销,自动核销指系统依据规则确定付款单与对应的应付单进行核销的工作。自动核销可以根据查询条件选择需要核销的单据,然后系统自动核销,这提升了往来款项核销的效率。

- 异币种核销处理。

如果发票或应付单上的币种与供应商实际支付的币种不同,需要在"付款单据录入"窗口进行异币种核销。核销异币时,需要设置中间币种。

- 设置中间币种及误差。

在异币种核销之前应该先设置中间币种,可以设置为外币表中的任何一种币种,也可以设置为本位币。中间币主要起到异币种核销时的桥梁作用,以此来确认双方核销的有效性。当中间币种为本位币时，对应中间币种汇率和对应本位币汇率系统会自动保持一致，即无论修改哪一项，另一项均会自动修改。设置汇率时，若该币种就是中间币种，则其对应中间币种的汇率将自动保持"1"不变。

- 如何核销。

在单据核销界面，单击"查询"按钮，在核销单据列表中选择核销单据与被核销单据，输入本次结算金额，也可点击"分摊"按钮，将结算金额分摊到被核销单据处，单击"保存"按钮，完成核销。

- 如何分摊。

系统在核销界面提供结算金额自动分摊功能，即将当前收付款单列表中已经输入的本次结算金额合计，根据当前被核销单据列表的界面排列顺序自动分摊到对应本次结算栏目中。分摊到每条记录上的本次结算金额不能大于该记录的原币余额，总计可分摊的金额=收付款单列表中本次结算金额之和。

- 如何查询核销数据。

核销应付单据与付款单据后，可以在"单据查询"窗口中进行核销查询。单击发票、应付单和收付款单单据列表中的"核销明细"按钮，则系统显示该单据的详细结算情况。

（4）应付账款转账。

系统提供转账功能来满足用户应付账款调整的需要。针对不同的业务类型应付账款转账，分为应付冲应付、应付冲应收、红票对冲等调整业务。

①应付冲应付。

应付冲应付指将供应商、部门、业务员、项目和合同的应付款转到另一个应付业务中去。通过本功能可将应付款业务在供应商、部门、业务员、项目和合同之间进行转入、转出，实现应付业务的调整，解决应付款业务在不同供应商、部门、业务员、项目和合同间入错户或合并户问题。

执行"转账"→"应付冲应付"命令，弹出"应付冲应付"窗口（如图8-16所示），输入相应的信息，输入完成后，单击"过滤"按钮，系统会将该转出户满足条件的单据全部列出。并账金额可手工输入，也可通过双击相关并账金额进行选择。并账金额必须大于0，小于等于余额，双击本行，并账金额将自动填充余额，再双击本行系统将余额自动填充为并账金额。输入有关信息后，按"确认"按钮，系统会自动地进行转出、转入处理。

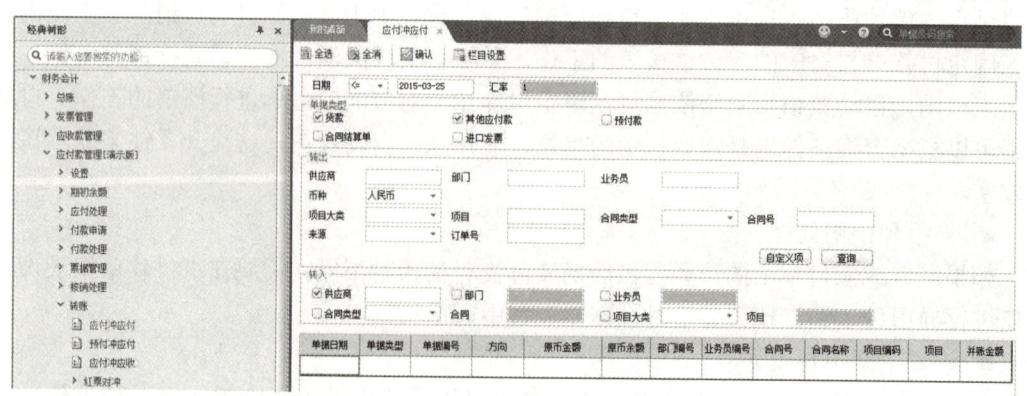

图8-16 "应付冲应付"窗口

> 提示
> - 每一笔应付款的转账金额不能大于其余额。
> - 每次只能选择一个转入单位。
> - 可同时选择按客户+部门+业务员等进行并账。
> - 按合同号并账，不支持发票；按合同结算单的合同并账，只支持收付款单的合同号并账。

②应付冲应收。

应付冲应收就是用某供应商的应付账款冲抵某客户的应收款项。在实际工作中，存在既是供应商又是客户的情况，因此财务人员需要进行转账处理，调整应付账款。系统通过应付冲应收功能将应付款业务在供应商和客户之间进行转账，实现应付业务的调整，解决应付债务与应收债权的冲抵。

执行"转账"→"应付冲应收"命令，弹出"应付冲应收"窗口，如图8-17所示。

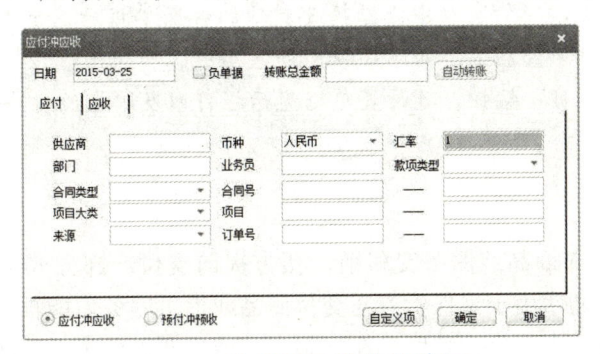

图8-17 "应付冲应收"窗口

③红票对冲。

红票对冲是用某供应商的红字发票与其蓝字发票进行冲抵。在实际工作中，当一个供应商既有蓝字发票又有红字发票时，财务人员可通过红蓝发票进行冲销来调整应付账款。系统通过红票对冲功能将应付款业务在供应商红蓝票之间进行冲销，实现应付业务的调整。系统提供自动红票对冲和手工红票对冲两种方式。如果红字单据中有对应单据号，系统会自动执行红票对冲；如果单据发票中无对应单据号或红字单据所对应的单据已经转账，可以手工选择相互转账的单据以冲减部分应付款。

执行"转账"→"红票对冲"→"手工对冲"命令，弹出"红票对冲条件"窗口，输入相应的条件，单击"确定"按钮，弹出"手工对冲"窗口，如图8-18所示。

自动红票对冲：输入日期、供应商、币种、红票的过滤条件和蓝票的过滤条件等信息，然后单击"确定"按钮，系统将自动进行红蓝票对冲。

手工红票对冲：输入日期、币种、供应商、红票的过滤条件和蓝票的过滤条件等信息，然后单击"过滤"按钮，该供应商所有满足条件的红字和蓝字单据将会列示出来，接着选择需要冲销的单据，在对冲金额中输入要对冲的金额或单击"分摊"按钮，将红票金额进行分摊。

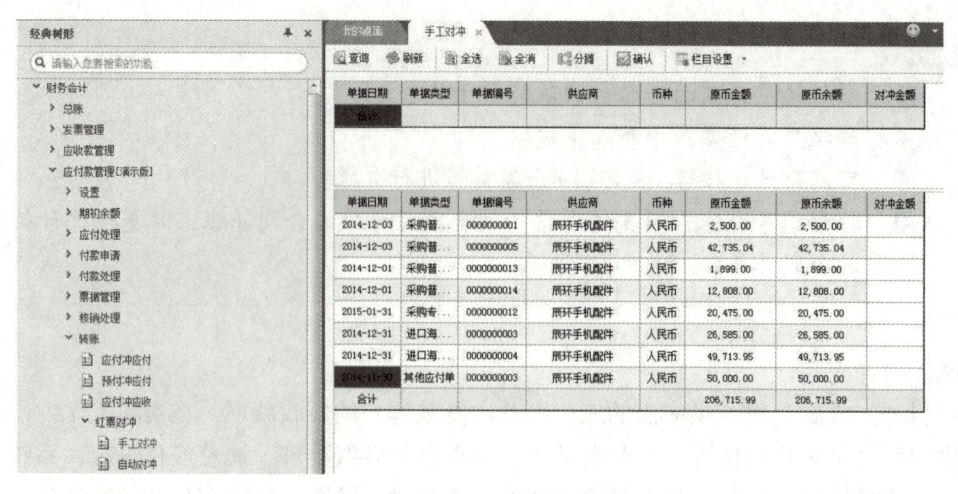

图8-18 "手工对冲"窗口

> **提示**
> - 在"手工对冲"窗口中,选择要对冲的红蓝单据后,单击"分摊"按钮,将红票对冲金额依排列顺序分摊到蓝票中。
> - 单击"栏目"按钮,可设置单据显示栏目以及单据的排序顺序。

2. 预付款业务

预付款业务是指在商品或服务交付前,买方提前支付一部分或全部款项给卖方的交易方式。预付款业务通常用于确保卖方在交付商品或提供服务后能收到相应的支付。这种交易方式在商业活动中很常见,特别是在定制商品或需要提前生产的产品中。系统用付款单来记录预付款的业务,首先需要在系统中录入此笔款项,表体款项类型为预付款,该笔款项在系统中视为预付款,然后对该付款单进行审核,系统用审核来确认预付款业务的成立。用户填制预付款单后,系统通过审核功能确认预付账款,并记入应付明细账。

(1) 预付款录入及审核。

对于预付款的业务,每支付一笔预付款,需要在系统中增加一张付款单,指定其款项性质为预付款。

点击"付款处理"→"付款单据录入",弹出"付款单据录入"窗口,如图8-19所示,单击"增加"按钮,即可录入付款单。

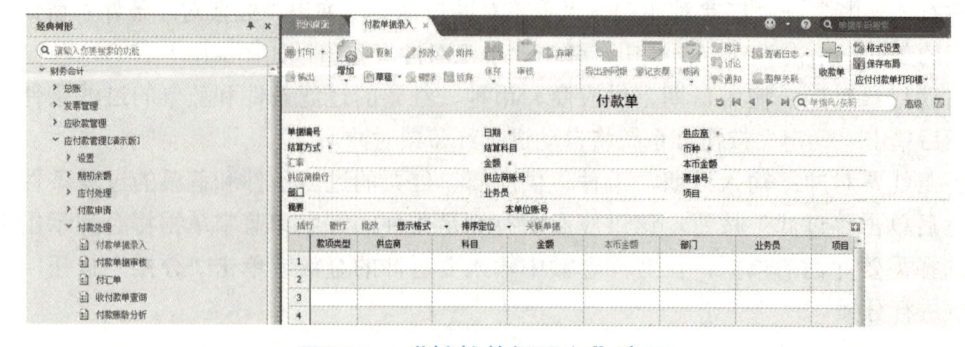

图8-19 "付款单据录入"窗口

实际业务中，企业支付货款，确认预付款。系统通过审核功能确认预付款业务的成立，填制付款单后，对其进行审核并记入应付明细账。

审核付款单是把付款单据进行记账，并在单据上填上审核日期、审核人的过程。已审核的付款单据不允许修改和删除。

执行"付款处理"→"付款单据审核"命令，弹出"付款单据审核"窗口，如图8-20所示，单击"查询"按钮，即可列示出需审核的付款单。

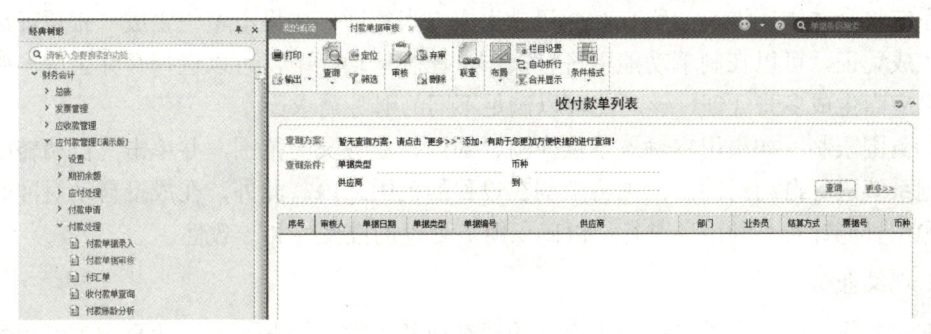

图8-20 "付款单据审核"窗口

（2）预付冲应付。

预付冲应付是将应付供应商款项与预付供应商款项进行对冲，填制转账凭证，同时减少应付账款和预付账款账面余额，抵减企业债务。

执行"转账"→"预付冲应付"命令，弹出"应付款管理"的提示窗口，如图8-21所示。按照提示窗口中的内容，在"核销处理"功能中处理预付冲应收。

图8-21 "应付款管理"提示窗口

在财务处理中，可以通过"预付冲应付"来执行预付款冲抵应付款的操作，从而可以便捷地管理供应商的往来款项。用户既可以选择让系统自动进行成批的预付冲抵应付款工作，也可以通过单击"预付款"选项卡手动为单个供应商进行冲抵操作。在输入相关过滤条件后，系统会列出满足条件的预付款和应付款的详细信息，包括日期、转账方式、金额等。用户可以在转账金额一栏中输入每笔预付款和应付款的转账金额，但需注意，每笔预付款的转账金额不能超过其余额。通过这样的流程，可以精确地管理财务往来，确保款项可以准确冲抵。

在操作预付冲应付业务时需要遵循一些规则，这些规则确保了预付冲应付操作的规范性和准确性，有助于企业有效管理财务流程并减少错误和风险。

①系统自动对冲原则：系统会自动对存在预付款和应付款的供应商逐个进行对冲。这意味着系统会自动匹配相应的预付款和应付款项，可以减少财务操作的复杂性和错误率。

②蓝字与红字处理：蓝字预付款只能冲销蓝字应付款，红字预付款只能冲销红字应付款。两者必须分开处理，不能同时进行。当需要进行红字预付款冲销红字应付款时，应选择类型为"收款单"的操作。

③金额匹配原则：当供应商的预付款金额大于或等于应付款金额时，最终自动冲销的金额以应付款总额为准。相反，如果预付款金额小于应付款金额，则最终自动冲销的金额以预付款总额为准。

④红字冲销的特殊处理：在红字预付款冲销红字应付款时，上述金额的比较需要加上绝对值进行计算。这是为了确保冲销的准确性和合规性。

⑤凭证生成：自动进行预付冲应付操作后，系统可以即时生成凭证。选择生成凭证时，系统将合并本次涉及的所有对冲记录生成一张凭证。如果不希望生成一张凭证或不想即时生成凭证，可以在制单功能中进行操作。在制单功能中，可以选择合并生成一张凭证或按供应商生成多张凭证，该功能可以满足不同的财务需求。

⑥范围限制：如果用户输入了供应商、部门、业务员的范围，并单击"自动转账"按钮，则系统进行自动对冲的范围将限制在设置的范围之内。此外，在成批自动对冲时，每次的操作只能针对一种币种进行，以确保财务处理的准确性和一致性。

3.现结业务

在实际操作中，一手交钱一手交货的现结业务是常见情况。当企业全额支付货款时，不会形成应付账款。然而，若企业选择部分现结，未支付部分则形成应付账款，财会人员对此需进行精确入账。系统处理时，提供完全现结和部分现结两种模式，以满足不同交易场景的需求，确保账务处理的准确性和效率。

企业在采购业务发生的同时付清货款，为完全现结。企业在采购业务发生的同时，付清一部分货款，为部分现结。

完全现结的采购业务不会形成应付账款，因此应付管理系统不会对这类业务进行处理，但为了满足业务需求，系统仍然提供了现结制单的功能。

在启用采购系统的情况下，处理完全现结和部分现结的采购业务时，用户需要在采购系统中录入采购发票，并通过单击"现结"按钮来指定结算方式和金额。这些结算信息会传送给应付系统。在发票审核时，系统会自动核销已结算金额，确保账务准确性。

完全现结业务的结算金额等于发票金额，所以不会形成应付账款。这类业务，用户无需在付款单审核列表中进行额外审核，也不需在结算单制单类型中制单。完全现结业务的发票，若在应付系统的"生成凭证"功能中选择了"现结制单"，系统会自动生成相应凭证。

部分现结业务的未结清部分会形成应付账款，其处理流程与其他单据相同。在采购中，通过现付方式输入的付款单在发票审核时同步审核，并在"现结制单"类型中处理。在应付系统中完成发票的现结制单，余额处理的制单流程也与其他单据保持一致。

若未启用采购系统，完全现结和部分现结的业务处理可在总账系统中直接填制凭证，或通过存货核算系统对采购业务进行结算制单。对于部分现结业务中未结算的部分，可在"应付单据录入"中直接录入采购发票、应付单，并参与后续处理。

8.2.2 处理红字应付业务

在应付业务中，会遇到因购买的材料或商品质量不合格或企业转产等其他原因发生退货业务，此时需视具体情况重新调整账簿数据。针对这类情况，应付款管理系统设置了4种情况的业务处理：收到采购发票、企业已付款；收到采购发票、企业尚未付款；采购发票未收，企业尚未付款；采购发票未收，企业已经付款。

执行"应付处理"→"应付单录入"命令，弹出"应付单录入"窗口，单击"增加"按钮，再单击"红单"按钮，"应付单录入 - 红单"窗口，如图8-22所示。

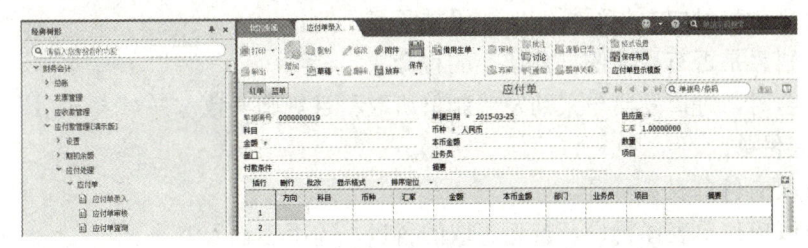

图8-22 "应付单录入-红单"窗口

红字应付单据录入的操作说明如下所述。

（1）增加红字采购发票。

如果没有启用采购系统，在应付款管理系统的"应付处理"中录入红字采购发票，在单据类别中选择单据方向为负向的采购发票。如果已启用采购系统，红字采购发票在采购系统录入，然后传送到应付系统。

（2）增加红字应付单。

应付在款管理系统的"应付单据录入"中录入红字应付单，单据类别中选择单据方向为负向的应付单。

（3）审核红字采购发票和应付单。

选择要确认的发票和应付单，然后单击"审核"按钮即可进行审核。在应付款管理系统和采购系统中录入的应付单据，都可以在"应付单审核"和"采购发票审核"中进行审核。

（4）取消审核。

若需要修改已审核单据，需要取消审核后才可以进行修改。

8.2.3 处理与查询凭证

1. 生成凭证的规则

在不同情况下，生成凭证的要求不一样，下面列举不同票据生成凭证的规则。

（1）采购发票。

①优先采用单据上指定的科目。

②若无指定的科目，取"控制科目"中对应的科目。

③根据单据上的采购科目取"对方科目"中对应的科目。

④若未设置，则取"基本科目"中的应付和采购科目。

⑤若均无设置科目，需手工输入。

（2）质保金发票。

①表体带质保金金额时，取"控制科目"中的应付账款科目。
②若无指定的科目，取"对方科目"中对应的科目。
③若未设置，则取"基本科目"中的应付、质保金和采购科目。
④均无设置科目，需手工输入。

（3）进口发票。
①应付账款科目取数与原采购发票受控科目一致。
②贷方科目是否有税金依据发票上的税金决定。
③有税金时，进口发票与采购发票制单所取科目规则一致。

（4）应付单。
①贷方取应付单表头科目。
②借方取应付单表体科目，若无可取的科目，需手工输入。
③表头若无科目，则取"基本科目"中的应付科目。

（5）合同结算单。
①借方科目取合同支付科目（非受控、末级、本位币科目）。
②贷方科目取应付系统的控制科目。

（6）付款单。
①款项类型为应付款时，借方为应付科目。
②款项类型为预付款时，借方为预付科目。
③款项类型为其他费用时，借方为费用科目。
④贷方为结算科目，取表头金额。

（7）收款单。
①款项类型为应付款时，借方为应付科目（红字）。
②款项类型为预付款时，借方为预付科目（红字）。
③款项类型为其他费用时，借方为费用科目（红字）。
④贷方为结算科目，取表头金额（红字）。

（8）核销。
①仅当核销双方入账科目不一致时生成凭证。
②受系统选项控制，若选择核销不生成凭证，则不生成。

（9）应付票据。
①借方取"基本科目"中的应付票据科目。
②贷方取"对方科目"中的采购及税金科目，若无则取"基本科目"中的相关科目。
③若均无设置科目，需手工输入。

（10）票据利息。
①借方取"结算科目"中的结算科目。
②贷方取"基本科目"中的票据利息科目。

（11）汇兑损益。
汇兑损益科目取"基本科目"中的汇兑损益科目。

（12）现结/部分现结。
借方取"对方科目"中的采购及应交增值税科目。

2. 生成凭证的步骤

应付款管理系统制单即自动生成并传递凭证至总账进行记账。该系统在各项业务流程中均支持即时生成凭证的功能，确保财务处理的实时性。此外，应付款管理系统还配备了一个集成化的凭证生成平台，能够高效、批量地生成凭证，并可根据预设规则合并处理凭证，从而优化财务工作流程。

（1）点击"生成凭证"菜单，进入生成凭证查询界面，输入过滤条件。

（2）在界面左侧选择生成凭证类型，如发票、进口发票等。

（3）输入查询条件后，单击"确认"按钮，系统列出符合条件的未生成凭证且已记账的单据。

（4）输入生成凭证的日期，并为每个生成凭证类型设置默认的凭证类别。

（5）选择"显示隐藏"或"显示未隐藏"可查看不同状态的记录。

（6）选中一条记录，单击"单据"按钮，查看对应的单据卡片形式。

（7）若要自动生成凭证摘要时，可单击"摘要"按钮进行设置。

（8）选择要生成凭证的单据，双击"选择标志"栏给出序号，或单击"合并"按钮合并生成凭证。

（9）完成所有选择后，单击"制单"按钮进入凭证界面，操作完成后单击"保存"按钮将凭证传送到总账系统。

3. 查询凭证和科目账表

（1）查询凭证。

通过凭证查询可查看、修改、删除和冲销应付账款系统传到总账系统中的凭证。

执行"凭证处理"→"查询凭证"命令，弹出"查询凭证条件"窗口，单击"确定"按钮，弹出"查询凭证"窗口，如图8-23所示。单击"查询"按钮，打开查询条件界面，选择查询条件即可查询到所需凭证。

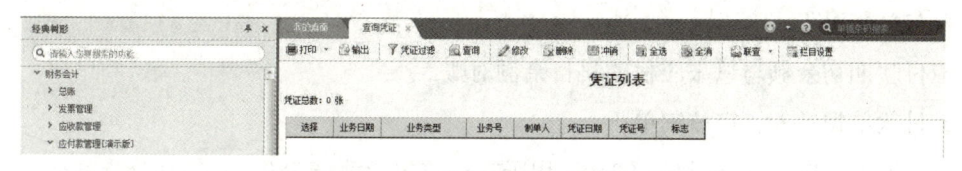

图8-23　"查询凭证"窗口

（2）查询科目账表。

①余额查询。

用于查询应付受控科目各个供应商的期初余额、本期借方发生额合计、本期贷方发生额合计、期末余额，可查询科目余额表、供应商余额表、三栏式余额表、业务员余额表、供应商分类余额表、部门余额表、项目余额表、地区分类余额表等。

②明细账查询。

用于查询应付受控科目下各个往来供应商的往来明细账，可查询科目明细账、供应商明细账、三栏式明细账、多栏式明细账、供应商分类明细账、业务员明细账、部门明细账、项目明细账、地区分类明细账等。

8.3 案例解析

案例素材

以系统管理员admin的身份登录用友U8系统管理，引入"案例素材\第8章"文件夹下的账套文件Y8_01。

以2021账套主管的身份（密码为1）登录202账套，登录日期为"2017-01-01"。

1. 设置基本科目

应付科目（本币）：2202应付账款。

预付科目（本币）：1123预付账款。

采购科目：1401材料采购。

税金科目：22210101进项税额。

2. 结算方式科目设置

结算方式：电汇，币种：人民币，科目：10020101。

3. 录入应付期初余额

应付期初余额如表8-1所示。

表8-1 应付期初余额

单据名称	方向	开票日期	供应商	部门	科目编码	金额（元）
其他应付单	正	2016.10.10	美安	采购部	2202	16 380

4. 与总账对账

应付款期初余额与总账应付款科目余额对账。

5. 付款单据录入、审核制单

以电汇方式向美安支付10 000元，用于支付前欠货款16 380元中的部分货款。

（1）录入付款单据。

（2）审核付款并生成公证。

6. 核销处理

将供应商美安的付款与部分期初应付款进行核销。

7. 转账处理并生成凭证

经三方协商，将美安电子应付款6 380元转给新锐科技。

（1）应付冲应付。

（2）生成凭证。

8. 输出账套

将操作结果输出至"案例解析\第8章\X8_01"文件夹中。

操作步骤

在"案例解析\第8章"下新建一个文件夹,命名为X8_01。

以系统管理员身份引入账套Y8_01,并以2011账套主管的身份(密码为1)登录202账套,登录日期为"2017-01-01"。

1. 设置基本科目

(1)执行"科目设置"→"基本科目"命令,弹出"应付基本科目"窗口。

(2)单击"增行"按钮,双击"基本科目种类"出现下拉列表,选择"应付科目",科目一栏选择"2202"。按案例要求设置其他基本科目,如图8-24所示。

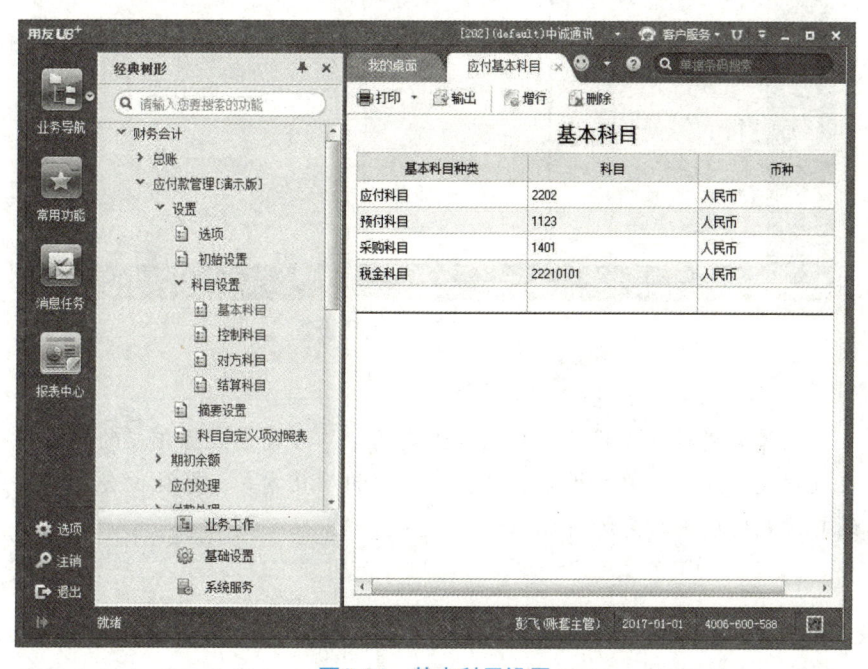

图8-24 基本科目设置

> **提示**
>
> ● 在基本科目设置中设置的应付科目"2202应付账款"、预付科目"1123预付账款"应在总账系统中设置其辅助核算内容为"供应商往来",并且其受控系统为"应付系统",否则在此不能被选中。
>
> ● 只有在此设置了基本科目,在生成凭证时才能直接生成凭证中的会计科目,否则凭证中将没有会计科目,相应的会计科目只能手工再录入。
>
> ● 如果应付科目、预付科目按不同的供应商或供应商分类分别进行设置,则可在"控制科目设置"中进行设置,在此可以不设置。
>
> ● 如果针对不同的存货分别设置采购科目,则在此不用设置,可以在"产品科目设置"中进行设置。

2. 结算方式科目设置

(1)执行"科目设置"→"结算科目"命令,弹出"应付结算科目"窗口。

（2）单击"增行"按钮，双击"结算方式"出现下拉列表，选择"3电汇"，"币种"选择"人民币"，"科目"选择"10020101"，如图8-25所示。

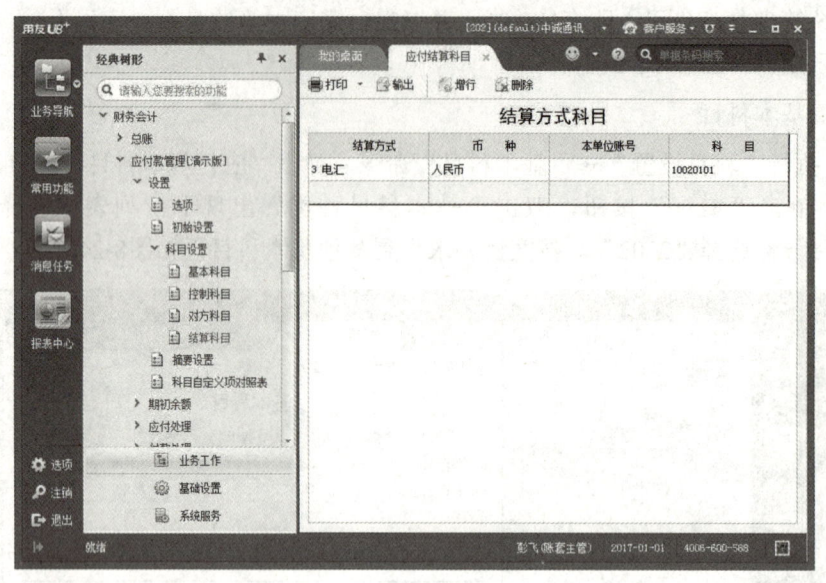

图8-25 结算方式科目设置

> **提示**
>
> 结算方式科目设置是针对已经设置的结算方式来设置相应的结算科目，即在收款或付款时只要告诉系统结算时使用的结算方式，系统便会自动生成该种结算方式所使用的会计科目。

3.录入应付期初余额

（1）在应付款管理系统中，执行"期初余额"→"期初余额"命令，弹出"期初余额--查询"对话框，如图8-26所示，单击"确定"按钮，弹出"期初余额"窗口，如图8-27所示。

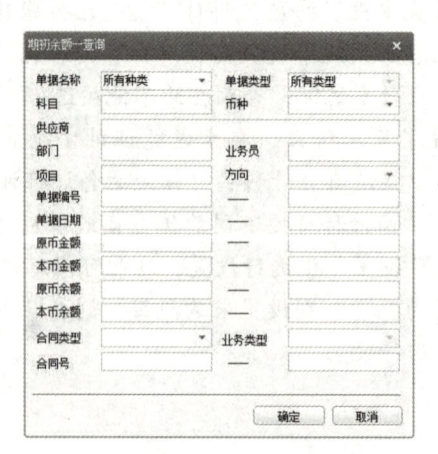

图8-26 "期初余额 - 查询"对话框

第 8 章 应付款管理

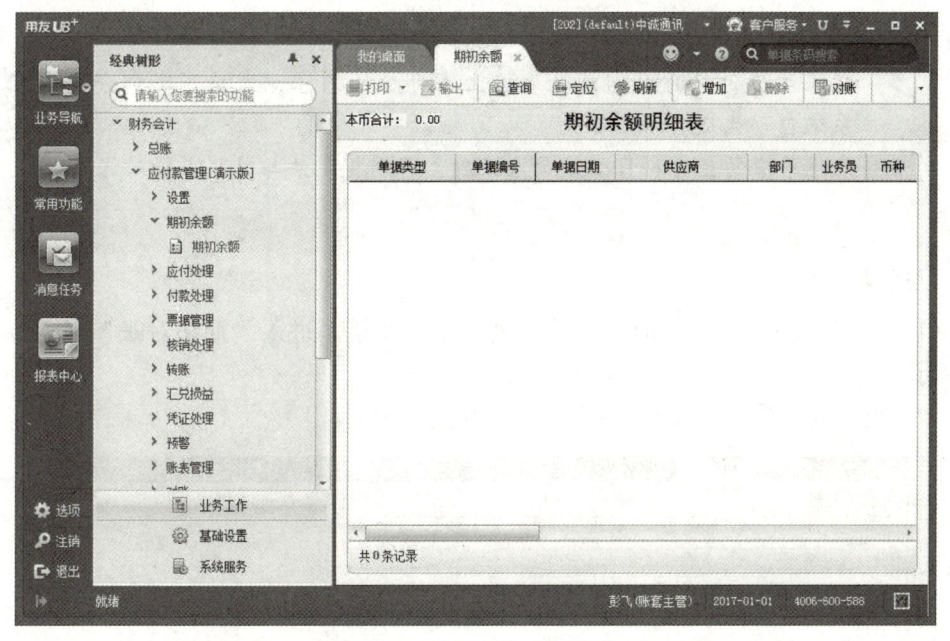

图8-27 "期初余额"界面

（2）单击"增加"按钮，打开"单据类别"对话框，如图8-28所示。选择"单据名称"为"应付单"，"单据类型"为"其他应付单"，单击"确定"按钮，进入"应付单"界面。

图8-28 "应付单"界面

（3）单击"增加"按钮，输入其他应付单信息，如图8-29所示。
（4）单击"保存"按钮。

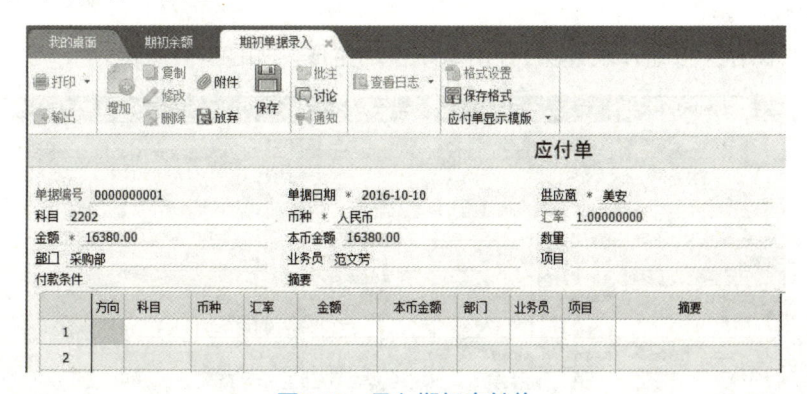

图8-29 录入期初应付单

261

> **提示**
> - 在录入应付单时只需录入表格上半部分的内容，表格下半部分的内容由系统自动生成。
> - 应付单中的会计科目必须录入正确，否则将无法与总账进行对账。

4. 与总账对账

（1）在"期初余额"界面中，单击"对账"按钮，进入"期初对账"界面，如图8-30所示。

（2）查看应付系统与总账系统的期初余额是否平衡。

图8-30 "期初对账"界面

> **提示**
> - 当应付款期初余额全部录入后，应通过"对账"功能将应付系统期初余额与总账系统期初余额进行核对。
> - 应付系统与总账系统的期初余额的差额应为零，即两个系统的客户往来科目的期初余额应完全一致。
> - 当第一个会计期已结账后，期初余额只能查询不能再修改。

5. 付款单据录入、审核制单

（1）录入付款单。

①在应付款管理系统中，执行"付款处理"→"付款单据录入"命令，弹出"付款单据录入"窗口。

②单击"增加"按钮，"供应商"选择"美安"，"结算方式"选择"电汇"，"金额"为"10 000"。

③单击"保存"按钮，表体第1行由系统自动生成，如图8-31所示。

图8-31 录入付款单

（2）审核制单。

①在付款单界面单击"审核"按钮，系统弹出"是否立即制单？"信息提示框，如图8-32所示。

②单击"是"按钮，进入"填制凭证"界面，如图8-33所示。选择相应科目名称，然后单击"保存"按钮。

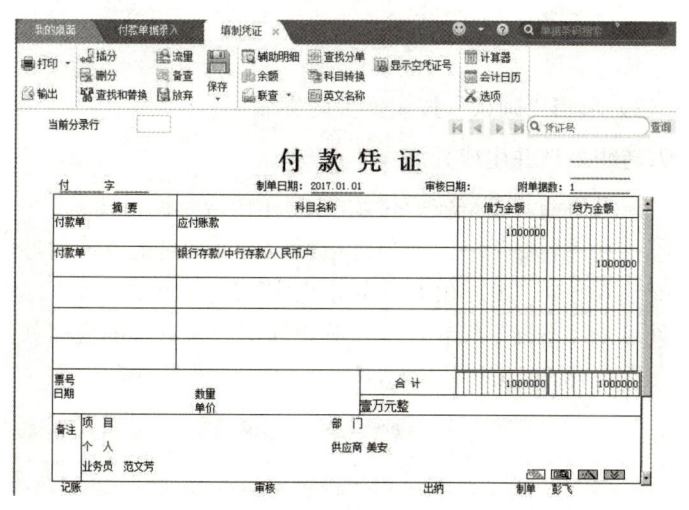

图8-32 信息提示框　　　　图8-33 "填制凭证"界面

③关闭"填制凭证"界面。

6. 核销处理

将供应商美安的付款与部分期初应付款进行核销。

（1）执行"核销处理"→"手工核销"命令，弹出"核销条件"对话框，如图8-34所示，"供应商"选择"深圳美安电子有限公司"，弹出"手工核销窗口"。

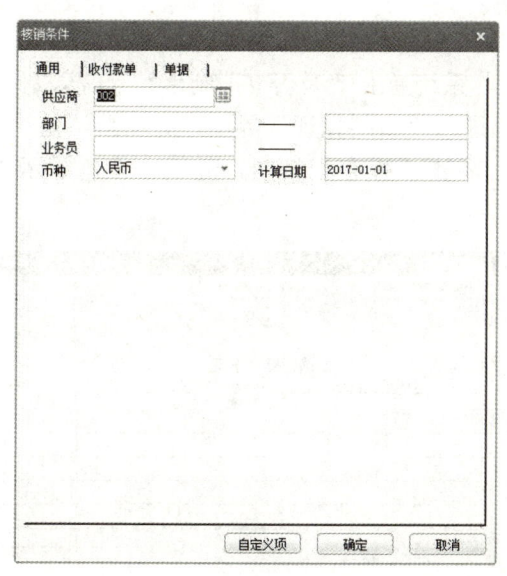

图8-34 "核销条件"对话框

（2）在2016-10-10的其他应付单的"本次结算"栏输入"10 000"，如图8-35所示。

图8-35 手工核销应付款

（3）单击"确认"按钮，关闭界面。

7.转账处理并生成凭证

经三方协商，将美安应付款6 380元转给新锐科技。

①执行"转账"→"应付冲应付"命令，进入"应付冲应付"界面。

②输入日期"2017-01-01"转出供应商选择"002美安"，转入供应商选择"001新锐"。

③单击"查询"按钮，系统列出转出户未核销的应付款。

④在2016-10-10其他应付单的"并账金额"处输入"6 380"，如图8-36所示。

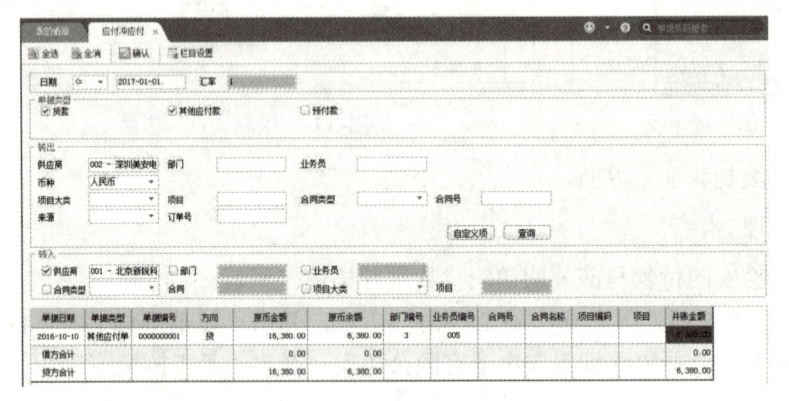

图8-36 应付冲应付

⑤单击"确认"按钮。系统弹出"是否立即制单？"信息提示框。

⑥单击"是"按钮，进入"填制凭证"界面，界面默认是"付款凭证"，将凭证类别修改为"转账凭证"，单击"保存"按钮，凭证左上角显示"已生成"字样，如图8-37所示。

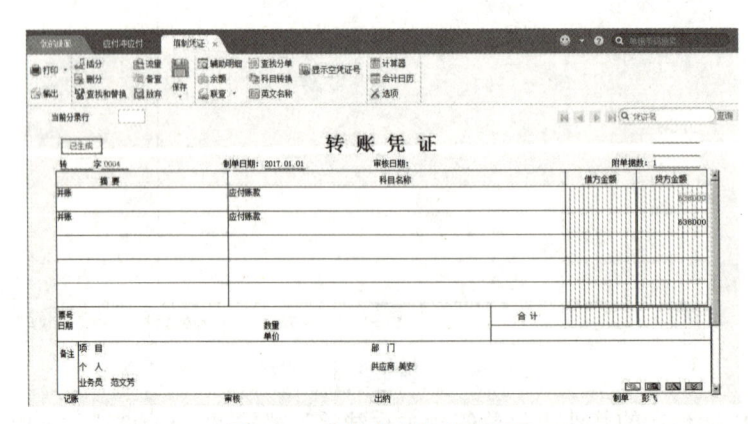

图8-37 应付冲应付生成凭证

8. 输出账套

将操作结果输出至"X8_01"文件夹中。

8.4 强化训练

实训1

在"强化实训\第8章"文件夹下新建一个文件夹，命名为X8_01

以系统管理员admin的身份登录用友U8系统管理，引入"强化训练素材\第8章"文件夹下的账套文件Y8_1。

以2141账套主管的身份（密码为空）登录214账套，登录日期为"2017-01-01"。

1. 设置基本科目

应付科目（本币）：2202应付账款。

预付科目（本币）：1123预付账款。

2. 结算方式科目设置

结算方式：转账支票；币种：人民币；科目：100201。

3. 录入应付期初余额

（1）采购普通发票。

采购普通发票信息如表8-2所示。

表8-2 采购专用发票信息

单据名称	开票日期	供应商	部门	科目编码	存货名称	数量（个）	原币单价（元）	价税合计（元）
采购普通发票	2016.11.30	新秀	采购部	2202	单肩包	120	500	70 200

（2）其他应付单。

2016年11月30日，新秀箱包皮具有限公司为我公司代垫运费300元。

4. 与总账对账

应付款期初余额与总账应付款科目余额对账。

5. 付款单据录入、审核制单

开具建行转账支票一张，金额70 000元，用于支付前欠货款70 500元中的部分货款。

（1）录入付款单。

（2）审核付款单，并生成凭证。

6. 核销处理

将对供应商新秀的付款与期初应付进行核销。

7. 转账处理并生成凭证

经三方协商，将新秀期初应付运费300元转给蓝海商贸。

（1）应付冲应付。

（2）生成凭证。

8. 输出账套

将操作结果输出至"X8_01"文件夹中。

实训2

在"强化实训\第8章"文件夹下新建一个文件夹，命名为X8_02。

以系统管理员admin的身份登录用友U8系统管理，引入"强化训练素材\第8章"文件夹下的账套文件Y8_02。

以2161账套主管的身份（密码为空）登录216账套，登录日期为"2016-01-01"。

1. 设置基本科目

应付科目（本币）：2202应付账款。

预付科目（本币）：1123预收账款。

采购科目：1401材料采购。

税金科目：22210101进项税额。

2. 结算方式科目设置

结算方式：电汇；币种：人民币；科目：100201。

3. 录入应付期初余额

应付期初余额如表8-3所示。

表8-3 应付期初余额

单据名称	方向	开票日期	供应商	部门	科目编码	存货名称	数量（块）	原币单价（元）	价税合计（元）
采购普通发票	正	2015.11.16	友邦	采购部	2202	硬盘	72	300	25 272

4. 与总账对账

应付款期初余额与总账应付款科目余额对账。

5. 付款单据录入、审核制单

向友邦电汇20 000元，用于支付2015年11月16日部分货款。

（1）录入付款单。

（2）审核付款单，并生成凭证。

6. 核销处理

将对友邦的付款20 000元与期初应付进行核销。

7．转账处理并生成凭证

经三方协商，将友邦应付款5 000元转给精英。

（1）应付冲应付。

（2）生成凭证。

8．输出账套

将操作结果输出至"X8_02"文件夹中。

实训3

在"强化实训\第8章"文件夹下新建一个文件夹，命名为X8_03。

以系统管理员admin的身份登录用友U8系统管理，引入"强化训练素材\第8章"文件夹下的账套文件Y8_3。

以2181账套主管的身份（密码为空）登录218账套，登录日期为"2016-01-01"。

1．设置基本科目

应收科目（本币）：1122应收账款。

预收科目（本币）：2203预收账款。

销售收入科目：6001主营业务收入。

税金科目：22210105销项税额。

2．结算方式科目设置

结算方式：转账支票，币种：人民币，科目：100201。

3．录入应收期初余额

应付期初余额如表8-4所示。

表8-4 应付期初余额

单据类型	方向	开票日期	客户名称	销售部门	科目编码	存货名称	数量（台）	含税单价（元）	税合计（元）
销售普通发票	正	2015.10.25	天诚	销售部	1122	路由器	80	100	8 000
销售普通发票	正	2015.11.11	博泰	销售部	1122	计算机	6	4 500	27 000

4．与总账对账

应收期初余额与总账应收款科目余额对账。

5．收款单据录入、审核制单

收到天诚转账支票一张，金额10 000元，用于支付2015年10月25日货款，余款转为预收款。

（1）录入收款单。

（2）审核收款单，并生成凭证。

6．核销处理

将客户天诚收款与期初应收进行核销。

7. 转账处理并生成凭证

经三方协商，将博泰应收款20 000元转给天诚。

（1）应收冲应收。

（2）生成凭证。

8. 输出账套

将操作结果输出至"X8_03"文件夹中。

实训4

在"强化实训\第8章"文件夹下新建一个文件夹，命名为X8_05。

以系统管理员admin的身份登录用友U8系统管理，引入"强化训练素材\第8章"文件夹下的账套文件Y8_05。

以2201账套主管的身份（密码为空）登录220账套，登录日期为"2016-01-01"。

1. 设置基本科目

应付科目（本币）：2202应付账款。

预付科目：1123预付账款

采购科目：1401材料采购。

税金科目：22210101进项税额。

2. 结算方式科目设置

结算方式：转账支票；币种：人民币；科目：100201。

3. 录入应付期初余额

应付期初余额如表8-5所示。

表8-5 应付期初余额

单据名称	方向	开票日期	供应商	部门	科目编码	存货名称	数量（个）	原币单价（元）	价税合计（元）
采购专用发票	正	2015.11.19	友邦	采购部	2202	硬盘	30	720	25 272
其他应付单	正	2015.11.19	友邦	采购部	2202				150

4. 与总账对账

应付款期初余额与总账应付款科目余额对账。

5. 付款单据录入、审核制单

开具转账支票一张，金额30 000元，其中20 000元用于支付友邦公司期初部分欠款，10 000元用于预付新品材料订金。

（1）录入付款单。

（2）审核付款单，并生成凭证。

6. 核销处理

用支付给友邦公司的20 000元核销其期初采购普通发票的应付款20 000元。

7. 转账处理并生成凭证

用预付友邦公司5 272元冲销期初采购普通发票应付余款5 272元。

（1）预付冲应付。

（2）生成凭证。

8. 输出账套

将操作结果输出至"X8_04"文件夹中。

本章小结

基本认知部分详细讲解了应付款管理系统的核算方案、基本功能、应用流程以及初始化过程，还有日常业务处理的方法。技能解析部分介绍了如何处理应付业务，包括红字应付业务的处理，以及如何处理和查询凭证。最后，通过案例解析，将理论知识与实际操作相结合，深化了对应付款管理系统的理解。

课后习题

1. 判断题

（1）在基本科目设置中设置的应付科目"应付账款"和预付科目"预付账款"应在总账系统中设置其辅助核算内容为"供应商往来"，并且其受控系统为"应付系统"，否则在此不能被选中。（   ）

（2）当第一个会计期已结账后，期初余额只能查询不能再修改。（   ）

（3）当完成全部应付款期初余额录入后，应通过"对账"功能将应付系统期初余额与总账系统期初余额进行核对。（   ）

2. 简答题

（1）简述应付款管理系统详细核算方案的功能。

（2）转账处理包括哪几种，分别进行简述。

参 考 答 案

第1章

1. 判断题

（1）√

（2）×

分析：只有系统管理员有权进行账套的输出和引入。

（3）×

分析：正在使用的账套可以进行账套输出而不能进行删除操作。

2. 简答题

略

第2章

1. 判断题

（1）√

（2）×

分析：一个项目大类可以指定多个科目，但一个科目只能属于一个大类。

（3）×

分析：每年年初应将已结算或不用的项目删除，结算后的项目将不能再使用。

2. 简答题

略

第3章

1. 判断题

（1）×

分析：选中"出纳凭证必须经由出纳签字"选项后，总账日常业务处理的程序为"填制凭证→出纳签字→审核凭证→记账"。

（2）√

（3）×

分析：系统只能对期初余额的平衡关系进行试算，而不能对年初的余额进行试算。

2. 简答题

略

第4章

1. 判断题

（1）×

分析：凭证一旦保存，其凭证类别、凭证编辑就不能再修改了。

（2）√

第5章

1. 判断题

（1）√

（2）×

分析：系统提供的固定工资项目既不能修改也不能删除。

（3）√

（4）×

分析：已输入数据的工资项目和已设置计算公式的工资项目

2.简答题

略

第6章

1.判断题

（1）×

分析：选择了某种折旧方法后，在设置资产类别或定义具体固定资产时可以更改该设置。

（2）×

分析：应先建立上级固定资产类别后再建立下级类别。如果在建立上级类别时就设置了使用年限、净残值率，其下级类别如果与上级类别设置相同，可自动继承不用修改；如果下级类别与上级类别设置不同，可以修改。

（3）√

2.简答题

略

第7章

1.判断题

（1）√

（2）×

分析：销售定金的收款单不计入应收明细账，不参与信用控制的计算，只有转出为货款或退回时才能在应收业务账表中显示。

（3）√

（4）√

2.简答题

略

第8章

1.判断题

（1）√

（2）√

（3）√

2.简答题

略

271

参 考 文 献

[1] 甘玲俐. 会计电算化（第二版）：用友ERP-U8 V10.1版[M]. 北京：清华大学出版社，2017.
[2] 邹波，卢淑玲. 会计电算化[M]. 北京：中国原子能出版社，2019.
[3] 杜丽，杨高武. 会计电算化[M]. 北京：北京理工大学出版社，2020.
[4] 何干君，徐璟. 用友ERP-U8 V10.1[M]. 北京：人民邮电出版社，2018.
[5] 毛华杨，李帅. 会计电算化[M]. 北京：中国人民大学出版社，2017.
[6] 钟俊. 会计电算化实务［M］. 上海：立信会计出版社，2017.
[7] 王英兰，刘春苗，王立新. 会计电算化应用教程［M］. 西安：西北工业大学出版社，2017.
[8] 郑秀丽. 会计电算化实验[M]. 大连：东北财经大学出版社，2021.